Wolfgang Schmidbauer   **Kassandras Schleier**

Wolfgang Schmidbauer

Kassandras Schleier

Das Drama der hochbegabten Frau

orell füssli Verlag

3. Auflage 2013

Lektorat: Thomas Bertram
Umschlaggestaltung und Motiv: Hauptmann & Kompanie Werbeagentur, Zürich
Druck: fgb • freiburger graphische betriebe, Freiburg

ISBN 978-3-280-05506-9

Bibliografische Information der Deutschen Nationalbibliothek: Die Deutsche Nationalbibliothek verzeichnet diese Publikation in der Deutschen Nationalbibliografie; detaillierte bibliografische Daten sind im Internet über http://dnb.d-nb.de abrufbar.

Inhalt

Vorwort

Kassandra ist eine Gestalt der griechischen Mythologie: Sie erkennt die Wahrheit, sieht die Zukunft voraus – aber keiner glaubt ihr. In gleichnamiger Erzählung von Christa Wolf wird sie zum Symbol, zur Sprecherin für die vielen Frauen, die in einer von männlichen Strukturen beherrschten Welt vergeblich ihre Stimme erheben. Es nützt nichts, Stolz und Eigensinn, Eitelkeit und Angst vor Machtverlust übertönen die leise Stimme der Einsicht.

In der paaranalytischen Praxis geht es darum, dass zwei Partner lernen, einander zuzuhören und sich in ihrer Unterschiedlichkeit wahrzunehmen. Das ist ein Lernprozess. Daher entwickelt der Analytiker Aufmerksamkeit für die unterschiedliche Fähigkeit seiner Klientinnen und Klienten, Informationen aufzunehmen und zu verarbeiten. Ich habe irgendwann begonnen, mich in dieser Situation an die fast vergessenen Konzepte der Intelligenzforschung zu erinnern, mit denen ich mich während des Psychologiestudiums beschäftigt hatte.

Über die Freude hinaus, die ich empfand, wenn sich in der Therapie die Beobachtungsgabe oder die kritische Reflexion einer Klientin oder eines Klienten mit meinem Anliegen verbündete, begann ich systematischer nachzuforschen. Wie kommt es, dass Macht und Einsicht so unterschiedlich verteilt sind? Weshalb hat so oft der Satz Konjunktur, dass die oder der Klügere nachgibt? Was doch zur Folge hat, dass der Dummheit die Macht überlassen wird.

Unter solchen Fragen wurde Kassandra zu einer interessanten Figur. Die analytische Forschung sucht ihre Funde in dem »Komplex«-Begriff zu veranschaulichen. Das ist nicht unproblematisch, weil Verdinglichung (»Ich habe einen Ödipuskomplex – wie werde ich ihn los?«) droht. So wird nur vorsichtig und ein wenig ironisch vom Kassandra-Komplex die Rede sein, und ich werde mich der naheliegenden Parallelen zu den Kassandra-Rufen gegen Atomkraftwerke oder globalisierte Schneeballsysteme enthalten.

Im Kassandra-Komplex geht es um traumatisierte Begabungen, um eine an sich glänzende Intelligenz, die sich nicht an die Oberfläche wagt und sich mit großem Aufwand an Energie oft selbst blockiert. Da eine moderne Auffassung von Komplexen viel stärker an Beziehungen orientiert ist als die klassischen Modelle von Freud, drückt sich dieser Komplex in einem schlichten Satz aus: »Du bist so kompliziert.« Was heißt, dass die geringere Fähigkeit, Unterschiede wahrzunehmen und eine Problemlage differenziert zu beurteilen, dem vereinfachenden Urteil unterworfen ist. Sich selbst unterwirft, muss hinzugefügt werden.

Angleichungsversuche durch die Geringschätzung eigener Intelligenz und die Hochschätzung einer fiktiven Überlegenheit des Partners verbinden den Kassandra- mit dem Symbiose-Komplex. Dieser beschreibt die Unfähigkeit vieler Paare, einander als Individuen wahrzunehmen. Sie versuchen, in ihren Werturteilen und Einsichten einen gemeinsamen Nenner zu finden. Sie erwarten, dass ihr Partner genauso ist wie sie selbst. Die oder der Klügere gibt nach, ehe eine Differenz wahrgenommen wird. Unterschiede der geistigen Leistungsfähigkeit werden verleugnet.

So entstehen beträchtliche Konfliktpotenziale und Verwirrungen. Bald bekennt sich die traumatisierte Begabung zur Dummheit der Personen, von denen sie sich abhängig fühlt, um die Schrecken der Einsamkeit zu vermeiden. Dann wieder findet sie die Triebsteuerung eines Gegenübers unerträglich, weil sie ihm ihre eigene Einfühlungsfähigkeit unterstellt. »Dir ist egal, wie es mir geht! Du weißt doch genau, dass ich das nicht vertrage!«

Mein Ziel ist es, Leserinnen und Leser neugierig zu machen auf die Hintergründe solcher Konflikte, ihre Aufmerksamkeit für Schattierungen der Intelligenz in Beziehungen, erotischen wie beruflichen, zu schärfen. Die narzisstische Rivalität von Urteilen, wer denn der oder die Klügere sei, weicht dann einer differenzierten Sicht auf Stärken und Schwächen. Wenn der angstfreiere Partner seine Überlegenheit nutzt, um eine von Ängsten geplagte traumatisierte Begabung einzuschüchtern, leidet die ganze Beziehung.

Ich danke meinen Klientinnen und Klienten, die mir die Forschungsmöglichkeiten der analytischen Situation eröffnet haben. Ich kann sie hier nicht nennen und habe alle Informationen sorgfältig verändert, sodass keine Person mehr erkennbar ist. Gabriele Bärtels hat in ihrem Internet-Projekt *Frida* die zwanzig Thesen zur weiblichen Hochbegabung zuerst veröffentlicht und mich immer wieder ermutigt, das Buchprojekt zu diesem Thema nicht aufzugeben. Monika Eginger und Michael Meller trugen dann das Ihre dazu bei, dass das Buch jetzt im Orell-Füssli-Verlag erscheint.

Einführung

Wenn in der Adoleszenz das Ich erwacht und wir beginnen, über uns selbst nachzudenken, begegnen wir einem Widerspruch: Auf der einen Seite sind wir den anderen Ichs, die sich auf diese Weise geschaffen haben, *gleich*, wir sind alle denkende, fühlende Personen, deren weiteres Schicksal im Leben davon abhängen wird, wie sie sich mit anderen austauschen. Auf der anderen Seite sind diese Personen *verschieden* – sie sind Männer oder Frauen, stark oder schwach, schön oder hässlich, aus angesehener Familie oder Waisen. Diese Unterschiede sind sichtbar, was es uns sehr erleichtert, mit ihnen umzugehen. Andere sind unsichtbar. Sie müssen erschlossen werden, sie vermitteln sich uns durch die Geschichte der betreffenden Personen oder durch unseren Austausch mit ihnen. Zweifellos sind diese Unterschiede »komplizierter«, wir können sie erkennen oder verleugnen, Außenstehende werden unser Urteil übernehmen oder bestreiten, werden unsere Reaktionen auf sie verstehen oder absurd finden.

Einer dieser Unterschiede betrifft die »Intelligenz«. Das ist ein schillernder Begriff, den Psychologen manchmal etwas zynisch als Kunstprodukt definieren: Intelligenz ist, was der Intelligenztest misst.

Im Alltag wissen wir aber ganz gut, was gemeint ist, wenn wir intelligente Menschen von weniger intelligenten unterscheiden. Wer intelligent ist, lernt schnell und macht weniger Fehler. Er kann Schwierigkeiten voraussehen und findet rasch eine Lösung, wenn sie ihm begegnen. Er kann sich in andere hineinversetzen und

Argumente finden, mit denen er sie erreicht. Wer in einer fremden Stadt nach dem Weg fragt, kann auf einen Passanten treffen, der ihn mit seinen Auskünften verwirrt, oder auf einen, der ihm mit wenigen Sätzen weiterhilft.

Wer besonders intelligent ist, begreift schnell, er kann andere belehren. So gewinnt er eine in vielen Kulturen geschätzte Form von Ansehen und übt auf eine weithin akzeptierte Art Macht aus. Er sieht weiter voraus und ist deshalb in der Lage, andere Menschen zu beeinflussen, ohne dass diese es bemerken. Wissen ist Macht; Intelligenz als die Fähigkeit, Wissen schnell zu erwerben und wirksam umzusetzen, ist konzentrierte, persönliche Macht.

Nun gibt es aber Situationen, die dieser Hochschätzung der Intelligenz ebenso widersprechen wie der Macht des Wissens. Von dem römischen Dichter Ovid stammt der Vers: »Ich sehe das Bessere und stimme ihm zu, dem Schlechteren aber folge ich« (*Video meliora proboque, deteriora sequor*) (*Metamorphosen* VII, 20). Er zeigt, wie lange Menschen sich schon des Dilemmas bewusst sind, dass sie erkennen, was richtig wäre, und dennoch das Falsche tun.

Mehr noch: Es gibt Menschen, die sehr intelligent sind und sich doch alle Mühe geben, sich selbst und andere dazu zu bringen, sie zu unterschätzen. Sie können ihrem Therapeuten mit sehr intelligenten und differenzierten Argumenten beweisen, dass sie zu dumm sind, um sich aus ihrer Isolation zu befreien. Sie halten still, wenn sie über Dinge belehrt werden, die sie längst wissen. Sie erklären sich für beschränkt, weil sie eine törichte Frage nicht verstehen. Sie vermuten Tiefsinn in inhaltsleerem Geschwafel und verkneifen sich in der Diskussion ein gescheites Argument, weil sie unter all den platten und plumpen Bemerkungen nicht auffallen wollen.

Sich selbst zu loben gilt in vielen Kulturen als unfein. Wer in Geborgenheit aufwachsende Kleinkinder beobachtet, kann an ihnen entsprechende Hemmungen nur selten beobachten. Die kulturelle Evolution[1] hat sicher Haltungen verstärkt, welche Anerkennungsfunktionen in die soziale Umwelt delegieren: Von anderen gelobt zu werden (und sei es für Bescheidenheit) ist besser, als sich selbst zu loben (was im Fall der Bescheidenheit paradox ist).

Stolz und Hoffart gelten im christlichen Kanon als Laster; zu den Klischees der meisten Religionen gehört es, sich angesichts der Gottheit zu erniedrigen, um deren Überlegenheit erstrahlen zu lassen. Von Niobe bis zum Fischer und seiner Frau reicht die Spanne der Mythen und Märchen, welche narzisstische Unersättlichkeit bestrafen.

Subjektiv ist es vielen Menschen peinlich, von eigener Hochbegabung zu sprechen, auch wenn sie Belege dafür anführen könnten, dass sie über eine solche verfügen. Überhaupt entspricht das eigene Urteil in Begabungsfragen nicht immer dem Urteil der Umwelt. Wer von sich behauptet, dumm zu sein, kann – wie ich ausführen werde – eine hohe Intelligenz verschleiern. Umgekehrt gibt es auch »verkannte« Genies, die sich selbst als Hochbegabung deklarieren, aber nichts zustande bringen. Sie schreiben ihren Mangel an Erfolg abwechselnd einer feindlichen Umwelt oder ihrem souveränen Desinteresse gegenüber den gesellschaftlichen Forderungen zu. Sie arbeiten für die Zukunft, für ein Publikum, das es gegenwärtig noch gar nicht gibt. Sie wollen sich nicht anpassen und normieren lassen! Im Hörer wächst der Zweifel, ob sie es denn *könnten*, wenn sie wollten.

Vielleicht liegt es an den peinlichen Gefühlen, die ein Begriff wie »Hochbegabung« auslöst, dass die narzisstische Dimension der Begabungsunterschiede bisher so wenig beachtet wurde. Fallgeschichten über psychotherapeutische Behandlungen ignorieren

---

[1] Zu diesem Begriff vgl. Wolfgang Schmidbauer: *Die sogenannte Aggression. Die kulturelle Evolution und das Böse,* Hamburg 1972. Biologische und kulturelle Evolution treten in der prärationalen Gestaltung der menschlichen Affekte in Wechselwirkung. Kulturen überleben durch Deformation von Triebstrukturen.

diesen Aspekt durchweg. Festigkeit im Glauben kann Begabungsmängel nicht neutralisieren.

Die Geschichte der psychoanalytischen Bewegung lässt sich nur verstehen, wenn wir die Hochbegabung des Gründers Freud ebenso einbeziehen wie die vergeblichen Versuche seiner Nachfolger, durch immer ausgedehntere Lehranalysen Freuds Überschätzung aller Personen auszugleichen, die an seine Entdeckungen *glaubten*.[2]

Prestige ist in unserer Gesellschaft ungleich verteilt; es gibt soziale Schichten, in denen sich Besitz und Macht angesammelt haben, und andere, die benachteiligt blieben. Ebenso ungleich verteilt ist die Fähigkeit, um Privilegien und um Macht zu konkurrieren, sie zu erobern, ihren Besitz zu genießen. Schließlich, und das ist in der vorliegenden Untersuchung vielleicht der wichtigste Aspekt, gehört zur menschlichen Entwicklung eine lang dauernde und verwundbare Kindheit, in der Menschen bereit sind, sich zu verbiegen, um sich den Schutz der Eltern zu erhalten.

Je mehr hier die gegenseitigen Erwartungen harmonieren, desto besser lassen sich Verlassenheitsängste und Enttäuschungswut bewältigen. Das heißt auch, dass eine Kindheit dann die besten Aussichten darauf hat, ein für Eltern und Kinder verträgliches Geschehen zu werden, wenn es keine allzu ausgeprägten Begabungsunterschiede zwischen Eltern und Kindern gibt, weder in der einen noch in der anderen Richtung.

Minderbegabte Kinder sind dabei, so paradox es klingt, in einer besseren Position. Ihre Entwicklungshemmung geht zunächst in der Kindheit auf, sie wirken eben besonders kindlich und schutzbedürftig. Sie rühren die Eltern und ängstigen sie nicht.

---

[2] Folgerichtig wurde in Berlin die psychoanalytische Ausbildung systematisiert, während sie in Wien unter Freuds persönlichem Einfluss Künstler und »Laien« anzog. Die Bereitschaft des Gründers, die Psychoanalyse zusammen mit jedem neuen Patienten und jeder neuen Patientin auch neu zu entdecken, ist als inhaltliche Forderung nach wie vor aktuell, doch wirkt die stark reglementierte Ausbildung in die Gegenrichtung.

Es ist eine fromme Legende, dass Durchschnittseltern auf jede Begabung ihrer Kinder stolz sind und diese nach Kräften fördern. In Wahrheit sind sie ausschließlich auf jene Fähigkeiten ihrer Kinder stolz, die sie erwarten. Nur diese können sie einschätzen, nur diese passen in ihr Weltbild.

Eine demokratische Gesellschaft beruht darauf, dass sie nach gleichen Chancen für alle sucht, an der Macht und den kulturellen Gütern teilzuhaben. Wer größere geistige Fähigkeiten besitzt, kann demnach damit rechnen, einen Platz zu finden, der seiner Begabung angemessen ist. Wir wissen, dass das oft nicht geschieht. Gute Schüler oder die Mitglieder der Vereine, die nur (Test-)Hochintelligente aufnehmen, sind keineswegs besonders erfolgreich. Aus dieser Verlegenheit haben sich die Begabungsforscher dadurch befreit, dass sie definierbare und testbare Leistungen durch weniger präzise Qualitäten ergänzt oder ersetzt haben: »emotionale Intelligenz« oder »Kreativität«.

Ich wähle hier einen anderen Zugang. Er ist nicht neu, aber ich hoffe, ihm einige neue Aspekte abzugewinnen und vor allem die trockene Materie der Begabungsforschung durch die therapeutische Perspektive zu ergänzen, in der auch Wege erschlossen werden, solche emotionalen Blockaden der Intelligenz zu lösen. Mein Ansatz wurzelt in der Narzissmustheorie.

Das gesunde Selbstgefühl beruht in wichtigen Teilen auf der Funktionslust, mit der das keimende Ich des Kindes erobert, was es als sein »Selbst« erlebt: den eigenen Körper und seine vielfältigen Möglichkeiten, mit der Umwelt in Austausch zu treten. Die Intelligenz lässt sich als die funktionelle Harmonie und damit Gesamtleistung dieser Funktionslüste verstehen, in der ständig positive und negative Rückkopplungen ablaufen. Das gesunde und geschickte Kind schichtet viele Bauklötze aufeinander, ehe der Turm einstürzt, und wird durch diese Fähigkeit angehalten, sie zu üben. Das gestörte, ungeschickte Kind verzagt über seinem kläglichen Turm.

Das »Grausen« (Freud), welches im Kind entsteht, wenn es Zeuge der sexuellen Leidenschaft Erwachsener wird, spiegelt ein anderes Erschrecken: das des intellektuell überlegenen Kindes angesichts von Fähigkeiten, die es mit sozialer Isolation bedrohen, wenn sie von den geliebt-gebrauchten Menschen in seiner Umgebung nicht aufgenommen und gespiegelt werden. Dieses Kind bemerkt, dass es »anders« ist. Es erlebt sein Anderssein als Gefahr. Es fürchtet, lebenswichtige Kontakte einzubüßen, wenn es sich zu weit von ihnen entfernt, zu früh erkennt, wie wenig beispielsweise die Eltern in der Lage sind, ihren Alltag geistig zu durchdringen und primitive Fehler zu vermeiden.

Durch seine ausgeprägte Intelligenz erscheinen dem Kind seine Sicherheit und Orientierung in seiner Umwelt als *gefährdet*. Es ist ein Paradox, das sich in den Analysen Hochbegabter öfter findet als erwartet: Die gleichen Fähigkeiten, die in der Wildnis das Überleben erleichtern und die Orientierung beschleunigen, entfalten in der Zivilisation, je mehr sie fortschreitet, zerstörerische Macht. »Lieber durchquere ich mit einem Dromedar die Sahara, als mich auf einen Mann einzulassen«, sagt eine solche Analysandin.

Das hängt auch damit zusammen, dass in der modernen Gesellschaft individuelle Lösungen dominieren. Es gibt keine verbindlichen Traditionen mehr (wie ein Kastensystem, Zünfte, feudale Strukturen). Die einzelnen Menschen finden ihren Platz in einer zumindest dem Prinzip nach freien Konkurrenz und müssen sehr viel Unsicherheit verarbeiten. Es ist nicht nur denkbar, sondern sogar erwünscht, dass es Kinder »weiter bringen« als ihre Eltern. Das hochbegabte Kind spürt diesen Wind der Freiheit schon so früh unter seinen Schwingen, dass es in tiefe Ängste geraten kann, völlig zu vereinsamen. Ein Zwölfjähriger beschreibt diese Situation in einem Gedicht:

In dem Raum,
wo eben noch
Bruder und Mutter waren,
ist nichts.

Ich laufe hinaus,
ich rufe und suche,
in den Häusern,
auf den Straßen

niemand.

Wer den Menschen in seiner Umgebung geistig überlegen ist, gerät
in eine potenziell gefährliche Situation, deren Ausgang von der
Kränkbarkeit der wichtigen Bezugspersonen abhängt. Eltern, die
sich über schlechte Schulnoten aufregen und ihre Kinder unter
Druck setzen, mehr zu leisten, sind sozusagen normal. Aber es gibt
auch Eltern, die Kinder beschimpfen und verspotten, weil diese
klüger sind als sie.

Das narzisstische Paradox der Elternschaft liegt darin, dass die
Kinder einerseits die Eltern übertreffen sollen. Sie müssen es besser
haben, ihr Weg führt sie höher hinaus. Aber wehe, sie gehen diesen
Weg nicht genau auf jener ansteigenden Linie, welche die Eltern als
narzisstische Steigerung ihrer eigenen Idealbilder begreifen können.

Je ausgeprägter diese Bedürfnisse der Eltern sind, je weniger sie
von ihnen ablassen können, um sich der Eigenart gerade dieses
Kindes zuzuwenden, desto heftigere Ängste entwickeln die besonders Begabten. Denn sie spüren, dass ihnen das meiste von dem
nicht genügt, was ihnen die Eltern anbieten. »Es war mir, seit ich
denken kann, ganz unbegreiflich, wie die anderen, etwa meine Mit-
schülerinnen, mit dem zufrieden sein können, was da auf sie wartet – mit irgendeiner Arbeit im Büro oder als Verkäuferin, Heirat,
ich wäre mir lebendig begraben vorgekommen.«

Die Funktionslust ermutigt sich selbst. Wie aber kann es geschehen, dass gerade die eigene, hohe Begabung plötzlich der Funktionslust in den Arm fällt? Wie kommt es, dass eine strahlende Intelligenz verdunkelt und blockiert wird, dass glänzende Fähigkeiten verschwinden und einem dumpfen, dummen Gefühl Platz machen, das beispielsweise erst dann verschwindet, wenn die Intelligenz für andere eingesetzt wird und nicht dem Erwerb eigenen Ansehens dient?

In einer tiefenpsychologischen Psychotherapie wird in der Regel auch diese frühe Beziehung wiederbelebt, welche zu einer künstlichen Dummheit geführt hat. Es wäre naiv, davon auszugehen, dass in der Übertragung auf den Therapeuten stets geistige Blockaden aufgehoben werden. Das hängt davon ab, wie gut der Therapeut gelernt hat, mit seinem eigenen »Intelligenzkomplex« zurechtzukommen.

In einer normalen medizinischen Behandlung entsteht nur selten eine ausgeprägte geistige Rivalität. Wenn der Arzt sein Handwerk versteht und der Patient seine Rolle akzeptiert, sind intellektuelle Auseinandersetzungen in der Regel überflüssig. Argumentationsgeschick und kritische Fähigkeiten müssen nicht geübt oder bewiesen werden, wenn es darum geht, eine somatische Diagnose zu erarbeiten oder das richtige Medikament zu finden. Erst in relativ seltenen Konfliktsituationen – etwa in der Verarbeitung unterschiedlicher fachärztlicher Positionen, beispielsweise bei der Frage, ob eine Operation oder eher eine konservative Behandlung angezeigt ist, ob der Patient seine Lebensführung ändern oder der Arzt ein besseres Mittel finden sollte – spielen Intelligenzunterschiede eine Rolle.

In einer Psychotherapie ist das anders. Es geht hier immer auch um Wertfragen. Die vom Therapeuten erwartete »wertfreie« Betrachtungsweise kann nicht anders erarbeitet werden als durch sorgfältige *Bewertung* des eigenen Verhaltens. Jede Deutung ist ein intellektuell übergriffiger, latent aggressiver Akt, will sparsam dosiert und kunstgerecht eingesetzt sein, um die Beziehung entwicklungsfähig zu halten und den therapeutischen Prozess zu fördern.

Nur extreme Begabungsunterschiede wirken sich so aus, dass in fast allen Situationen, die eine Intelligenzleistung erfordern, ein Partner überlegen ist. In den allermeisten Fällen ergeben sich situative Unterschiede je nach dem geistigen Feld, in dem sich ein rivalisierendes Paar bewegt. Hier spielen neben der Intelligenz auch Erfahrung, erworbenes Wissen, Tagesform, Einsatzbereitschaft eine wichtige Rolle. Bald ist die eine, bald der andere dominant. Das Gleiche gilt für Lehrer und Schüler, für Chefs und Mitarbeiter. Die Spannungen werden virulent, wenn der geistig unterlegene Teil mehr Macht besitzt oder gewaltbereit und rücksichtslos ist. Ein seelisch ausgeglichener und durchschnittlich intelligenter Chef, Lehrer, Therapeut oder Ehepartner wird die geistige Überlegenheit einer Hochbegabung hochschätzen und versuchen, aus ihr Nutzen zu ziehen, um die gemeinsamen Ziele zu erreichen.

Aber eine solche wertschätzende Haltung ist gefährdet. Sie kann dem primitiven Narzissmus zum Opfer fallen, der um jeden Preis recht haben und seine Vormacht sicherstellen muss. Der Mann kann es dann nicht ertragen, dass seine Partnerin eine Situation besser eingeschätzt hat als er, dass sie die Lösung in einem Konflikt mit den Kindern wusste und er nicht, dass sie ihn auf einen Fehler hinweist, den er übersehen hat. Er beklagt dann ihr dummes Geschwätz, überlässt ihr zwar die Urlaubsplanung, kritisiert sie aber selbstzufrieden, sobald etwas nicht klappt.

Besonders bösartige Beziehungskämpfe entstehen aus der Verbindung einer geistig überlegenen Frau mit einem besonders kränkbaren Mann, wenn die Frau in ihrer intellektuellen Selbsteinschätzung blockiert ist und sich einfach nicht vorstellen kann, dass sie wirklich die Klügere ist.

Zu Beginn der Beziehung hält sie die langsame, zähflüssige Art ihres Mannes für »männlich« und ist überzeugt, dass er ihr in jedem Fall überlegen ist. Seine Fehler haben eine tiefere Bedeutung, sie fühlt sich schuldig, weil sie sich langweilt, und rüstet ihn mit allen eigenen Fähigkeiten aus.

Sobald die Verliebtheit dem Alltag Platz macht und die Frau in gemeinsamen Aufgaben – etwa der Sorge um ein Kind – nicht mehr an der Erkenntnis vorbeikommt, dass er nicht alles richtig und gut macht, kann sie kaum anders, als seine Einfühlungsmängel und seine Beschränktheit als bösen Willen auszulegen.

Er *könnte* ganz anders, wenn er nur *wollte* – schließlich kann er doch bestimmt genauso viel wie sie, wahrscheinlich sogar mehr als sie! Wenn er das nicht leistet, wenn er nicht versteht, was sie will, wenn ihm spontan so viel weniger Probleme auf- und entsprechend weniger Lösungen einfallen, dann ist sie ihm nicht wichtig, dann hat er Besseres vor, interessiert sich nicht für sie. Dann liebt er sie nicht.

Der Mann quittiert ihre Angriffe mit Gewalt und/oder Rückzug; einer Auseinandersetzung ist er nicht gewachsen. Sie ist ihm geistig und verbal überlegen. Wegen ihrer Selbstunterschätzung erwartet sie aber von ihm ein Verständnis für ihre inneren Komplikationen, das er gar nicht aufbringen kann, und legt ihm Fragen zur Beurteilung vor, die sie längst besser entschieden hat. Das erleichtert dem Mann seine Abwehrhaltung: Sie weiß nicht, was sie will, sie ist wie ein Kind, er muss sie nicht ernst nehmen.[3]

Viele der Zuspitzungen und Verschlechterungen in der Behandlung »hysterischer« Patientinnen durch männliche Therapeuten beruhen darauf, dass die blockierte Hochbegabung einer Frau nicht erkannt und bearbeitet wurde, bis sie sich in einem Amoklauf gegen den Therapeuten richtete.

Manche dieser Verwicklungen scheinen heute nur noch von historischem Interesse. Aber es lohnt sich, einen Blick auf sie zu

---

[3] In einem Paargespräch sagte ein solcher Mann einmal: »Das hat mir meine Frau noch nie gesagt«, als der männliche Therapeut eine ihrer Äußerungen wiederholte, mit denen sie ihn seit Jahren traktiert hatte.

werfen, weil sie die Vergeudung von emotionaler und geistiger Energie dokumentieren, die durch die künstliche Dummheit entsteht. Die Frau projiziert ihre geistige Überlegenheit in den Mann und hält sich selbst für sein dummes, ihm ausgeliefertes, von ihm geängstigtes Anhängsel, zu jedem Zugeständnis bereit, um ihn nicht zu verlieren.

In einem Anwaltskollektiv, das von einem gemeinnützigen Verein getragen wird, um Mittellosen Rechtsbeistand zu leisten, tritt eine Juristin ihre erste Stelle nach dem Examen an. Sie ist nicht mehr jung, weil sie erst spät studiert und vorher als Sekretärin und Leiterin einer Boutique gearbeitet hat. Ihre Vorgängerin hat nach einigen Jahren gekündigt und eine gut bezahlte Stelle in einer Kanzlei angenommen. Der Kollege, mit dem sie zusammenarbeiten soll, ist schon seit vielen Jahren auf dieser Stelle beschäftigt. Beide arbeiten halbtags; er hat eine kleine Kanzlei, sie macht eine Zusatzausbildung in Mediation.

Die Berufsanfängerin nimmt im Zusammenhang mit ihrer Mediatoren-Ausbildung Supervision. Sie ist sehr dankbar für diese Möglichkeit, denn sie fühlt sich oft minderwertig, unfähig, hat das Gefühl, keinen Gedanken zu Ende denken zu können, was in einem Beruf, der klare, rationale Begrifflichkeit verlangt, die eigene Qualifikation infrage stelle. Vielleicht wäre sie besser Sekretärin geblieben, die Anweisungen entgegennimmt. Durch das Studium habe sie sich durchgemogelt. Ihre guten Noten seien reiner Zufall gewesen.

Diese Äußerungen kontrastieren mit der Art, wie sie auf die Stelle gekommen ist: Sie wurde von einem ihrer Professoren empfohlen, der im Vorstand des Trägervereins mitarbeitet. Auffällig ist auch, dass die Juristin ihren Kollegen mit einem Scharfblick kritisiert, der gar nicht zu dem Respekt passt, den sie sich angesichts seiner so viel größeren Berufserfahrung und seines Status als Fachanwalt auferlegt.

Wenn sie ihre Arbeit beschreibt, fällt dem Supervisor ihre Fähigkeit auf, komplexe Probleme von allen Seiten zu betrachten und sehr schnell die Konflikt- und Lösungspunkte herauszuarbeiten. Sie findet das selbstverständlich und schreibt es der souveränen Ruhe ihres Kollegen zu, wenn dieser wieder einmal ein Detail übersehen, eine Vorschrift nicht beachtet, einen Termin verpasst hat.

Solche Fehler passieren ihr – der Anfängerin – eigentlich nie. Sie hält das für belanglos. Es seien lediglich Dinge, die jede Sekretärin ebenso gut mache, während sie doch in die wirklichen Probleme des Rechts gar nicht eindringen könne. Gerade lese sie wieder einen Text, und wenn sie zehn Seiten durchstudiert habe, werde sie sterbensmüde, das sei wohl zu hoch für sie.

In vielen Fällen wird sich die Supervision angesichts einer solchen Situation auf die Selbstgefühlsprobleme konzentrieren, aber nicht zu ihren Wurzeln vordringen: zu der Angst einer Hochbegabten, ihre eigenen Fähigkeiten zu erkennen und zu akzeptieren, dass sie – obwohl weniger lange im Beruf und mit weniger Erfahrung – in vielen Punkten ihren männlichen Kollegen überflügelt.

Seit die High Potentials im öffentlichen Nachdenken über die Zukunft der Leistungsgesellschaft eine Rolle spielen, gibt es Projekte, Hochbegabungen schon während der Schulzeit zu entdecken und zu fördern. In einem auf seine Gymnasien so stolzen Land wie Bayern werden folgerichtig spezielle Gymnasialklassen für hochbegabte Schüler eingerichtet, in jedem Regierungsbezirk eine, in Oberbayern zwei.

Jüngst wurde eine Auswertung dieses Projekts diskutiert. Ulrike Grote, bildungspolitische Sprecherin der Grünen, stellte fest, dass in sieben der insgesamt acht Hochbegabten-Klassen doppelt so viele Jungen wie Mädchen gefördert wurden. Angesichts der Statistiken, wonach mehr Mädchen den Übertritt aufs Gymnasium schaffen und ihre Abiturnoten seit Jahren besser sind als die der Männer, ist dieses Verhältnis ein Rätsel.

Es gibt gewiss nicht weniger hochbegabte Mädchen an den Gymnasien als Jungen. Aber die Mädchen neigen ebenso dazu, ihre Begabung zu verbergen, wie die Jungen dazu, sie zu zeigen. Die

Jungen fallen tendenziell eher auf, sie haben weniger Hemmungen, sich hervorzutun, sie langweilen sich deutlicher und stören den Unterricht. So wird ihre Begabung öfter erkannt, und sie werden gefördert. Die Mädchen langweilen sich ebenso, wollen aber nicht auffallen und vermeiden es, sich bemerkbar zu machen.

Eine kurze Geschichte der Intelligenz

Die Evolution der Intelligenz

Der Mensch hat sich in einer langen Entwicklungsgeschichte aus Vorfahren entwickelt, auf die auch die heutigen »Menschenaffen« zurückgehen. Der Vorwurf denkfeindlicher Frömmler, in der modernen Biologie werde behauptet, der Mensch stamme vom Affen ab, trifft nicht die Wahrheit; ebenso gut könnte man sagen, dass der Affe vom Menschen abstammt. Unsere Ahnenreihe ist noch lückenhaft, die Entwicklungsgeschichte von Homo wird immer wieder um neue Kapitel ergänzt. Die für die Intelligenzentwicklung wesentlichen Faktoren jedoch stehen weitgehend fest. Unsere Erbanlagen bedingen eine starke Bezogenheit auf Artgenossen, ein gutes räumliches Vorstellungsvermögen (wer klettert, braucht das), scharfe Sinne und den eher auf Lernen als auf Instinkten beruhenden neugierigen Umweltbezug des Allesessers.

Weder besonders groß noch besonders klein, weder besonders stark noch besonders schwach, auf kein Nahrungsmittel spezialisiert und hungrig, immer hungrig: Es ist eigentlich nicht schwer, sich ein Bild der Vor-Menschen zu entwerfen. Sie waren Spezialisten des Nicht-Spezialisiertseins, sie konnten klettern, aber auch schnell und ausdauernd laufen, sie jagten kleine Tiere, freuten sich, wenn sie einem Löwen oder einem Wolfsrudel die Beute abnehmen konnten. Ihre wichtigste Nahrungsquelle aber blieben Pflanzen – Sprossen, Wurzeln, Früchte, über die jeder Bescheid wissen musste. Es ist an sich klar, dass diese Lebensweise vielfältige geistige Anregungen bereithielt. Sie setzte eine Prämie aus auf Voraussicht, schnelle Wahrnehmung, wirksames Lernen, beispielsweise welche Pflanzenteile essbar, welche giftig sind. Allmählich erweiterte sich dieses Lernen: Es entstanden Traditionen, der Einzelne musste sich nicht mehr alles, was er wusste, selbst aneignen, er konnte es als Kind den Erwachsenen abschauen. Solche Verhaltenstraditionen gibt es in Andeutungen auch bei gruppenlebenden Affen.

Der opponierbare Daumen, der die Hände des Vor-Menschen so geschickt machte, die Kiefer von Greif-Funktionen entlastete und dadurch die Gehirnentwicklung vorantrieb, der aufrechte Gang, der seinen Kopf über die Savannengräser erhob, waren Schrittmacher auf diesem Weg. Aber die wichtigste Beschleunigung der menschlichen Intelligenzentwicklung entstand durch die Interaktion des Menschen mit seinesgleichen.

Ihr Motor war eine große Neuerung, welche die Vor-Menschen schufen: die Jagd. Die bekannten Raubtiere (Bären und Wölfe vielleicht ausgenommen) jagen vor allem durch den Instinkt; ihre körperliche Ausrüstung legt sie fest. Aber es gibt keinen Primaten, der zum Raubtier wurde und die entsprechenden Instinkte entwickelte. Es geschah etwas anderes: Der Mensch wurde zum Jäger dank seiner Intelligenz; die Jagd trieb seine Intelligenzentwicklung voran. Pflanzen bleiben, wo sie sind, wer sie erst einmal gefunden hat, kann sich satt essen. Wer aber Wild erbeuten will und weder Krallen noch Reißzähne hat, der muss seinen Verstand einsetzen.

Vor allem muss er lernen, mit seinen Gefährten zu kommunizieren, um einander das Wild zuzutreiben, sich gegenseitig zu unterstützen, Treibjagden zu organisieren. Und er muss lernen, seine Reaktionen als flüchtiger Pflanzenfresser umzugestalten. Er muss Reflexe, die unmittelbar auf den Reiz eine schnelle, aber auch starre Reaktion folgen lassen, in Affekte umwandeln, in Gefühlserlebnisse, die dann seiner Intelligenz den Auftrag geben, zweckmäßige Lösungen zu finden, Erlerntes anzuwenden oder einen schöpferischen Einfall zuzulassen.

Der Mensch schuf sich selbst, als er lernte, die instinktive Angstreaktion des wilden Tieres vor dem Feuer zu unterdrücken. Er bemächtigte sich dieses Werkzeugs. Von jetzt an war er es, vor dem die Tiere sich zu fürchten hatten. Um das Feuer zu hüten und Treibjagden zu organisieren, die durch das Feuer ermöglicht wurden, entstand die Sprache. Neue soziale Formen bildeten sich: Aus der lebenslangen Bindung zwischen Mutter und Kind einerseits, dem mächtigen Brunfttrieb andererseits entstand die menschliche Sexualität, ein Amalgam infantiler Bindung und nicht mehr dem Menstruationszyklus unterworfener sexueller Lust, durch Inzesttabus geregelt, welche den Austausch zwischen benachbarten Gruppen förderten.

Das Feuer und die Sprache sind beides Merkmale, die in der Art einer Sperrklinke funktionieren: Wer sie gewonnen hat, der kann auf etwas aufbauen, das er nicht mehr individuell erwerben muss, weil es seiner Gruppe bereits gehört. Die menschliche Intelligenzentwicklung wäre ohne solche Sperrklinken nicht möglich, die verhindert haben, dass sich gewonnenes Wissen wieder auflöst.

Die nächsten beiden Sperrklinken – die Schrift und die elektronische Datenspeicherung – gehören nicht mehr in die Geschichte der Intelligenz, sondern in die der menschlichen Kultur. Es gab viele und gibt noch einige wenige »schriftlose« Kulturen, die ihre Riten und Bräuche allein durch mündliche Traditionen erhalten. Der Wortschatz einer solchen Kultur verändert sich in wenigen Jahrhunderten vollständig, während die Schriftsprachen stabiler und normierter werden. Dass aber der Mensch bereits während der »primitiven« Phase, die er als Jäger und Sammler überlebte, seine gegenwärtige Intelligenz entwickelt hat, lässt sich aus einem sehr einfachen Versuch ableiten: Wenn wir ein Buschmann-Baby in einer modernen Zivilisation erziehen, wird es alles erlernen, was andere Großstadtkinder auch können.

Der amerikanische Anthropologe William S. Laughlin nennt die Jagd das »Meisterverhalten« des Menschen. Sie war die neue kulturelle Erfindung, welche die Körpergestalt, die Physiologie und die Intelligenz des Menschen formte. Die Evolution der Intelligenz in der langen Phase, in welcher die Menschen als Jäger und Sammlerinnen lebten, spricht übrigens auch für eine gleichartige Begabung von Frauen und Männern. Das menschliche Gehirn ist ein revolutionäres Werkzeug, das unspezifisch die unterschiedlichsten Informationen verarbeiten kann. Es wäre absurd, es zweimal zu erfinden; Männer und Frauen unterscheiden sich in ihrer Intelligenz vor allem deshalb, weil die in ihren Körperstrukturen und kulturellen Aufgaben angelegten Unterschiede ihren Geist prägen. Der Industriegesellschaft entspricht eine Periode rasanter technischer Entwicklungen. Jedes Jahr begegnen uns verbesserte »Generationen« von Maschinen. Verglichen damit sind die traditionellen Agrarkulturen statisch – die Werkzeuge in einem römischen Latifundium unterschieden sich nicht wesentlich von den Werkzeugen meines bäuerlichen Großvaters, der 1960 starb und bis zu seinem Tod eine kleine Landwirtschaft mit vier Kühen praktisch ohne fremde Hilfe betrieb.

Noch viel ausgeprägter ist die Hartnäckigkeit, mit der die meisten paläolithischen Jäger an ihren einfachen Werkzeugen festhielten. Sie verwendeten nur sehr wenig Aufmerksamkeit auf ihre Waffen. In den rund eine Million Jahren, die sich der Mensch als Jäger entwickelte, wurden die meisten Tiere mit Steinen oder Knüppeln erschlagen. Speere gibt es erst im letzten Zehntel dieser Entwicklungsgeschichte, Pfeil und Bogen sind noch erheblich später erfunden worden und erreichten bei den altsteinzeitlichen Jägern niemals die Perfektion, die während der Antike und im Mittelalter selbstverständlich war, als der Bogen zur Kriegswaffe wurde.

Als primitiver Jäger hat sich Homo sapiens mehr als auf alles andere auf seine Intelligenz verlassen. Die ethnografischen Beobachtungen aus den Jäger- und Sammlerinnen-Kulturen zeigen, dass dort erheblich mehr Zeit und Kraft darauf verwendet wurde, Eigenarten der Beutetiere kennenzulernen, Wissen über sie zu vertiefen, das Wild zu überlisten. Die Technologie blieb daneben einfach. Das wird verständlich, wenn wir berücksichtigen, dass Wissen dem

Überleben verlässlicher dient als jedes Werkzeug, das doch leicht zerstörbar ist und seinen Eigentümer hilflos zurücklässt, wenn er es nicht mit einfachen Mitteln in kurzer Zeit reparieren oder ersetzen kann. Ein weißer Jäger mit zerbrochener Flinte verhungert; ein Pygmäe mit beschädigtem Bogen nicht.

Die Berichte der Feldforscher[4] zeigen, wie gut primitive Jäger die Unzulänglichkeit ihrer Waffen durch Intelligenz ausgleichen. So ist das Walross für die Aleuten eine fette, aber sehr wehrhafte Beute, die in Kämpfen mit Eisbären oft Sieger bleibt. Die menschlichen Jäger erstechen es daher im Schlaf. Primitive Jäger sind Künstler im Anschleichen und Fährtenlesen; sie machen sich Geräusche zunutze, um wachsame Tiere zu übertölpeln. Eskimos jagen Seeotter bei pfeifendem Wind, sodass der Beute ihr hervorragendes Gehör nichts nutzt, wenn sich der Jäger mit seiner Keule bis auf wenige Schritte heranpirscht.

In der Möglichkeit, durch verbesserte Kommunikation die Organisation von Treibjagden zu verfeinern, lässt sich ein Motor der menschlichen Sprachentwickelung vermuten. Unsere Sprachfähigkeit ist während der Evolutionsphase als Jäger und Sammlerinnen entstanden; der Mensch als Ackerbauer und Städtegründer fand sie schon vor. Die Schrift gehört dann zur Sesshaftigkeit.

Das große Wissen »primitiver« Jäger hat die Forscher erstaunt, die neugierig nachfragten und nicht, wie Missionare und Kolonisatoren es oft taten, ihre eigenen Vorurteile unterschoben. So stellte der Ornithologe Ernst Mayr, der in den Dreißigerjahren des vorigen Jahrhunderts einige Monate bei einem Stamm in Neuguinea lebte, fest, dass die Jäger dort 136 Bezeichnungen für die 137 Vogelarten kannten, die er in ihrem Gebiet entdeckte. Und der Naturforscher und Verfasser der Märchenerzählung *Peter Schlemihls wundersame Geschichte*, Adelbert von Chamisso, der 1815 mit der russischen

---

[4] Einen guten Überblick bieten Irven DeVore/Richard B. Lee (Hrsg.): *Man the Hunter*, Chicago 1968.

Brigg Rurik auf einer Expedition um die Welt reiste und 1817 auf den Aleuten landete, gab es bald auf, alle Wale der Gegend selbst finden und zeichnen zu wollen. Er ließ die eingeborenen Jäger Holzmodelle schnitzen, die er dann abzeichnete und über die er eine gelehrte Abhandlung schrieb. »Cetaceorum maris Kamtschatici imagines, ab Aleutis e ligno fictas, adumbravit recensuitque Adelbertus de Chamisso« wurde 1824 vor der Kaiserlich-Leopoldinisch-Carolinischen Akademie der Naturforscher in Wien verlesen.[5]

Welchen Platz in der Evolution der menschlichen Intelligenz die Schrift hat, ist nicht ganz klar. Die Menschheit legte ihre wohl dynamischste Periode, in der Handwerk, Ackerbau und Viehzucht entdeckt wurden, ohne Kenntnisse der Schrift zurück. Um in diesen drei Bereichen die Grundlagen zu schaffen, mussten kleine Gruppen von zielbewussten und gedächtnisstarken Menschen über viele Generationen hinweg mit Nutzpflanzen und Haustieren experimentieren. Pfeil und Bogen, Lanze und Rad, Pferd und Rind, Weizen und Gerste wurden entdeckt, verfeinert, kultiviert, ohne dass jemand lesen oder schreiben konnte.

Verglichen mit dieser Phase großartiger Schöpfungen waren die Jahrtausende zwischen den Reichen der Antike und dem 18. Jahrhundert eher arm an grundlegenden Neuerungen. Das Leben in einer römischen Insula unterschied sich in vielen Einzelheiten nicht vom Leben in einem Pariser Palast des Rokoko. Ehe aus der Entdeckung der Schrift die wissenschaftliche und technische Blüte des 19. und 20. Jahrhunderts wurde, vergingen im Westen fast fünftausend Jahre.

Die zentrale Innovation, die mit dem Aufkommen der Schrift verbunden werden kann, ist die Unterordnung zahlreicher Menschen unter ein System von Städten und Reichen mit Kasten und Besitzständen. Claude Lévi-Strauss bemerkt dazu:

---

[5] Vgl. Wolfgang Schmidbauer: *Jäger und Sammler,* Planegg 1973, S. 96.

»Wenn meine Vermutung richtig ist, so bestand die primäre Funktion der schriftlichen Mitteilung darin, die Versklavung zu erleichtern. Die Verwendung der Schrift zu uneigennützigen Zwecken, das heißt im Dienst intellektueller oder ästhetischer Bemühungen, stellte ein sekundäres Ergebnis dar, das sich außerdem nicht selten in ein Mittel verwandelte, um das primäre zu verstärken, zu rechtfertigen und zu vertuschen.« [6]

Als Lévi-Strauss bei seiner Reise zu den Nambikwara den Indianern Bleistifte und Papier schenkte, konnten sie nicht viel damit anfangen. Sie kritzelten Wellenlinien, versuchten also, die Schrift des Ethnografen nachzuahmen, gaben aber den uninteressanten Versuch bald auf. Nur der Häuptling verhielt sich anders. Er schien eine Funktion des Schreibens zu begreifen, bat sich ein Notizbuch aus und gab seine Befehle fortan nicht mehr nur mündlich, sondern schriftlich, indem er Linien auf das Papier »schrieb« und dieses dann emporhielt, sodass die anderen seine »Mitteilung «sehen – »lesen« – konnten. Da er gleichzeitig seine Kommandos auch mündlich gab, bewährte sich dieses Vorgehen.

Anschließend erzählt Lévi-Strauss eine Geschichte, in der er sich verirrt, Waffen und Ausrüstung verliert und fürchtet, von den Nambikwara getötet zu werden. Was sonst lässt sich von Wilden erwarten, die kaum etwas zu essen haben und Maultierbraten hochschätzen?

Aber seine düsteren Phantasien erfüllen sich nicht, im Gegenteil, als er in der Dämmerung schon verzweifelt, erscheinen zwei Nambikwara, die seine Spuren verfolgt und auch seine Ausrüstung gefunden haben. Die Indianer können also Spuren lesen, die für den Europäer unleserlich sind; umgekehrt kann dieser Aufzeichnungen entziffern, mit denen wiederum die Indianer nichts anzufangen wissen.

---

[6] Claude Lévi-Strauss: *Traurige Tropen*, Köln 1960.

Jedenfalls belehrt uns diese beiläufige Szene, dass die Menschen schon lesen konnten, ehe sie um Schriftzeichen wussten. In allen Jägerkulturen wird die Kunst des Fährtenlesens von Kindheit an geübt. Es gibt regelrechten Unterricht darin; in Australien »schrieben« die alten Jäger eine Tierspur, die sie vorzüglich nachzuahmen wussten, in den Sand und organisierten einen Wettbewerb der Kinder, die sie deuten sollten.

Auch in den Höhlenmalereien spielen Tierfährten eine wichtige Rolle. Man vermutet, dass nach dem Prinzip des Teils für das Ganze die Fährte für das Tier steht, ähnlich wie die zahlreichen Abbildungen menschlicher Hände (durch Aufpressen auf den Fels und Umsprühen mit einer Pigmentlösung, die wahrscheinlich im Mund gesammelt wurde). So kann die Entstehung der Schrift über die Kontrolle von Äckern und Bewässerungssystemen hinaus auch schon in der Jagdmagie wurzeln: Die Spur ist für den Menschen das Zeichen für etwas anderes, eine zweite Stufe der Abstraktion, die in der Lautsprache vorbereitet war.

Testintelligenz

In der heutigen Gesellschaft wird Intelligenz in zwei Richtungen definiert: als Fähigkeit, Wissen *zu erwerben* und *es anzuwenden*. Intelligenztests wurden Ende des 19. Jahrhunderts von dem Franzosen Alfred Binet entwickelt. Dieser Schritt ist mit der Entwicklung einer wissenschaftlichen Pädagogik und der allgemeinen Schulpflicht verknüpft: Wer weiß, wie intelligent ein Schulkind ist, kann herausfinden, ob es sich für eine höhere Schule eignet oder nicht; er kann beurteilen, ob seine Leistungen die tatsächlich vorhandene Begabung spiegeln.

Während Lehrer prüfen, wie viel Kinder wissen und was sie gelernt haben, soll der Intelligenztest zeigen, welche Position sie gegenüber ihren Altersgenossen in Bezug auf Lernfähigkeit schlechthin einnehmen. Aber weiß denn ein Lehrer nach einigen Wochen noch nicht, welche seiner Schüler begabt und welche weniger begabt sind? Untersuchungen haben gezeigt, dass solche Urteile sehr ungenau sind. Moderne Tests sind viel genauer und zumindest in Bezug auf die Schulleistungen auch aussagekräftiger.

Diese Aussagekraft gewinnt der Test dadurch, dass er mit vielen unterschiedlichen Subtests arbeitet, die sowohl erlerntes Wissen als auch allgemeine geistige Fähigkeiten prüfen. Ein Kind, das bei allen Subtests genau das Niveau seiner Altersgenossen erreicht, hat demnach ein »Intelligenzalter«, das genau seinem Lebensalter entspricht. Den Quotienten aus Intelligenzalter und Lebensalter multipliziert man seit Anfang des vorigen Jahrhunderts mit 100, um die Dezimalpunkte zu vermeiden: Ein Intelligenzquotient (IQ) von 100 besagt, dass eine Person durchschnittlich begabt ist.

Die Testintelligenz nimmt bis zum Alter von etwa 14 Jahren zu; der IQ ist ursprünglich entlang dieser Entwicklung konzipiert: Wenn ein Kind acht Jahre alt ist, aber die für Zehnjährige bestimmten Aufgaben löst, hat es einen IQ von 125; schafft es aber nur so viel wie der Durchschnitt der Sechsjährigen, beträgt sein IQ 75. Bei Erwachsenen gibt der IQ die relative Position der gemessenen Intelligenz in der Bevölkerung an. Ein IQ von 100 liegt genau in der Mitte der Population – wer diesen Messwert hat, kann von sich sagen, dass er intelligenter als die eine und weniger intelligent als die andere Hälfte der Bevölkerung ist. Wer einen IQ von 124 hat, kann von sich sagen, dass er intelligenter ist als 93 Prozent der Bevölkerung.

Ein törichter Brauch nennt den seltenen IQ von über 140 »genial«. Aber die Testintelligenz erlaubt keine Aussage über die schöpferischen Fähigkeiten einer Person. Hochkreative Menschen sind fast immer mindestens durchschnittlich intelligent, aber hochintelligente Menschen sind keineswegs besonders kreativ. Die beste Voraussagekraft hat der IQ für die Schulleistungen. Selbst hier spielen viele andere Einflüsse mit. Entspräche die Testintelligenz dem Notenbild völlig, ergäbe das eine Korrelation von 1; in Wahrheit liegen die Entsprechungen (d. h. die Vorhersagemöglichkeit für die Noten durch den Test) in unterschiedlichen Untersuchungen bei 0,5 bis höchstens 0,8. Beruflicher Erfolg und IQ korrelieren mit 0,4 bis 0,5 – genau derselbe Wert übrigens, mit dem die IQ von Ehepartnern korrelieren oder auch die von Eltern und Kindern und von Geschwistern. Nur eineiige Zwillinge haben eine Korrelation von 0,9.

Die Frage, ob Intelligenz »angeboren« oder »erworben« ist, wird oft mit einem ideologischem Schlagabtausch verknüpft: »Angeboren« passt dann zu einer »überlegenen Rasse«, »erworben« zu sozialistischen Forderungen, wonach der Mensch ein Produkt seiner Lebensumstände sei, die es zu reformieren gelte. Die Alternative angeboren/erworben ist aber unsinnig und eher ein Zeichen von Denkfaulheit als von Einsicht. Die Gene schaffen eine Disposition, die Umwelt realisiert diese Möglichkeiten, fördert oder behindert sie. Schätzungsweise 50 Prozent der Intelligenzunterschiede sind auf genetische Faktoren zurückzuführen.

Wie werden aus den vielen klugen Kindern die vielen dummen Erwachsenen?

Bildung kann die geistigen Anlagen eines Menschen verkrüppeln. Dieser Gedanke spiegelt eine Gegenströmung zu dem kulturellen Projekt, wonach nur der erzogene Mensch ein guter Mensch sei. Seine Anfänge lassen sich ebenso auf Christus wie auf die kynischen Philosophen Griechenlands zurückführen: »Wenn ihr nicht werdet wie die Kinder!« In der Aufklärung verschärft sich die Kritik an der Ver-Bildung des ursprünglich reinen und edlen Menschenkindes in den Konzepten Rousseaus.

Viele Erwachsene scheinen mit dumpfer Routine zufrieden zu sein; sie unterscheiden sich darin von Kindern, die voller Initiative und Originalität ihre Umwelt erforschen, Fragen stellen, basteln, sich etwas einfallen lassen. Die Erwachsenen kennen und vertreten den Ernst des Lebens, die Kinder sind »verspielt«.

Als ich während des Psychologiestudiums in einer Erziehungsberatungsstelle praktizierte, hörte ich meinen Chef immer wieder sagen: »Ihr Kind ist intelligent, aber es ist noch zu verspielt!« Denn die größte Gruppe Beratung suchender Eltern klagte über die schlechten Schulnoten ihrer Kinder.

Antworten auf die Frage nach der Mutation der klugen Kinder in die dummen Erwachsenen lassen sich in verschiedenen Richtungen suchen.

Da sind zunächst einmal biologische Gründe. Bei vielen Warmblütern ist das kindliche Verhalten vielfältiger, spielerischer, nicht zweckgerichtet und weit stärker von Neugier bestimmt. Der biologische Sinn ist es, das Zusammenspiel von Intelligenz und Motorik maximal zu üben und für den Ernstfall zu trainieren. Erwachsene Tiere sind demgegenüber ruhiger, viel stärker auf das eigene Überleben und die Fortpflanzung hin orientiert. Sie regulieren das Übermaß der kindlichen und juvenilen Spielaktivität, wie die »Kontrolltiere« im Pavian-Rudel, die drohend ihre Eckzähne entblößen, wenn es die Jugend gar zu toll treibt.

Hinzu kommen allgemeine kulturelle Gründe: Während das Kind viele Möglichkeiten ausprobiert und oft sehr rasch wieder fallen lässt – Maler, Bildhauer, Schauspieler, Sänger, Tänzer an einem Tag ist –, gehört es zum Erwachsenen, sich zu konzentrieren und die eigene Leistungsfähigkeit im ernsten Wettbewerb mit anderen zu beweisen. Daher müssen viele Merkmale der geistigen Vielfalt des Kindes als Ablenkungen von wichtigen Zielen aufgegeben werden.

Nicht zu vergessen neurotische/narzisstische Gründe. Intelligenz und Kreativität sind Bereiche hoher Funktionslust. Erwachsene, die sich hier eingeschränkt und blockiert fühlen, reagieren aggressiv auf Personen, die sich lustvoll ausleben. Gegenüber anderen Erwachsenen muss dieser Neid beherrscht werden. Kinder –

auch die eigenen – kann er ungemildert treffen. Durch die große Vielfalt und Dynamik seiner geistigen Produktivität bringt das Kind Narben in schmerzliche Erinnerung, die durch eine traumatische Unterdrückung geistiger Möglichkeiten bei einem Elternteil entstanden sind.

Sie küssten und sie schlugen ihn[7]

Wenn Eltern die geistige Brillanz eines Kindes ignorieren und bestrafen, fällt das nur selten auf. Entwertungen, Missachtung, Lächerlich-Machen und Respektlosigkeit lassen sich gut als Erziehungsmaßnahmen tarnen. Viel auffälliger sind jene Eltern, die ihre Kinder idealisieren, ihre Begabungen übertreiben, sie zur Sportskanone, zur Eisprinzessin trainieren. Weil Eltern, die ihre Kinder idealisieren, das genaue Gegenteil jener Eltern tun, die ihre Kinder entwerten, wird die Verwandtschaft beider Mechanismen leicht übersehen. Ebenso wenig wird erkannt, wie schnell aus der Idealisierung eine Entwertung werden kann, wenn der gewünschte Erfolg ausbleibt, der projektierte Konzertgeiger sich als übungsfaul erweist oder die erhoffte Eisprinzessin sich durch trotzige Liebe zu Schokolade die Figur verdirbt.

Idealisierung wie Entwertung drücken narzisstische Projektionen auf das Kind aus: Es wird nicht wahrgenommen, wie es ist, denn die Eltern wissen es besser. Allerdings wäre es eine Variante der Selbst-Idealisierung, wenn Eltern von sich behaupten würden, sie sähen ihr Kind ganz und gar ohne solche Projektionen. In jeder

---

[7] Deutscher Titel eines Films von François Truffaut von 1959, der die Nouvelle Vague mitbegründete. Er handelt von einem begabten, aber widerspenstigen Jungen, der mit einem Stiefvater aufwächst und wegen seiner Streiche in ein Erziehungsheim gebracht wird. Der Originaltitel *Les Quatre Cents Coups* spielt auf ein französisches Sprichwort an, wonach ein Kind erst nach vierhundert Streichen zur Vernunft kommt.

Wahrnehmung steckt ein hoher Anteil von Eigenprojektion des Betrachters. Er wächst, je mehr ihm das Wahrgenommene bedeutet. Und wenig bedeutet dem Menschen mehr als seine Kinder. Daher können wir gar nicht anders, als sie so zu sehen, wie wir sie sehen wollen. Aber wir leben auch in einem Austausch mit ihnen.

Solange wir diesen Austausch aufrechterhalten, werden die narzisstisch besetzten Erwartungen der Eltern an das Kind ständig korrigiert und dessen Bedürfnissen angepasst. Eltern, die sich auf diesen Austausch einlassen können, müssen Illusionen opfern. Sie fühlen sich durch den Kontakt mit Kindern bald bereichert, bald befremdet und erkennen, dass eine liebevolle Beziehung am besten gelingt, wenn die Fremdheit, das Anderssein des Kindes weder verleugnet noch überschätzt werden muss. Das erfordert Eigenschaften wie Toleranz und Humor, späte Abkömmlinge der seelischen Entwicklung, komplex in ihrem Aufbau. Und leider auch wenig stabil. Die letzten Errungenschaften einer komplexen Aufbauarbeit gehen auch als Erste wieder verloren.

Ähnlich wie große körperliche Schönheit und Stärke ist auch die Begabung »Gift« im Doppelsinn des altgermanischen Wortes: Gabe und Gefahr. Sie lädt dem Rest des seelischen Systems ebenso wie der umgebenden Familie eine Last auf, die zu schwer werden kann. Der Analytiker kennt die bis zu ausgeprägter Selbstmordgefahr anwachsende Krise von besonders schönen Menschen, die – durch äußere Vorzüge verwöhnt – niemals lernen mussten, Freundschaften zu pflegen, und daher angesichts schwindender Anziehungskraft ihre Einsamkeit weder ertragen noch etwas tun können, um ihr abzuhelfen.

Ähnlich enthält auch die hohe geistige Begabung ihre eigenen Risiken. Sie belastet die Kränkungsverarbeitung und die emotionale Stabilität durch eine Sonderrolle. Sie steigert die Anforderungen, in Gruppen Langeweile zu ertragen, und führt in die Isolation, wenn dieses Problem statt durch Aktivität (nach dem Motto: »Wenn mich andere Vereine langweilen, gründe ich einen eigenen«)

durch Rückzug gelöst wird. Sie verwöhnt den Träger, der überall gut durchkommt, ohne sich anzustrengen, bis er schließlich frustriert erleben muss, dass ihn andere überholen, die fleißiger üben.

Wenn wir uns den geistigen Organismus als ein System vorstellen, das harmonisch funktioniert, wenn die Proportionen und Interaktionen »stimmen«, wird fassbar, dass die Überentwicklung von einzelnen Systemkomponenten riskant ist. Die berühmte Langzeituntersuchung von Lewis M. Terman (»Terman-Studie«) hat diesen Schatten der Hochbegabung nicht erfassen können. In dem Bestreben, Verzerrungen über die Korrelation von »Genie und Irrsinn« zu korrigieren, hatte Terman die körperliche und geistige Gesundheit der Hochbegabten idealisiert und Schüler aus der Studie ausgeschlossen, die nicht zu diesem Entwurf passten.

Im vergangenen Jahrhundert warb die keimende Wissenschaft der Psychiatrie um öffentliche Aufmerksamkeit. Statt sich leidenden Menschen zuzuwenden, welche die Hilfe der Nervenärzte begehrten, machten Letztere sich auf wie ein Gerichtsvollzieher, der die wertvollen Gegenstände der Einrichtung mit seinem Pfandsiegel markiert.

Begonnen hat damit der französische Psychiater Jacques-Joseph Moreau; gekrönt hat diesen Eroberungszug der deutsche Nervenarzt Wilhelm Lange-Eichbaum, dessen umfängliches Werk *Genie, Irrsinn und Ruhm (1928)* ein wahres Leporello-Album der Genies bietet: Goethe und Luther seien ebenso manisch-depressiv gewesen wie Blücher und Mozart. Die Psychiater übertrumpften einander; am Ende gab es keine hochbegabte Figur der Geschichte mehr, die sie nicht mit einer Diagnose versahen.

1920 (es war auch die hohe Zeit der Rassenpsychologie und der Lehre von den ererbten seelischen Merkmalen) attestierte Karl Birnbaum unter anderem Paulus, Mohammed, Luther, Loyola, Pascal, Rousseau, Molière, Friedrich dem Großen, Napoleon, Blücher, Goethe, Schopenhauer, Wagner, Nietzsche und Tolstoi eine *hysterische Veranlagung.*

In einer sehr berechtigten Gegenreaktion verfolgte Terman die Lebensgeschichte von insgesamt 1528 hochbegabten Schülern mit einem IQ von über 135. Er stellte fest, dass auch ihre emotionale Stabilität und ihre körperliche Gesundheit überdurchschnittlich waren: Die »Termiten«, wie sie später genannt wurden, waren seltener krank oder emotional gestört. Sie waren überdurchschnittlich beliebt, hatten Humor und Führungsqualitäten, waren zwar insgesamt überdurchschnittlich, aber keineswegs immer beruflich besonders erfolgreich.

Jürgen vom Scheidt, der ein wissenschaftlich materialreiches Buch über Hochbegabungen[8] geschrieben hat, weist darauf hin, dass Terman von vornherein die traumatisierten Begabungen (vom Scheidt greift hier den amerikanischen Ausdruck der »Underachiever« auf) ausgeschlossen hat. Er ließ Lehrer eine Vorauswahl treffen: Sie sollten die in ihren Augen begabtesten Schüler für den Langzeitversuch vorschlagen.

Man benötigt wenig Phantasie, um zu verstehen, dass auf diese Weise nur die Kinder ausgelesen wurden, welche insgesamt harmonische Proportionen in ihren geistigen und emotionalen Fähigkeiten gewonnen hatten. Die ausgewählten Schüler waren zwischen acht und zwölf Jahren alt, das heißt, sie hatten die prägenden Erfahrungen hinter sich, in denen während der ödipalen Frühblüte der Emotionalität verlässliche seelische Strukturen zugelassen oder aber gefährdet werden.

In einer gründlichen Kritik der Terman-Studie hat Ellen Winner festgestellt, dass einige spätere Nobelpreisträger als Schüler ausgeschlossen wurden, weil ihr Test-IQ zu niedrig war – vermutlich, weil sie sich nicht für das Ergebnis interessiert hatten. Wer die typischen Testaufgaben gut löst, muss eine hohe Anpassungsbereitschaft mitbringen. Er darf Anpassung nicht als langweilig und un-

---

[8] Jürgen vom Scheidt: *Das Drama der Hochbegabten. Zwischen Genie und Leistungsverweigerung,* München 2004.

interessant erleben (wie die Hochkreativen, die z.B. später Erfinder werden), aber auch nicht – wie das bei traumatisierten Begabungen oft der Fall ist – als ichfremd. Winner hat auch darauf hingewiesen, dass die Termiten in ihren Wertvorstellungen als Erwachsene voll im Mainstream lagen. Insofern hatte sich das Auswahlkriterium des guten (angepassten) Schülers als ebenso stabil erwiesen wie die geistige Leistungsfähigkeit.[9]

Zum Familienroman der Hochbegabten

Der Erwachsene kann sich darauf besinnen, mit welchem hohen Ernst er einst seine Kinderspiele betrieb, und indem er nun seine vorgeblich ernsten Beschäftigungen jenen Kinderspielen gleichstellt, wirft er die allzu schwere Bedrückung durch das Leben ab und erringt sich den hohen Lustgewinn des Humors.

Sigmund Freud[10]

Die Karriere von Joanne K. Rowling ist vielleicht die eindrucksvollste Erfolgsgeschichte der letzten Zeit: von der Sozialhilfeempfängerin zu einer der reichsten Frauen Englands. In ihren Bemerkungen zu den Figuren ihrer Romane um den Zauberlehrling Harry Potter hat sich Rowling in einem Interview mit dem *New Yorker* selbst mit Hermione verglichen, einer hochbegabten, aber wegen ihrer »unreinen« Abstammung diskriminierten Schülerin des Zauberinternats in Hogwarts. Aber noch viel deutlicher ist Rowlings Nähe zu dem Helden ihrer Bücher selbst.

Sie schildert ihr eigenes Kindheitsschicksal, wenn sie bis in die Einzelheiten ausmalt, wie es dem hochbegabten Harry bei seinen

---

[9] Ellen Winner: *Hochbegabung,* Stuttgart 1998.
[10] Sigmund Freud: »Der Dichter und das Phantasieren«. Vortrag, gehalten am 6. Dezember 1907, *Neue Revue,* Bd. 1 (10), 1908, S. 716–24. Zit. nach Freud, Gesammelte Werke, Bd. 7, S. 214.

Muggle-Stiefeltern geht. Es ist ein charakteristischer »Familienroman«, wie ihn Freud beschreibt:

> »Die Empfindung, daß die eigenen Neigungen nicht voll erwidert werden, macht sich dann in der aus frühen Kinderjahren oft bewußt erinnerten Idee Luft, man sei ein Stiefkind oder ein angenommenes Kind. Viele nicht neurotisch gewordene Menschen entsinnen sich sehr häufig an solche Gelegenheiten, wo sie – meist durch Lektüre beeinflußt – das feindselige Benehmen der Eltern in dieser Weise auffaßten und erwiderten.« [11]

Rowling wuchs unter belasteten Verhältnissen auf. Rowlings Mutter litt an Multipler Sklerose; das Verhältnis zu ihrem Vater war extrem schlecht. Harry Potter, der sich in der Familie, die ihn umgibt, nie zu Hause fühlt, beginnt in dem phantastischen Internat Hogwarts, einer Mischung aus Zauberschloss, Sportplatz und Wunderkammer, sein eigentliches Leben. Von der realen Familie enttäuscht, schafft er sich eine künstliche, reichere, höhere Umwelt, voller Verständnis für seine Besonderheiten, aber auch durchzogen von Düsternis und Gefahr.

Für den Träumer wird das Erwachen umso schmerzlicher, je mehr er an seinem Traum hängt. Selbst der heftigste Glaube an eine schönere und bessere Welt kann sich angesichts der Wirklichkeit jederzeit verflüchtigen. Dazu noch einmal Freud:

> »Es gehört nämlich durchaus zum Wesen der Neurose und auch jeder höheren Begabung eine ganz besondere Tätigkeit der Phantasie, die sich zunächst in den kindlichen Spielen offenbart und die nun, ungefähr von der Zeit der Vorpubertät angefan-

---

[11] Erstveröffentlichung 1909 in: Otto Rank: *Der Mythus von der Geburt des Helden,* Leipzig und Wien 1909, S. 64–68. (2. Aufl. 1922, S. 82–86.) Zit. nach Freud, Gesammelte Werke, Bd. 7, S. 227–31.

gen, sich des Themas der Familienbeziehungen bemächtigt. Ein charakteristisches Beispiel dieser besonderen Phantasietätigkeit ist das bekannte Tagträumen, das weit über die Pubertät hinaus fortgesetzt wird. Eine genaue Beobachtung dieser Tagträume lehrt, daß sie der Erfüllung von Wünschen, der Korrektur des Lebens dienen. (…) Um die angegebene Zeit beschäftigt sich nun die Phantasie des Kindes mit der Aufgabe, die geringgeschätzten Eltern loszuwerden und durch in der Regel sozial höher stehende zu ersetzen. (…) In der Technik der Ausführung solcher Phantasien, die natürlich um diese Zeit bewußt sind, kommt es auf die Geschicklichkeit und das Material an, das dem Kinde zur Verfügung steht. Auch handelt es sich darum, ob die Phantasien mit einem großen oder geringen Bemühen, die Wahrscheinlichkeit zu erreichen, ausgearbeitet sind.«[12]

Rowling suchte nach dem Tod ihrer Mutter – mit dem Vater hatte sie völlig gebrochen und redete nicht mehr mit ihm – einen Job als Sprachlehrerin in Portugal. Sie lernte dort einen Mann kennen, den sie heiratete. Nach der Geburt einer Tochter gab es Streit zwischen der brillanten englischen Lehrerin und dem Vater des Kindes, der seiner Frau rhetorisch nicht gewachsen war und anfing, die Konflikte mit Gewalt auszutragen. Rowling trennte sich noch im selben Jahr von ihrem Ehemann und floh nach England. Sie hatte kein Geld und keine Angehörigen, die sie unterstützten, lebte von Sozialhilfe und geriet oft derart in Not, dass sie daran dachte, die Windeln für ihr Baby zu stehlen. Sie war depressiv, kämpfte mit Selbstmordwünschen und fühlte sich als Totalversagerin. Gleichzeitig arbeitete sie am ersten Band der Harry-Potter-Serie, die sie auf einer Bahnfahrt konzipiert hatte. Später sagte sie, dass sie dieses Buch nie hätte schreiben können, wenn sie nicht so tief gestürzt wäre:

---

[12] Ebda.

»Zu scheitern hieß auch von allem Unwesentlichen befreit zu sein. Ich hörte auf, mir vorzumachen, dass ich irgendetwas anderes war als ich selbst, und fing an, die einzige Arbeit abzuschließen, die wirklich für mich zählte. Hätte ich in irgendetwas sonst Erfolg gehabt, wäre ich nie so entschlossen gewesen, dort Erfolg zu suchen, wohin ich wirklich gehörte. Ich war befreit, meine größte Befürchtung war eingetreten, und ich war noch am Leben, ich hatte noch eine Tochter, die ich anbetete, ich hatte eine alte Schreibmaschine und eine große Idee. Und so wurde der Sturz nach ganz unten eine feste Grundlage, auf der ich mein Leben wieder aufbaute.« [13]

»Ganz unten« war eine schwere Depression mit Suizidgedanken. Rowlings Geschichte von Harry, seinen Freunden und ihrem Kampf gegen Voldemort und die Dementoren enthält viel von diesen inneren Zuständen. Gegen die bedrückende Realität eines Kindes, dessen Fähigkeiten nicht nur nicht anerkannt, sondern ihm als Zeichen von Bösartigkeit ausgelegt werden, schafft es sich eine eigene, innere Welt. Diese ist realer als der banale Alltag, muss aber vor diesem und seinen Protagonisten sorgfältig verborgen werden.

Der große Erfolg der sieben Romane verdankt sich nicht einer kommerziell ausgetüftelten Konstruktion, in der Rowling die Erfolgsrezepte von Fantasy und Internatsroman kombiniert hat. Es geht, ähnlich wie bei dem gleichfalls unerwarteten Erfolg von J.R.R. Tolkien, um den Wunsch der Leser nach einer heilen Welt, in der unscheinbare Helden über ihre drohende Niederlage gegen eine Übermacht triumphieren. Eine solche Welt kann glaubwürdig nicht konstruiert werden. Sie entsteht aus eigenem Leid, eigenem Erlösungsbedürfnis. Hören wir noch einmal Freud (vgl. Anm. 11):

[13] Joanne K. Rowling: »The fringe benefits of failure«, 2008. Übers. W. S. aus der englischsprachigen Wikipedia, Eintrag J. K. Rowling, 6.12.2012.

»Für das kleine Kind sind die Eltern zunächst die einzige Autorität und die Quelle alles Glaubens. Ihnen, das heißt dem gleichgeschlechtlichen Teile, gleich zu werden, groß zu werden wie Vater und Mutter, ist der intensivste, folgenschwerste Wunsch dieser Kinderjahre. Mit der zunehmenden intellektuellen Entwicklung kann es aber nicht ausbleiben, daß das Kind allmählich die Kategorien kennenlernt, in die seine Eltern gehören. Es lernt andere Eltern kennen, vergleicht sie mit den seinigen und bekommt so ein Recht, an der ihnen zugeschriebenen Unvergleichlichkeit und Einzigkeit zu zweifeln. Kleine Ereignisse im Leben des Kindes, die eine unzufriedene Stimmung bei ihm hervorrufen, geben ihm den Anlaß, mit der Kritik der Eltern einzusetzen und die gewonnene Kenntnis, daß andere Eltern in mancher Hinsicht vorzuziehen seien, zu dieser Stellungnahme gegen seine Eltern zu verwerten.«

Dieses Thema der »besseren Eltern« durchzieht die Harry-Potter-Romane von Anfang an. Zuerst einmal ist Hagrid eine mächtige Vatergestalt, die dem leibhaftigen (Stief-)Vater bei Weitem vorzuziehen ist. Neben Hagrid tritt bald Dumbledore, der Schulleiter. Mit dem Auftritt der guten Vatergestalten wächst auch die Gefahr durch Voldemort, den unheimlich begabten Bösen, der in seiner Gier nach Macht und Unsterblichkeit keine Grenzen kennt – eine Inkarnation der negativen, bösartigen Grandiosität.

Potter findet Freunde: Hermione, seinen rothaarigen Freund Ron und dessen Schwester, die er schließlich heiraten wird. Mit Ron lernt Harry dessen Eltern kennen, die ebenfalls Zauberer sind. Sie leben in einer heilen Familie, wie sie sich ein Kind erträumt, das sich bei seinen Eltern bedrückt und unverstanden fühlt.

Besonders eindrucksvolle Gestalten im Inventar der Zauberwelt sind die Dementoren. Sie nehmen durch ihre bloße Anwesenheit alle Wärme und allen Glauben an Liebe, Schönheit und Zuversicht aus dem Leben ihrer Opfer. Sie symbolisieren die Kälte, innere

Leere und Ratlosigkeit, welche die Hochbegabten überfällt, wenn sie kein Echo finden und ihr Selbstgefühl zu schwach ist, um sich gegen ihre Entwertung durch eine verständnislose Umwelt zur Wehr zu setzen.

Ob eine Begabung ihren Trägerinnen und Trägern nutzt, hängt vor allem von deren Fähigkeit ab, sie ohne Angst zu entfalten. Begabten und von ihrer Umgebung unterstützten Kindern gelingt dies, um sich so einen Kokon zu schaffen, der ihre hohe Sensibilität und ihre Fähigkeit, die Umwelt geistig zu durchdringen, schützend umhüllt.

In der Therapie einer Hochbegabten, deren Selbstgefühl unter der Last einer geisteskranken Mutter buchstäblich zerbrochen war, spielten die Dementoren eine wichtige Rolle. Sie wurden zu einem Symbol für Personen, die ihr geistig unterlegen, aber durchsetzungsfähiger waren als sie.

Die Patientin hatte sich trotz ihrer Ängste und ihrer Selbstunsicherheit in einer Steuerkanzlei gut eingearbeitet. Sie arbeitete sehr sorgfältig und wurde deshalb mit der Aufgabe betraut, komplexere Vorgänge zu überprüfen. Sie suchte therapeutische Hilfe, weil sie mit Panikzuständen auf einen Kollegen reagierte, der sich störrisch und abweisend gegenüber ihren Vorschlägen zur Handhabung komplizierter steuerlicher Probleme verhielt.

Es gelang der Patientin nicht, ihre Überlegenheit wahrzunehmen. Sie kam nicht auf den Gedanken, dass sie den Konflikt einer gemeinsamen Vorgesetzten vorlegen könnte. Sie bemühte sich, in der Arbeit des Kollegen mehr zu finden als die Fehler, die sie ihm gezeigt hatte und die er nicht wahrhaben wollte. Sie machte zahllose Überstunden, studierte andere Erklärungen und wälzte entlegene Gesetzestexte, weil sie die Banalität seiner Fehler nicht wahrnehmen durfte.

Sie fasst ihr Erleben zusammen: Diese unberechenbaren, unlogischen Menschen, denen sie so oft begegne, seien Gift für sie. Sie seien Dementoren, wie bei Harry Potter. Sie verlöre nach solchen

Begegnungen alle Lebensfreude und stopfte sich am Abend vor dem Fernseher mit Süßigkeiten voll.

»Sie wissen doch«, sagte ich, »dass neben dem Patronus-Zauber Schokolade das beste Mittel gegen Dementoren ist!«

Hohe Intelligenz ist ambivalent, was ihren Beitrag zur Verarbeitung von Ängsten angeht. Es hängt von den frühen Traumatisierungen ab, ob sie sich wohltätig oder nachteilig auswirkt. Dem intakten Ich erleichtert sie die Wahrnehmung von Gefahren und unterstützt seine Fähigkeiten, sichere Orte zu finden. Wenn aber durch massive Verletzungen des kindlichen Reizschutzes andere Menschen primär gefährlich sind und in der entstandenen Angst das Ich die Quelle der Gefahr nicht einordnen kann, betreten die Dementoren die Szene.

Stellen wir uns eine überdurchschnittlich befähigte und nicht von traumatischen Ängsten behelligte Mitarbeiterin in der Situation der oben beschriebenen Patientin vor. Sie wird sehen, dass ihre Arbeit besser ist als die des Kollegen. Wenn er das nicht begreifen will, weil er die Steuergesetze nach Maßgabe seiner Beschränktheit auslegt, wird sie ohne Skrupel den Konflikt einem Vorgesetzten vorlegen. Dieser wird den störrischen Mitarbeiter in seine Schranken weisen und klare Verhältnisse schaffen.

Die durch das Aufwachsen mit einem psychotischen Elternteil seelisch überlastete Patientin hingegen kann nicht sehen, dass sie klüger ist als ihr Kollege. Sie bräuchte Konsens, Übereinstimmung, analytisch gesehen: ein Stück Erneuerung der symbiotischen Beziehung zwischen Mutter und Kind. Der Kollege müsste genauso wie sie erkennen, dass ihre Sicht der Problemlage richtig ist und seine falsch. Sie reagiert auf den drohenden Konflikt mit heftigen Ängsten, während er angstfrei und unberührt an seiner Überzeugung festhält: Was ich denke, ist auf jeden Fall richtiger als das, was andere denken, es sei denn, es kommt jemand, der mächtiger ist als ich und mir sagt, dass ich mich irre.

Der Kollege ist nicht böse, er ist nur beschränkt und greift in dieser Not nach dem patriarchalischen Klischee von der angeborenen Überlegenheit des Vaters. Der bösartige Zauber der Dementoren kommt nicht von ihm, sondern von der Betroffenen. Er erwächst aus der ohnmächtigen Wut der Patientin, die sich alleingelassen und einer Verwirrung ausgeliefert fühlt, die sie nicht einordnen kann.

Das menschliche Nervensystem ist so konstruiert, dass überlebenswichtige Funktionen schnell und meist ohne Beteiligung des Bewusstseins aktiviert werden.[14] Im Zweifelsfall unterliegen die langsamen Funktionen des genauen Denkens den emotional fundierten Automatismen. Die Dementoren schlagen zu, wenn eine Hochbegabte versucht, durch eine Steigerung ihrer Genauigkeit und Schnelligkeit im Denken ihre Angst vor Nähe aufzulösen.

In manchen Situationen lässt sich durch Intensivierung der geistigen Aktivität Kontakt vermeiden: Wer einen Stadtplan lesen, ein Navi programmieren kann, muss in Europa nicht nach dem Weg fragen. Aber sobald diese Möglichkeiten versagen, ist die Not groß, und Verzweiflung macht sich breit.

Die in einen schwarzen Kapuzenmantel gehüllten Gestalten der Dementoren verbreiten Eiseskälte um sich. Fenster beschlagen mit Reif, alles wird düster. Dementoren atmen wie Erstickende, denn sie leben von den guten Erinnerungen der Menschen, denen sie nahe kommen. So versetzen sie diese in einen Zustand der Lähmung und Hoffnungslosigkeit. Sie werden als Wärter in dem Zauber-Gefängnis von Askaban eingesetzt. Ihren Opfern bleiben allein quälende Gedanken und Bilder.

Eine Steigerung dieser Angriffe ist der Kuss eines Dementors, dem Harry nur knapp entgeht. Daher hat Harry auch gesehen, dass die Dementoren blind sind – wo die Augen sitzen, haben sie schor-

---

[14] Daniel Kahnemann: *Thinking, Fast and Slow,* London 2011. Der Wirtschafts-Nobelpreisträger und Begründer der »Verhaltensökonomie« trägt in diesem Spätwerk eine Fülle von Beobachtungen darüber zusammen, wie automatische, unbewusste Denkprozesse unser Verhalten prägen und »intelligentes« Verhalten sozusagen das Sahnehäubchen auf einer opaken Flüssigkeit ist.

fige Stellen, als seien sie geblendet und die Wunden schlecht verheilt.

Der Kuss eines Dementors raubt dem Opfer die Lebenskraft so vollständig, dass sein Körper als leere Hülle ohne Erinnerungen und Gefühle nur noch funktioniert, ein Zustand, schlimmer als der Tod.

Rowling hat in diesen Motiven eigene depressive Erfahrungen verarbeitet. Sie sucht keine Antworten auf die Frage, wie die Dementoren entstanden sind und ob es Heilung von ihrem Kuss gibt.

Tolkien schildert ähnliche Geschöpfe[15]: die schwarzen Reiter und die Grabwichte, Erben vergangener Königreiche, von Grund auf böse und verdorben, körperlos, durch Zaubermacht am Leben erhalten, fähig, durch ihren »schwarzen Atem« und ihren durchdringenden Schrei Menschen jede Hoffnung zu nehmen und sie zu zwingen, düstere Wege zu gehen, auf denen sie nicht umkehren können, bis der Tod sie ereilt.

Wie die Dementoren sind auch die Nazgul blind im Reich der Lebenden, aber sehend im Reich der Totengeister. Sie orientieren sich mit dem Geruchssinn und haben Waffen, die das Opfer schwinden lassen, bis es zu ihresgleichen geworden und ganz ihrer gespenstischen Macht ausgeliefert ist. Die Wirkung des »schwarzen Atems« ist tödlicher als der Kuss der Dementoren, aber es gibt auch bei Tolkien ein Heilmittel, das in den Händen des Königs besonders wirksam ist.

In den Berichten Depressiver über ihren Zustand wird deutlich, dass sie ihn sich nicht erklären können. Sie haben kein Bild für das, was geschieht. Sie nehmen willig pauschale (und falsche) Erklärungen an, dass es sich um eine Störung des Stoffwechsels im Gehirn

---

[15] J. R. R. Tolkien: *Der Herr der Ringe,* Stuttgart 1970 ff. Tolkien war ebenfalls ein schwer Traumatisierter. Er durchlitt den Grabenkrieg 1914–1918 und überlebte als Einziger seiner Oxford-Abschlussklasse den Ersten Weltkrieg. Vgl. Wolfgang Schmidbauer: *Die Rache der Liebenden,* Reinbek bei Hamburg 1999.

handele. Sie wissen nicht, warum sich ihr Leben verdüstert, ihnen nichts mehr Freude macht, sie sich ständig schuldig und hoffnungslos fühlen.

In den Erzählungen von Tolkien und Rowling wird aus diesem Rätsel ein Bild. Dieses Bild erfasst die Verstörungen des Selbstgefühls, wenn eine differenzierte, kreative Psyche auf Widerstände trifft, denen sie sich nicht gewachsen fühlt. Die Rede von der höheren Begabung ist in diesem Zusammenhang einerseits unvermeidlich, andererseits kann sie auch neue Probleme den alten hinzufügen. Denn auf jede reale Hochbegabung kommen viele Dutzend Personen, die sich für klüger halten als der überwiegende Teil der Menschen in ihrer Umgebung, ohne es tatsächlich zu sein. In Umfragen behaupten 90 Prozent der Befragten, sie seien überdurchschnittlich intelligent.

Das Problem der selbsternannten Hochbegabungen ist unergiebig. Sie klagen über eine Welt, die sie nicht genügend würdigt, und schützen so ihr Selbstgefühl. Gerade das gelingt den traumatisierten Begabten nicht: Sie schaffen aus der Begegnung mit dem Unverständnis und der Entwertung durch ihre Umwelt die Dementoren. Während das verkannte Genie der Umwelt wehrhaft begegnet und Bündnispartner für den Kampf um sein Recht sucht, beginnt die Traumatisierte einen Kreuzzug gegen die eigene Innenwelt. Indem sie die Primitivität, der sie begegnet, als Ausdruck einer von ihr nicht durchschaubaren Kostbarkeit erlebt und idealisiert, verfolgt sie die eigene Kreativität bis in ihre Wurzeln und sucht sie abzuschaffen, um endlich so zu sein wie alle anderen und ein ganz normales Leben zu führen.

Rowling spielt in ihren Romanen um Harry Potter mit dem Reichtum und den Gefahren der Begabung. Harry kostet die Geburt in eine Familie von Zauberern fast das Leben. Solange er in einer gewöhnlichen Familie aufwächst, ist er nicht in Gefahr. Er lebt in Sicherheit, langweilt sich, fühlt sich missverstanden und entwertet, von allem abgeschnitten, was ihm etwas bedeutet. Mit dem Schritt in seine Ausbildung zum Zauberer erwacht auch ein tödlicher Feind, dem Harry auf merkwürdige Weise nahe ist, den er am Ende aber doch besiegen wird.

Zwanzig Gründe für die Belastung des (weiblichen) Selbstgefühls durch die Hochbegabung

Und die Engelein schneiden
Die Flügel sich ab
Und gehn alle Morgen
Zur Erde herab.

Franz Schubert/Wilhelm Müller: »Der Müller und der Bach«,
aus dem Liedzyklus *Die schöne Müllerin*

1. Die Hochbegabte ist isoliert. Sie kann sich nicht darin geborgen fühlen, dass sie so ist wie die meisten anderen auch. Sie ist so scharfsinnig, die Ursache bei sich selbst zu suchen. Ihr mangelt der Schutz geistiger Trägheit.

2. Wer hochbegabt ist, bewältigt seine Aufgaben erheblich schneller als andere. So bleibt ihm viel Zeit, Sinnfragen zu stellen oder Verbesserungen anzubringen. Bei Hochbegabten, die Aggressionen durch Wendung gegen die eigene Person kontrollieren, hat das zur Folge, dass sie das Gewonnene kritisch vernichten.

3. Für die Hochbegabten gibt es keine normale Zeitstruktur. Wenn sie nicht in ihrer Besonderheit erkannt und gefördert werden, glauben sie oft, es sei Zufall, ja Betrug oder Hochstapelei, wenn ihnen etwas schnell gelingt, worauf andere viel mehr Anstrengung verwenden.

4. Da den Hochbegabten vieles schnell gelingt, entwickeln sie oft die Gewohnheit, Aufgaben nicht ernst zu nehmen und ihre

Zeit nicht zu planen. Sie leben geistig aus der Hand in den Mund. So kommen sie in den meisten Situationen zurecht wie andere auch und fallen mit ihrer Hochbegabung nicht unangenehm auf. Sie haben etwa nie systematisch gelernt, kommen aber dank ihrer Virtuosität im Erraten und Erfassen von Zusammenhängen doch auf eine durchschnittliche Note. Die Hochbegabte wird nicht mit zehn Fingern schreiben lernen, wenn sie auch mit zweien so schnell ist wie andere mit zehn.

5. Hochbegabte verlieren oft jede innere Beziehung zum Verhältnis von Anstrengung und Ergebnis. Sie arbeiten nicht, sie zocken. Entsprechend unsicher, auf Erfolg angewiesen ist ihr Selbstgefühl.

6. Wer anders ist als die anderen, verbindet das spontan mit Gefühlen von Scham, Angst und Minderwertigkeit. Die Hochbegabung macht hier keine Ausnahme. Hühner hacken nach dem Albino. Der Mensch ist ein soziales Tier. In menschlichen Gruppen lässt sich die Aggression gegen Abweichler vielfach nachweisen. Die Scham der Hochbegabten nimmt solche Reaktionen vorweg.

7. Eine optimistische Sicht auf die Hochbegabung legt nahe, dass die Probleme mit dem Selbstgefühl durch Kränkungen (Beschämung, Entwertung, Strafe) von Seiten der Bezugspersonen entstehen. Realistisch scheint es aber, davon auszugehen, dass diese Probleme auch dann auftreten können, wenn Hochbegabte unter Normalbegabten aufwachsen und selbst »normal« sein wollen.

8. Die Hochbegabung erleichtert die Bewältigung der äußeren Realität, aber sie verwirrt das Selbstgefühl, weil sie die Möglichkeiten der Identifikation mit anderen Personen einschränkt und die Kluft zwischen dem Ich und den Trieben vertieft. Es ist kein Zufall, dass die psychoanalytische Theorie, welche auf dem unversöhnlichen Gegensatz zwischen Es und Ich basiert, von einem Hochbegabten entwickelt wurde.

9. Die Hochbegabte kann sich nicht selbst normal finden. Sie braucht eine fördernde Umwelt, um dieses Gefühl zu entwickeln und sich sicher zwischen ihren Mitmenschen zu bewegen. Diese Förderung kann bewusst und gezielt erfolgen, oder aber sie geschieht nebenbei, etwa durch eine Tradition von Hochbegabungen in der Familie, in der besonders begabte Kinder »normal« sind, durch einen besonders interessierten Elternteil, der die Begabung fördert und fordert und so einen Realitätsbezug herstellt, der durch die Begabung gefestigt und nicht gefährdet wird.

10. Hochbegabte sind durch die beschriebenen Mängel der Identifizierungsmöglichkeiten einem höheren Risiko von Störungen in ihrem Selbstgefühl ausgesetzt. Frauen sind hier erheblich stärker gefährdet als Männer. In ihren Phantasien spielen enge, verschmelzende Beziehungen eine größere Rolle. Das Mädchen bereitet sich auf die Mutterschaft vor und schämt sich, wenn es ihm misslingt, sich eine solche enge Beziehung vorzustellen. Viele dieser Phantasien sind vorbewusst, aber sie steigern die Ängste, sich zu unterscheiden.

11. Die sichtbare, spezielle Begabung gefährdet das Selbstgefühl weniger als die unsichtbare, allgemeine. Wer besonders gut singen oder tanzen kann, wer ein besserer Läufer ist als die meisten oder schneller schwimmt, wird in seiner Besonderheit gut wahrgenommen. Er kann sich selbst einordnen, und er kann eingeordnet werden. Die geistige Begabung stört hingegen die pädagogische Routine und ist entsprechend unerwünscht. Die Begabte stellt kritische Fragen und langweilt sich angesichts unbefriedigender Antworten. Das weckt keine Sympathie und wird in der Regel nicht als Ausdruck einer überlegenen Fähigkeit anerkannt, wie das zum Beispiel bei einer sportlichen Höchstleistung der Fall ist.

12. Die Hochbegabte kann sehr viel intensivere und aussagekräftigere Phantasien entwickeln. In einem sexualfeindlichen Erzie-

hungsklima werden ihre Belastungen immens. Da die Begabung der Sexualität entgegenkommt und viele Lustmöglichkeiten in der Phantasie durchspielen kann, wachsen auch die Ängste vor Isolation und Beziehungsverlust durch Hingabe an eine von der Umwelt tabuisierte Erotik. Die Hochbegabte muss ihre Anstrengungen zur Sexualabwehr steigern. Die Folge sind die mit Diagnosen wie »Hysterie«, »histrionische Störung«, »multiple Persönlichkeit« verknüpften Krankheitsbilder. Die Tragödie der hochbegabten Frau wurzelt häufig in der Projektion ihrer Überlegenheit in einen idealisierten Mann, in der Regel einen Sexualpartner. Sie überschätzt ihn, indem sie ihm ihre Fähigkeiten zur Verfügung stellt und ihm zubilligt, souverän über diese zu verfügen. Sie deutet sein langsames Tempo als Ausdruck einer Gewichtigkeit, die sie nicht versteht. Sie macht seine Einfältigkeiten zu Tugenden oder wenigstens zu liebenswerten männlichen Eigenarten. Wo sie ihn überflügeln könnte, verdrängt sie ihre Denkfähigkeit; durch diese Selbstblockade wird sie zum Weibchen, das er belehren kann (Ibsen schildert das in *Nora. Ein Puppenheim*). So wird Kassandras Tragödie zu einer inneren Blockade: Während die mythische Gestalt weiter sah als die Männer um sie, ihr aber keiner glaubte, glaubt sich die moderne Kassandra selbst nicht, dass sie jemals weiter sehen könnte als ihr Partner.

13. Durch die gesteigerten Möglichkeiten der Phantasietätigkeit ist auch die Fähigkeit der Hochbegabten beeinträchtigt, sich einen Kinderwunsch zu erfüllen. Die durchschnittlich Begabte wird schwanger werden, weil das einfach zum Leben gehört und weil alle Frauen es tun. Sie wird die entstehenden Probleme nacheinander anpacken – die Geburtsvorbereitung, das Stillen, die Beziehung mit dem Partner, die Erziehung des Kindes. Die Hochbegabte hingegen stellt sich das ganze Leben ihres Kindes vor, imaginiert die möglichen Probleme, die ihr Partner mit ihr und sie mit ihrem Partner haben wird – und verzagt vor den

sich auftürmenden Schwierigkeiten. Sie findet keinen Partner, der bereit ist, sie in diese komplexe innere Anforderungswelt zu begleiten und sie zu entlasten. Ist sie schwanger, fürchtet sie sich so sehr vor ihren Phantasien, vor dem, was da alles auf sie zukommt und was zu tun ist, dass sie sich für einen Abbruch entscheidet. Die hochbegabte Frau drangsaliert einen unentschlossenen Partner so lange, bis er sich gegen das Kind entscheidet, während die Durchschnittsfrau daran glauben kann, dass er sich über das Baby freuen wird, wenn es erst einmal da ist, weil das normal ist.

14. Um den Ängsten vor Isolation zu begegnen, die durch das Gefühl geweckt werden, anders zu sein als die anderen, versteckt die Hochbegabte ihre Begabung. Sie fürchtet sich davor, ihre geistige Überlegenheit exhibitionistisch einzusetzen, sie sich selbst und anderen zu beweisen, sie zu öffentlich zu machen. Sie malt und versteckt ihre Bilder, sie schreibt einen Aufsatz und ist froh, wenn ihr Chef, der keine Zeile verfasst hat, im Titel vor ihrem Namen steht, sie sucht in ihrer Dissertation bei jedem eigenen Gedanken nach einer Quelle, die ihn tarnen kann. Ähnlich geht sie mit ihrem Platz in einer Hierarchie um. Sie will keine Karriere machen, sie langweilt sich lieber in Konferenzen, statt selbst die Leitung zu übernehmen, sie erkennt genau die Defizite der Professoren, fühlt sich aber ganz und gar nicht in der Lage, selbst ein Seminar zu leiten.

15. Die Hochbegabte gerät in die Zwickmühle der projizierten Kritik. Sie fürchtet sich aufzufallen. Aber sie erkennt scharfsichtig, wie dreist andere ihre Mangelhaftigkeit aufblasen und selbst Geltung für etwas beanspruchen, das sie besser könnte. So sitzt sie höchst kritisch und feindselig im Publikum. Wird ihr nun aber der Platz auf dem Podium angeboten, imaginiert sie sich ein Publikum aus Personen, die so sind wie sie selbst: extrem kritisch, mit nichts zufrieden. Kein Wunder, dass sie vor diesem Publikum zittert und fürchtet, zerfleischt zu werden.

16. Wer die Grenze seiner eigenen geistigen Leistungsfähigkeit nicht zu weit ins Ungewisse verschieben kann, hat es viel leichter, ein ausgewogenes Verhältnis zwischen Arbeit und Erholung zu finden. Er handelt im Einklang mit dem Vorbild seiner Umwelt, er wird nicht schneller fertig und braucht nicht erheblich länger. Deshalb schreibt er sich nach seiner Anstrengung auch ein Recht auf angemessene Entspannung zu. Für die Hochbegabte ist es hingegen nie klar, ob sie sich genügend angestrengt hat. Da sie sich nicht an der Durchschnittsnorm orientieren kann, orientiert sie sich an der Erschöpfung: Sie darf erst dann aufhören, wenn sie wirklich nicht mehr kann. In extremen Fällen kann sich die Hochbegabte nur erholen, indem sie psychosomatische Symptome produziert, zum Beispiel einen Migräneanfall, der sie dazu verurteilt, tagelang im abgedunkelten Zimmer zu liegen.

17. Viele Hochbegabte greifen zu künstlichen Mitteln, um ihre Ängste vor Kontaktverlust durch eine zu weite Entfernung von ihren Mitmenschen zu konkretisieren und/oder zu betäuben. Wer sich jeden Abend betrinkt, kann nicht nur einen kritischen Geist lähmen, der in alle möglichen Richtungen Phantasien ausschickt und Ängste vor Isolation vertieft, er ist auch endlich nicht mehr klüger als andere, er ist wie sie, er ist geborgen. Durch die narzisstische Einengung beispielsweise auf das Essen (Anorexie, Bulimie) oder auf Drogen kann endlich die Empfindung, anders zu sein, gestaltet werden: Ich habe eine Essstörung, ich bin ein Junkie, ich weiß endlich, was mir fehlt, um normal zu sein, ich weiß, was mich von den anderen kritisch entfernt und an ihnen langweilt.

18. Die menschliche Psyche ist auf Spiegelung angewiesen, um sich zu entwickeln. Während ein großer Spiegel auch eine kleine Gestalt gut abbilden kann, gelingt das einem kleinen Spiegel mit einer großen Gestalt nicht. Er muss diese entweder verkleinern, wobei sie notgedrungen verzerrt wird. Oder aber er muss

sie fragmentieren, wodurch ihre Ganzheit verloren geht. Shakespeare hat in Hamlets Gespräch mit Rosenkranz und Güldenstern diesen Aspekt in die Metapher des Musikinstrumentes gekleidet. Der Prinz bemerkt, dass ihn die geistig unterlegenen Höflinge auf ihr eigenes Maß reduzieren wollen. Er fragt einen von ihnen, ob er die Flöte spielen könne, die er einem Musikanten aus der Hand nimmt. Nein, er könne es nicht, er habe diese Kunst nicht erlernt. Wie einfach sei eine solche Flöte, sagt nun Hamlet, verglichen mit dem menschlichen Geist. »Ihr könnt mich nur verstimmen, spielen könnt ihr mich nicht« – diese Aussage betrifft einen wichtigen Aspekt des Umweltbezugs der Hochbegabten, aber auch eine wichtige Quelle ihrer Verletzungen.

19. Hochbegabte werden sehr oft falsch eingeschätzt, weil sie gegen solche Fragmentierungen oder Verzerrungen ihrer Person Abwehrstrategien entwickelt haben. Das veranlasst ihre Umwelt, sie für verschlossen, abweisend, hochmütig oder schrullig zu halten. Wem es leichtfällt, sich in anderen zu spiegeln, der hat es auch leichter, Charme zu entwickeln und mühelos auf andere zuzugehen, weil er oft genug erlebt hat, dass diese anderen genauso sind wie er. Dem Hochbegabten gelingt das nicht. Er hat immer wieder andere verletzt oder ist selbst verletzt worden, es gab Missverständnisse, die ihn dazu gebracht haben, eine Maske aufzusetzen, die ihn ebenso beengt wie schützt. Die »multiplen Persönlichkeiten« stehen dieser Strategie ebenso nahe wie die bei modernen Roman- und Comic-Helden beliebte doppelte Identität. Der Hilfslehrer und Ex-Häftling Karl May konnte sich in den Wüsten Arabiens als Kara Ben Nemsi entfalten, in den Prärien des Wilden Westens als Old Shatterhand; in Europa fand er keinen für sein Selbstgefühl sicheren Platz.

20. Die Gefahren der Hochbegabung für das Selbstgefühl wachsen mit der Freisetzung und Individualisierung in einer Gesell-

schaft, mit den Anforderungen an die Individuen, sich ihre eigenen Werte, ihre eigene Identität aus einem multikulturellen Dschungel zu basteln. Solange eine Tradition, ein Stil oder eine Glaubensform dominiert, ist es für Begabte erheblich leichter, sich einzuordnen und Arbeitsdisziplin zu entwickeln. Das Selbstgefühl einer Hochbegabten, die sich als freie Künstlerin auf dem Markt durchsetzen soll, ist mehr gefährdet als das einer Hochbegabten, die mit anderen zusammenarbeitet und einen Auftraggeber hat. Die kulturelle Vorstellung, dass alle Begabungen von Gott gegeben sind und als eine solche Gabe auch Respekt verdienen, hat wertvolle, sozial stützende Qualitäten, die heute nicht mehr vorhanden sind. Hochbegabte müssen mit Unverständnis und Neid rechnen und sind nicht vor eigenen Größenphantasien geschützt.

Kassandra

Der Mythos

Sie war eine unter vielen Töchtern und Söhnen; Hekabe, ihre Mutter, gebar dem Priamos außer ihr 18 weitere Kinder. Mit ihrem Zwillingsbruder Helenos gehörte Kassandra zu den Spätgeborenen. An einem Abend feierten ihre Eltern im Heiligtum des Thymbraiischen Apollon ihren Geburtstag. Die Kinder spielten und schliefen in einer Ecke des Tempels auf einem Haufen Lorbeerzweige ein. Die Eltern tranken so viel Wein, dass sie die Kinder vergaßen und nach Hause stolperten. Dann bemerkte Hekabe, dass Kassandra und Helenos fehlten. Sie lief zurück zum Tempel und sah, wie die heiligen Schlangen die Ohren der Kinder ausleckten. Die Mutter schrie vor Schreck, die Schlangen verkrochen sich, aber die Kinder konnten von nun an die Sprache der Tiere verstehen – die erste Stufe der prophetischen Kraft.

Kassandra war noch begabter als ihr Bruder. Als sie ein zweites Mal im Tempel einschlief, erschien der Gott Apollon selbst. Er versprach, ihr die Gabe zu verleihen, die Zukunft vorauszusehen, wenn sie mit ihm schlafe. Sie nahm sein Geschenk an, aber als es darum ging, sich ihm hinzugeben, war Kassandra nicht bereit, ihre Jungfräulichkeit zu opfern. Da bat sie Apollon um einen Kuss. Er küsste sie und spie ihr in den Mund. So war er sicher, dass ihr niemals eine ihrer Prophezeiungen geglaubt würde.[16]

*

---

[16] Nacherzählt nach verschiedenen Quellen, vgl. vor allem Robert von Ranke-Graves: *Griechische Mythologie,* Reinbek bei Hamburg 1960.

Die schöne seherische Tochter des Troerkönigs hat viele Dichter beschäftigt. Sie symbolisiert das Leid der Philosophen und Dichter: Sie ist klüger als viele und voraussehender als alle, aber ihr Vater sperrt sie in einen Turm, damit ihr Wissen nicht die Kampfesmoral der Trojaner beschädige. Sie weiß um das Unheil, welches das hölzerne Pferd in die bezwungenen Mauern trägt, und wird verlacht. Ihre Jungfräulichkeit, die sie gegen einen Gott verteidigt hat, verliert sie in den Armen des plündernden Griechen Aias, der sie im Tempel der Athene vergewaltigt. Der Anführer der Griechen, Agamemnon, beansprucht sie für seinen Harem. Sie sieht voraus, dass ihn seine eigene Frau ermorden wird. Er hält das für törichte Eifersucht. So stirbt sie mit ihm.

Im gelehrten Mittelalter wurde der antike Mythos komplett umgeschrieben: Eine wissende Kassandra als Vertreterin der Tugenden trat einer lasterhaften, buhlerischen Helena entgegen. In dem »Lied von Troja«, das der Minnesänger Herbort von Fritzlar 1210 dichtete, kündigt Kassandra den Messias an und sagt die Weltgeschichte bis zum Jüngsten Gericht voraus. Boccaccio lässt Kassandra ihren Bruder Troilus vor einer Liebestorheit mit Cressida warnen.

In dem klaren Pathos seiner klassischen Gedichte hat Schiller Kassandras Klage gegen Apollon und seine Gabe 1802 aufgezeichnet:

Frommts, den Schleier aufzuheben,
Wo das nahe Schrecknis droht?
Nur der Irrtum ist das Leben,
Und das Wissen ist der Tod.
Nimm, o nimm die traurge Klarheit,
Mir vom Aug den blutgen Schein!
Schrecklich ist es, deiner Wahrheit
Sterbliches Gefäß zu sein.

Meine Blindheit gib mir wieder
Und den fröhlich dunklen Sinn!
Nimmer sang ich freudge Lieder,
Seit ich *deine* Stimme bin.
Zukunft hast du mir gegeben,
Doch du nahmst den Augenblick,
Nahmst der Stunde fröhlich Leben –
Nimm dein falsch Geschenk zurück!

Das Opfer der Intelligenz

Wer sich einer Übermacht fügen muss, leidet. Jeder Erwachsene, der Erinnerungen an seine Kindheit in ihren schönen und bitteren Qualitäten zulässt, kennt dieses Leid. Es zu vergessen, sich von ihm nicht im Genuss des nächsten Augenblicks beeinträchtigen zu lassen gehört dann zu den guten Möglichkeiten des gesunden, nicht überlasteten und schwer verletzten Kindes.

Schlimmer und weit schwieriger zu überwinden ist ein Leid, das dadurch entsteht, dass ein Kind seine eigene geistige Übermacht vernichten muss, um nicht den Kontakt und den Schutz zu verlieren, den es von seinen Eltern braucht. Das kann geschehen, wenn das Kind sehr intelligent ist und die Eltern in ihrem Selbstgefühl sehr belastet sind.

Das Kind erkennt, dass die Eltern Fehler machen, die in seinen Augen vermeidbar sind. Aber es darf sie nicht auf diese Fehler hinweisen. Das würde die Eltern kränken, es würde sie entwerten. Das Kind weiß, dass sie diese Demontage nicht vertragen. So muss es, um die Eltern zu erhalten und vor seiner Kritik zu schützen, seine eigene Intelligenz blockieren.

Das ist leichter gesagt als getan. Wie jede natürliche Gabe hat auch die Intelligenz ihre eigene Funktionslust. Es macht Freude, sie zu betätigen, es ist keineswegs leicht, sie abzuschaffen. Wie bei der mythischen Hydra wachsen aus jedem abgeschlagenen Haupt zwei neue. Im Mythos wurde das Ungeheuer dadurch besiegt, das ein Helfer dem Helden Fackeln reichte, mit deren Hilfe er die Stümpfe ausbrannte und so das Nachwachsen der Schlangenköpfe verhinderte. Ähnlich vernichtend gehen die Kinder narzisstisch gestörter Eltern mit ihren Begabungen um.

Dabei sind die Töchter »tiefere« Opfer. Für sie knüpft sich das Opfer der Intelligenz an den Kontakt, den sie nicht entbehren können. Sie glauben, nur die Wahl zwischen künstlicher Dummheit und Einsamkeit zu haben.

Seit die seelischen Unterschiede zwischen den Geschlechtern ernsthaft diskutiert werden und kein seriöser Wissenschaftler mehr bestreiten kann, dass die Intelligenzanlagen von Männern und Frauen gleichwertig sind, gibt es auch die Frage nach den Hintergründen der männlichen Dominanz, was schöpferische künstlerische und wissenschaftliche Leistungen angeht. Sicher wird ein großer Teil dieser Differenz durch die historische Unterdrückung der Frauen erklärbar. Und sicherlich ist die Emanzipation der Geschlechter von dieser Geschichte bisher unvollständig. Aber diese Gesichtspunkte scheinen mir nicht auszureichen, um diese Unterschiede zu erklären. Könnte es sein, dass es noch andere Hemmungen gibt, verborgenere Widerstände, die tiefer reichen als gesellschaftliche Prägungen?

Sämtliche Untersuchungen über »männliche« und »weibliche« Intelligenz zeigen, dass die geistige Leistungsfähigkeit des Menschen nicht vom Geschlecht geprägt wird. Es gibt hochintelligente Frauen ebenso wie hochintelligente Männer. Bei beiden Geschlechtern gibt es Durchschnittsbegabungen (die bei Weitem in der Überzahl sind) und Begabungsmängel.

Es wäre auch kaum denkbar, dass in dem komplizierten Ausleseprozess der Evolution ein derart vielseitiges Organ wie das Nervensystem zweimal konstruiert wurde. Das Gehirn ist ein Zentrum, in dem Informationen aus unterschiedlichen Quellen verarbeitet werden. Die meisten dieser Quellen sind für Frauen und Männer gleich – Augen, Ohren, Tastsinn usw. Einige sind verschieden. Das Gehirn reagiert auf diese Verschiedenheiten. Aber es muss nicht für die von einem einzigen Chromosom getragenen Geschlechtsunterschiede komplett neu konstruiert werden.

Wenn wir die Gene, die sich bei Männern und Frauen unterscheiden, in Prozenten messen, kommen wir auf eine Differenz von weniger als drei Prozent. Wenn wir dagegenhalten, wie extrem die Geschlechtsrollen in vielen traditionellen Kulturen auseinandergehen und wie sehr dort betont wird, dass Männer doch ganz anders seien als Frauen, dann gewinnen die periodisch in Illustrierten vorgetragenen Behauptungen, der oder jener Forscher hätte jetzt entdeckt, dass Frauen ein anderes Gehirn haben als Männer, eine nostalgische Qualität.

Frauen *lernen*, sich dümmer zu stellen, als sie sind, um dem Mann seine Überlegenheit zu lassen. *Bewusst* vollzogen, wird die Hemmung der Intelligenz zu einer *intelligenten* Reaktion auf den Narzissmus der männlichen Partner. Aber dieser weise Umgang mit der geistigen Rivalität zwischen Mann und Frau gelingt nur dann, wenn das intellektuelle Selbstbewusstsein nicht durch eine frühe Traumatisierung eingeschränkt wurde.

Wer sich dumm stellen kann, ohne sich wirklich dumm zu machen, der demonstriert einen ebenso klugen Umgang mit seiner Intelligenz wie die überlastete Hausfrau, die sich mit einer Schein-Migräne zu Bett legt, bevor sie der Kopf so schmerzt, dass sie gar nicht mehr anders kann.

Ein Beispiel für die Unfähigkeit, auf den Intelligenzbeweis aus taktischen Gründen zu verzichten, ist Mara, eine düstere Schönheit, von Beruf Redakteurin, die unter ihrer Einsamkeit leidet und herausfinden will, weshalb sich die Männer nach kurzem Werben von ihr zurückziehen. Es stellt sich heraus, dass Mara nicht davon lassen kann, die Bewerber ihre geistige Überlegenheit spüren zu lassen. Wenn einer eine Geschichte falsch wiedergibt, eine Szene in einem Buch oder einem Film nicht genau begriffen hat, ein Fremdwort falsch gebraucht, dann muss sie das verbessern.

Vermutlich wäre das nicht einmal sonderlich beziehungsschädlich, wenn nicht noch etwas hinzukäme: Mara findet einen Mann nicht attraktiv, der solche Fehler macht. Es bricht etwas in ihr zusammen, das ein Analytiker die »Idealisierung oder Überschätzung des Liebesobjekts« nennt. Die Männer, die beispielsweise emphatisch und empathisch verwechseln, sind für sie gestorben. Sie empfindet nichts mehr, sie verliert jegliche erotischen Gefühle. Mara klagt, dass andere Frauen, die bestimmt nicht schöner oder klüger sind, so viel weniger Probleme haben. Sie finden in eine Beziehung und müssen keine verdammten Single-Urlaube mehr machen.

Auch im Arbeitsleben gibt es Probleme, wenn ein Mitarbeiter den Vorgesetzten dessen geistige Unterlegenheit spüren lässt. Viele Äußerungen, die mit der Formel operieren, dass »die Chemie nicht stimmt«, hängen mit solchen Rivalitäten zusammen. Im guten Fall kann ein selbstbewusster Leiter damit umgehen, dass einer seiner Mitarbeiter klüger ist als er, er kann ihm den Triumph gönnen und ihn sinnvoll einsetzen. Im schlechten Fall gibt es drei Verlierer: Der Mitarbeiter wird nicht anerkannt, der Chef hat keinen Erfolg, und die für den Betrieb erarbeitete Lösung nutzt die Intelligenz des fähigsten Mitarbeiters nicht.

Ein durchschnittlich begabter Chef ist für eine sehr intelligente Angestellte kein wirkliches Problem, solange sie über diese Intelligenz frei verfügen kann. Er wird zu einer unerträglichen Last, wenn sie ihn idealisiert, seine Begabungsgrenzen leugnet und beispielsweise von ihm fordert, sie auf jene differenzierte Weise zu erkennen und anzuerkennen, die zwar ihr, nicht aber ihm möglich ist.

Ein solches Missverständnis setzt voraus, dass sich die hochbegabte Frau verbietet, ihre eigene Überlegenheit zu erkennen und zu erleben. Sie versteht dann nicht, warum ihr Chef sich so borniert verhält, sie nach seinen eigenen primitiven Kriterien beurteilt und ihre Leistungen konsumiert, ohne ihre Person zu schätzen. Da solches Verhalten bei *ihr* nur dann auftreten würde, wenn sie jemanden nicht sehen und nicht anerkennen *will*, sie aber ihre Intelligenz und die geistige Unterlegenheit ihres Gegenübers nicht wahrnehmen *darf*, kann sie seine Handlungen nur als Ausdruck von Bosheit und Missachtung deuten.

Niemand kann sich so energisch dumm machen wie eine sehr kluge Frau in einer Liebesbeziehung mit einem durchschnittlichen Mann. Sie belebt in ihrer Phantasie den Holzklotz zurück zum Zauberwald, dem sie ihn entsprungen glaubt. Sie verirrt sich in ihrer magischen Schöpfung und rätselt darüber, weshalb die in scheinbar gemeinsamer Mühe angelegten Plantagen exotischer Blüten und Früchte so schlecht gedeihen. Er versteht nicht, was sie hat. Er sagt oft: *Warum bist du nur so kompliziert? Was du nur immer hast?* Sie denkt: *Wenn ich es ihm nur besser erklären könnte, ich muss weiter nach dem Zauberwort suchen, er ist so groß, so unübersichtlich, so reich und fern.*

Eine durchschnittlich begabte Frau kann sich in die Anstrengung des Mannes ebenso einfühlen wie in seinen Erfolg. Sie freut sich mit ihm über das, was er geleistet hat. Er macht, was andere auch machen, er findet sich in Ordnung und die anderen auch in Ordnung, er ist berechenbar, so wie die anderen auch, und er findet diese gegenseitig gespendete Sicherheit tröstlich. Sie gibt ihm auch das Gefühl, dass er sich richtig verhält, eben weil es der Regel entspricht. Die Regel lautet: Extrawünsche oder Extrabedenken stören.

Wer hochbegabt ist, lebt gefährlicher. Beispielsweise erreicht er ein Ziel so schnell, dass die Umstehenden (in der Schule nicht selten die Lehrer) überzeugt sind, dass er gemogelt hat, und ihm das zum Vorwurf machen. Er hat viele Einfälle, er ist produktiv, das muss Hochstapelei sein, man riecht den Schweiß nicht und wittert Betrug, Scharlatanerie und geistigen Diebstahl.

Keine Intelligenz der Welt kann etwas daran ändern, dass der Mensch eigentlich zu früh geboren ist. Er durchlebt eine extrem verletzliche Phase, erlebnisfähig, aber extrem abhängig, die er nur durch die gelingende Zuwendung einer seelisch stabilen erwachsenen Person heil übersteht. Hohe Intelligenz hilft ihm hier nur wenig; sie kann sogar gefährlich werden, wenn diese Bezugsperson nicht gesund und stabil ist, sondern ein Kind braucht, das sie entlastet und stabilisiert.

Ein hochbegabtes Kind erlebt diese Situation eindrücklicher, und es kann schneller Möglichkeiten entwickeln, die Defizite der Eltern zu kompensieren. Aber dadurch gerät es auch in Gefahr, ein falsches Selbst auszubilden. Dieser Begriff stammt von dem englischen Kinderarzt und Analytiker Donald W. Winnicott, das entsprechende »Drama des begabten Kindes« hat Alice Miller in ihrem 1977 erschienenen gleichnamigen Buch thematisiert.

Millers Begabungsbegriff ist subjektiv; eigentlich geht es ihr vor allem um die zentrale Fähigkeit einer Therapeutin: die Einfühlung. Ihre Sichtweise ist sehr stark auf die Familie konzentriert; sie kann der Gefahr nicht ganz entgehen, eine forschende Haltung zugunsten einer moralisierenden aufzugeben. Dennoch ist ihr Beitrag zum Verständnis der künstlichen Dummheit hochzuschätzen; sie hat die Bedeutung des falschen Selbst, das aufgebaut wird, um eine neurotische Mutter zu stützen, sehr genau beschrieben.

Das Kind darf seine geistige Überlegenheit nicht erleben, auch wenn es erwachsen geworden ist. Es muss lernen, Aggressionen, welche sich ursprünglich gegen die Unterdrückung durch den Egoismus der Eltern richteten, gegen sich selbst zu richten, um den Schutz der Erwachsenen nicht zu verlieren.

Denn auf diesen Verlust reagieren auch Erwachsene mit jener Panik, die den Bodensatz der kindlichen Angst aufwühlt: der Angst vor dem Verlust des lebenswichtigen, Halt gebenden Elternteils, der das Kind aus einer Gefahr herausträgt, der es sonst erliegt. (Die symbolische Kraft dieser Szene reicht weit; sie ist es auch, die in den meisten menschlichen Kulturen die Umarmung zum wichtigsten Mittel gegen einen Angriff der Panik auf unser Ich macht.)

Eine anschauliche Sprache über Seelisches riskiert dessen Verdinglichung. Das falsche Selbst ist ein gutes Beispiel dafür, ein Begriff, der eine Weile nützlich ist, bald aber gefährlich wird, weil er kaum mehr erklärt, als dass etwas falsch gelaufen ist. Spätestens wenn er zu Selbstdefinitionen missbraucht wird, etwa nach dem Motto: »Jetzt habe ich es immer noch nicht geschafft, dieses falsche Selbst loszuwerden!«, sollte man ihn aufgeben. Das Konzept hat eine Stofflichkeit gewonnen, die es unbrauchbar macht. Es hat seine Kraft verloren, Denken anzuregen und seelische Entwicklungen zu fördern; jetzt wird es so etwas wie »Sünde« und dadurch unbrauchbar.

Das Opfer der Einsicht in die eigene Kraft, verbunden mit der Opferung der Möglichkeit, diese eigene Kraft mit der geistigen Kraft anderer zu vergleichen, entspricht einer Selbstverstümmelung. Wenn ich ihr meine Stärke zur Verfügung stelle, ohne um sie zu wissen, stütze ich die schwache Mutter, die sich weiter einbilden darf, sie sei stark und fürsorglich, weil ich ja gar nicht weiß, was sie von mir bekommt. Das heißt, ich bin vor dem traumatischen Verlust sicher, gar keine Mutter zu haben. Wir können uns eine Mutter im Rollstuhl vorstellen, die von ihrem gesunden, kräftigen Kind auf einem dunklen Weg geschoben wird. »Ich bin ja so froh, dass du vor mir gehst und mich beschützt«, sagt das Kind. »Du darfst mir nie weglaufen!«

Alles, was das eigene Ich, den eigenen Körper, die eigenen Gefühle energisch in den Mittelpunkt des Erlebens rückt, wäre für ein Kind gefährlich. Nur aus seiner Opfersituation gewinnt es innere Sicherheit. Es ahnt, dass es für die Mutter lebenswichtig ist, zu verleugnen, dass sie selbst gelähmt und auf das Kind angewiesen ist. Daher ist die sexuelle Erregung, die in der Pubertät in vollem Umfang spürbar wird, für viele traumatisierte Hochbegabungen auch so gefährlich. Sie würde das Ich neu organisieren, um einen körperlichen Mittelpunkt herum, der im eigenen Inneren liegt und nicht in der Fürsorge für das Selbstobjekt.

Die Paranoia der Hochbegabten[17]

Die klinische Erfahrung lehrt, dass Hochbegabte besonders häufig an narzisstischen Störungen leiden. Diese sind ein wesentlicher Grund dafür, dass sie in ihrem Leben sehr viel weniger erreichen als Personen mit geringeren Fähigkeiten und stabilem Selbstgefühl. Aber sagen denn die Befunde von Terman nicht, dass überdurchschnittlich Begabte psychisch gesünder und erfolgreicher sind als der Bevölkerungsdurchschnitt?

Die Kombination von Begabung und Selbstgefühlsstörung entzieht sich der statistischen Untersuchung, weil die Leistungsverweigerung des »komplizierten« Hochbegabten einen Schleier über dessen Fähigkeiten breitet. Terman untersuchte ausschließlich gute Schüler, die bestätigen, was der triviale Spruch schon wusste: dass im gesunden Körper neben der gesunden Seele auch ein gesunder Geist weilt.

Wer die Entwicklung der in ihrem Selbstgefühl belasteten Hochbegabten untersucht, findet Hinweise auf einen Prozess, den man die »Inversion des Exhibitionismus« nennen könnte. Weil die Spitzenbegabungen gekränkt und entwertet wurden (»was du dir immer einbildest« ist ein typischer Satz des beleidigten Elternteils zum Vorschlag des klugen Kindes, das erkennt,

---

[17] Unter *Paranoia* (griech.: »Vorbeidenken« im Sinn von »an der Realität vorbeidenken«) versteht der Psychiater Wahnsysteme, in denen sich die Kranken von bestimmten Personen oder Organisationen verfolgt fühlen. Der Ausdruck wird hier nicht diagnostisch, sondern deskriptiv verwendet: Paranoide Mechanismen führen dazu, dass Menschen einen Teil ihrer eigenen (verdrängten) Aggressionen in die Umwelt verlagern und entsprechende Beweise sammeln.

was in der Familie fehlt), verloren sie die Bereitschaft, ihre Fähigkeiten *zu zeigen*.

Sie blockieren ihren Exhibitionismus und können ihn nicht in ein zielbewusstes und rücksichtsvolles Geltungsstreben umformen. Hinter dieser Hemmung bleibt ihr kritisches Urteilsvermögen intakt. Es richtet sich nun gegen jene, die sich nach vorne drängen und in ihren Augen sinnlos und ungerechtfertigt blähen. Diese »Angeber« werden gnadenlos verurteilt; dadurch wächst aber auch die exhibitionistische Hemmung.

Eine hochbegabte Studentin kam in ihrem Studium nicht weiter, weil sie keine Seminararbeit mündlich vorstellen konnte und sich schämte, die Dozentin zu bitten, ihre Arbeit ausnahmsweise schriftlich einreichen zu dürfen. Die Analyse ergab, dass sie die Darbietungen ihrer Kommilitonen zutiefst verachtete, aber nicht wagte, einen Ton zu sagen, weil sie fürchtete, die *anderen würden sie verachten.*

Völlig unangreifbar, in jedem Detail perfekt *kann* sie nicht sein. Durchschnittlich aber *darf* sie nicht sein, denn die Durchschnittlichkeit der anderen lehnt sie doch so erbittert ab. Sie ist prädestiniert für die Durchschnittsphobie, die im Zusammenhang mit narzisstischen Störungen beschrieben worden ist.[18]

Der Hochbegabten mit einer Selbstgefühlsstörung fällt durchaus auf, dass sie etwas besser kann als andere. Aber sie verbindet dies nicht mit einer größeren geistigen Fähigkeit. Sie erklärt es mit Zufall oder sagt verächtlich, dass sie schon immer irgendwelche elenden Anpassungsprobleme locker erledigt und nie verstanden habe, warum diese anderen schwerfielen. Unwichtiges gelinge ihr, Wichtiges nicht. Was sie könne, sei banal; was wirklich gut wäre, unerreichbar.

---

[18] Vgl. Wolfgang Schmidbauer: *Persönlichkeit und Menschenführung*, München 2003; Ders.: *Therapy on Demand. Zur Therapie der narzisstischen Störung*, Düsseldorf 2005.

Viele Streitigkeiten in Teams entstehen daraus, dass ein hochbegabtes Teammitglied nicht einfühlend mit dieser Differenz umgehen kann, sondern das Versagen eines Kollegen auf dessen Faulheit, Desinteresse oder Feindschaft zurückführt. Er *könnte* gewiss, wenn er nur *wollte*. Dass er nicht *will*, bezieht dieses Teammitglied auf sich.

Da der Betreffende das bestreitet und der Hochbegabten nachzuweisen versucht, dass sie unsinnig hohe Ansprüche habe und eine unverträgliche Person sei, der man es nie recht machen könne, formiert sich eine paranoide Szene. Die Zurückgewiesene beginnt nach Beweisen zu suchen, dass sie recht hat, um ihren Glauben an die eigene Realitätstüchtigkeit nicht ganz zu verlieren. Ihre Gegner fühlen sich verfolgt und beginnen nun ihrerseits, die Angreiferin zu verfolgen.

Sie sind in der Überzahl, daher wird es für das hochbegabte und narzisstisch gestörte Teammitglied immer schwieriger, die Situation zu bewältigen.

Borderline und Hochbegabung

Die Supervision von Therapeuten zeigt nicht selten, dass Patientinnen, die anfänglich als gut behandelbare Depressive galten, in dem Augenblick eine Borderline-Diagnose erhalten, in dem sie ihre geistige Überlegenheit destruktiv ausspielen.

Borderline heißt »Grenzlinie«; gemeint sind Grenzzustände zwischen Neurose und Psychose, Personen, die zu krank für ein angepasstes Leben und zu gesund für psychiatrische Institutionen sind. Sie werden gelegentlich von einer überforderten sozialen Umgebung in eine Klinik gebracht oder suchen in einem Panikzustand von sich aus dort Hilfe. In einer psychiatrischen Station jedoch langweilen sie sich, stiften Verwirrung und wirken so gesund, dass sie wieder entlassen werden.

Sie spielen das Therapiespiel besser als die meisten Anfänger und ebenso gut wie langjährige Profis, manipulieren ganze Stationen, in denen die Helfer beispielsweise streiten, ob der Patientin die Regelverstöße verziehen oder sie bestraft werden soll. Sie erklären dem Psychiater, dass Psychotherapie Unsinn ist und nur Medikamente helfen, und dem Psychologen, dass die Psychiater sie mit Medikamenten vergiftet haben. Sie berichten Therapeuten von missbrauchenden Eltern und Eltern von missbrauchenden Therapeuten.

Dabei sind ihre Geschichten Dichtung und Wahrheit zugleich. Denn durch ihre Fähigkeit zu schmeicheln verführen sie die Helfer zu unprofessionellem Verhalten, das sie ihnen nachher mit unbezweifelbarem Recht vorwerfen. Die Selbstgefühlsstörung ihrerseits hängt sehr oft mit einem Missbrauch durch die Eltern zusammen.

Wer sich in diesem Labyrinth orientieren will, muss sich von seinen eigenen Bedürfnissen, als Helfer und Heiler idealisiert zu werden, distanzieren können. Die spaltende Abwehr setzt an den narzisstischen Bedürfnissen der Menschen an, die mit der traumatisierten Hochbegabung zu tun haben. Manipulationen gedeihen nur dort, wo die soziale Umgebung nicht fähig ist, sich dem süßen Gesang der Sirenen zu verschließen. Wer empfänglich ist für die Schmeichelei, ein besserer Helfer zu sein als ein Rivale, wird sich in den Manipulationen der ebenso begabten wie gestörten und manchmal bösartigen Patientinnen verstricken.

Wo immer Menschen zusammenarbeiten, können sie sich in ihrem Selbstgefühl festigen oder verunsichern. Erst wenn der Helfer Abstand von einer Idealisierung ebenso wie von einer Entwertung halten kann, wird er eine Chance haben, eine narzisstisch belastete Begabung zu stabilisieren. Erst dann kann er ihr einen Weg aus dem Labyrinth zeigen, in das sie sich verstrickt, wenn sie Menschen entwertet, von denen sie Hilfe möchte. Sie muss erkennen, dass die höhere Intelligenz, soll sie sozial konstruktiv bleiben, auch Verantwortung für den weniger Begabten mit sich bringt.

Nähekrisen

Die Probleme Hochbegabter in der Arbeitswelt sind gravierend genug. Sie werden noch übertroffen von den Schwierigkeiten, die sich in Freundschaften und Liebesbeziehungen ergeben. Wie alle Menschen sehnt sich die Hochbegabte danach, zu lieben und geliebt zu werden. So gibt sie, was sie hat, und da sie viel hat, gibt sie auch viel, in der Hoffnung zurückzubekommen, was sie gegeben hat.

Da sie nicht viel von sich hält und ihre Gaben in ihren Augen nichts Besonderes sind, ist es in ihren Augen selbstverständlich, dass sie die Einfühlung, die Aufmerksamkeit, die Zuneigung, die Diskussionsbereitschaft genauso zurückbekommen wird, wie sie diese gibt.

Niemand soll ihr doch weismachen, dass ein Akademiker nicht automatisch mehr Einfühlung und Einsicht haben könnte als eine Sekretärin. Wenn er sich also selbstbezogen und stur verhält, kann sie ihm doch nicht erklären, wie er es besser machen soll. Sie kann sich nur beschämt zurückziehen. Sie ist es ihm einfach nicht wert.

Die Beziehungen der in ihrem Selbstgefühl beeinträchtigten Hochbegabten münden in paranoide Mechanismen, weil beide Seiten, je näher sie einander emotional kommen und je intensiver sie kooperieren sollen, unter wachsenden Druck geraten, Aggressionspotenziale einzuschätzen. Diese ergeben sich daraus, dass die Hochbegabten energisch und vorwurfsvoll nach den Aggressionen fahnden, die ihrer Meinung nach hinter dem Versagen ihrer Freunde oder Partner stehen.

Diese müssten doch *können*, was sie praktizieren – nicht diese Küchenpsychologie, sondern die wirklich einsichtsvolle Seelenkunde, nicht diese Feld-Wald-und-Wiesen-Medizin, sondern eine echt differenzierte Diagnostik, nicht dieses planlose Herumwirtschaften, sondern einen klaren Plan und ordentliche Buchführung!

Sie müssten sich so gut in die Hochbegabten einfühlen, wie es diesen selbstverständlich ist. Sie müssten ebenso schnell wie sie erkennen, was ein Gegenüber braucht, was eine Situation erfordert. Sie dürfen doch nicht so ahnungslos sein, welche Schritte als nächste getan werden müssen, wenn es gilt, eine gemeinsame Wohnung einzurichten, problembelastete Freunde zu betreuen oder ein Kind zu versorgen.

So gerät die traumatisierte Hochbegabte in die Rolle der Kritikasterin, der nichts recht zu machen ist. Da sie ihre eigenen Begabungen nicht hochschätzt, sondern für gering und absolut selbstverständlich hält, kann sie andere nicht loben. Sie sieht nichts Bemerkenswertes an ihnen, nichts, was sie bewundern könnte.

Die typischen Nähekrisen von Paaren, die sich noch gut verstanden haben, solange sie in getrennten Wohnungen lebten, hängen nicht selten mit einem ähnlichen Prozess zusammen. In der eigenen Wohnung konnte jeder sein Tempo und seine Werte pflegen. Wohnt man gemeinsam, muss auch ein gemeinsames Tempo gefunden werden, sonst fühlt sich auf lange Sicht im Nachteil, wer seinen Teil der Arbeit rasch erledigt und nun vom Langsameren auch noch einen Teil von dessen Arbeit aufgehalst bekommt.

Viele Frauen finden es lästig und ungerecht, einen Partner zu veranlassen, im gemeinsamen Haushalt seinen Teil der Arbeit zu erledigen. Die selbstbewusste Partnerin wird diese Managementaufgabe anpacken, wird gemeinsame Ziele setzen, für Gelungenes loben und auf unvollständige Leistungen hinweisen. Die selbstunsichere wird dem Partner die Arbeit wegnehmen, weil sie beweisen möchte, dass sie es besser kann, und ihn danach anklagen, dass er ein Pascha sei.

Angesichts der selbstunsicheren Hochbegabten ist diese Dynamik noch einmal erheblich verschärft. Sie kann sich buchstäblich nicht vorstellen, dass jemand nicht so schnell und konsequent wie sie erkennt, was zu tun ist.

Eine Fallgeschichte, zusammengesetzt aus mehreren Paartherapien:

Hanna und Wolf waren beide Manager in einem größeren Unternehmen. Während eines gemeinsamen Projekts im Ausland wurden sie ein Liebespaar, was sie zunächst verheimlichten, weil solche Beziehungen in der Firma nicht gerne gesehen wurden. Hanna hatte sich vor einigen Jahren von einem Mann getrennt, der sich – wie sie sagte – nicht für sie interessierte und keine Kinder haben wollte. Wolf war Single und verbrachte seine Freizeit mit Bergsteigen in einer Gruppe Gleichgesinnter, von denen aber immer mehr heirateten; inzwischen war er der älteste Junggeselle in der Gruppe und wünschte sich eine feste Beziehung.

Beide arbeiteten im mittleren Management. Hanna ärgerte sich oft über ihren Chef, der keine Gelegenheit versäumte, sie zu kritisieren, dann aber wieder eine von ihr erarbeitete Präsentation als eigene Leistung ausgab. Die Arbeit interessierte sie nicht sonderlich, aber sie war erfolgreich und wurde von vielen bewundert, weil sie in dem technikorientierten, noch sehr traditionsbewussten Unternehmen – in dem Bürogebäude gab es beispielsweise getrennte Aufzüge für Führungskräfte und Personal – überhaupt so weit aufgestiegen war. Durch ein »Versehen« kam es dazu, dass nach einiger Zeit der Vorstand von dem Verhältnis der leitenden Mitarbeiter erfuhr. Es wurde ihnen nahegelegt, sich an die Regel zu halten. Hanna und Wolf diskutierten darüber, wer gehen sollte. Hanna war 38 und wollte gerne noch ein Kind haben; Wolf war 42 und wünschte sich ebenfalls eine Familie.

Hanna war glücklich und ängstlich zugleich, als sie schwanger wurde. Sie bekam einen ordentlichen Auflösungsvertrag, Wolf wurde versetzt, beide zogen zusammen in eine Wohnung bei seiner neuen Arbeitsstätte. Hanna wollte nicht als Hausfrau versauern, sie plante eine neue Karriere als Coach, die sich besser mit ihrer neuen Lebenssituation vereinbaren ließ. Wolf versprach, sie in allem zu unterstützen.

Als Hanna therapeutische Hilfe suchte, war die Ehe an einem Tiefpunkt angelangt. Sie sprachen kaum mehr miteinander. Wenn sie es taten, kam es bald zu erbitterten Streitigkeiten. Wolf arbeitete sehr viel und traf sich an den Wochenenden wieder mit seinen Freunden. Hanna fühlte sich betrogen und verfolgt. Sie bemerkte nicht, wie verfolgend sie selbst geworden war.

»Ich liebe meinen kleinen Stefan und will ihn nicht missen, aber so habe ich mir eine Ehe nicht vorgestellt. Alles musste ich Wolf sagen, es war, als hätte ich ein zweites Kind, aber keines, das zufrieden ist, sondern eines, das herumnölt und jammert, dass nichts mehr so ist wie früher und ich nicht mehr so viel Zeit habe, mich um den Herrn zu kümmern. Er hat mich hereingelegt, ich glaube ihm heute kein Wort mehr davon, dass es ein Versehen war, als er in der Kantine über unser Verhältnis plauderte, er wusste doch, dass irgendwann auch der Vorstand den Tratsch mitbekommt. Kaum sind wir verheiratet, lässt er alles mich machen, er weiß nicht, was er einkaufen soll, als ob das kompliziert wäre, er kann die Babyflasche nicht machen, dass ich nicht lache, er kann eine Radarstation planen, aber einen Einkauf planen kann er nicht.«

Im Lauf der Therapie zeigte sich, dass Wolf ein technisch fähiger und leistungswilliger, an sich gutmütiger und geradliniger Mann war. An Eloquenz und geistiger Schnelligkeit konnte er Hanna nicht das Wasser reichen. Überlegen war er ihr allerdings in seinem Selbstgefühl. Wolf kam aus einer bürgerlichen Familie, war der Jüngste von drei Brüdern, der erklärte Liebling seiner Mutter. Hanna, eine Aufsteigerin und ein Einzelkind, hatte ihre passive und ängstliche Mutter verachtet und mit dem Vater erbitterte Auseinandersetzungen geführt, weil er ihr nur eine Sekretärinnenkarriere zutraute und drohte, er würde für Gymnasium und Studium keinen Pfennig zahlen.

Hanna kämpfte um Aufmerksamkeit und zweifelte, ob Zuwendung ehrlich war. Wolf war von sich überzeugt, hatte keine Hemmungen, Wünsche zu äußern und Führung zu übernehmen, konnte aber auch gut delegieren und loben, wenn ihm jemand einen Gefallen tat.

Hanna bewunderte seine Ruhe, seine Ausgeglichenheit, sein freundliches Wesen. Mit ihm konnte sie sich zutrauen, was sie insgeheim fürchtete, weil dann vielleicht alles so werden würde wie früher. Er war sicher ein guter Vater, er war gelassen, liebevoll, ruhig. Hanna unterstellte ihm alle ihre eigenen Fähigkeiten. Daher hielt sie es später auch für Desinteresse und bösen Willen, wenn er nicht verstand, was sie wollte. Dabei verstand sich das doch von selbst, das begriff doch jeder sofort.

Wolf überließ Hanna die Führung im Haushalt und im Umgang mit dem Kind. Er hätte sich gewünscht, dass sie wenigstens einmal anerkennend davon gesprochen hätte, wie gut er finanziell für die kleine Familie sorgte und dass Hanna – anders als die Frauen mancher Freunde – über das gemeinsame Konto verfügte, obwohl sie mit ihren Coaching-Aufträgen noch kaum etwas verdiente. Hanna war es peinlich, dass sie nicht mehr, wie früher, selbst genug verdiente; sie konnte sich nicht bedanken.

Wolf reagierte empfindlich auf Hannas Zurückhaltung und Kritik. Er machte ihr keine Vorwürfe, suchte keinen Streit – und gab ihr keine Chance, Grenzen zu finden. Es gab schließlich genug Freunde, die sich freuten, wenn er sie besuchte, warum sollte er sich mehr als unbedingt nötig bei Hanna blicken lassen, die ihn nur kritisierte?

Angesichts einer Ehekrise wie jener zwischen Hanna und Wolf liegt die Frage nahe, weshalb Hanna so wenig in der Lage ist, ihre glänzende Intelligenz in den Dienst einer Lösung der Spannungen in ihrer Partnerschaft zu stellen. Wer hier nachforscht, stößt auf eine unheimliche Auswirkung der hohen Begabung, auf eine unerwartete, destruktive Macht in ihr, die damit zusammenhängt, dass nicht nur äußere Verletzungen einen Menschen kränken, sondern auch die Tatsache seiner Kränkbarkeit an sich.

Verletzt zu werden ist schlimm und schmerzt. Aber da die narzisstisch belasteten Hochbegabten viel Zeit und Kraft darauf verwenden, sich eine perfekte Rüstung zuzulegen und sich unverwundbar zu machen, wird gerade ihre Begabung zu einem Verstärker für Kränkungen. Warum nur haben sie das kränkende Ereignis nicht vorausgesehen und rechtzeitig Maßnahmen ergriffen! Warum nur können sie nicht über solchen Erlebnissen stehen, ganz souverän darüber hinweggehen! Hanna hält Wolf, der das besser kann als sie, für ihr weit überlegen und gerät in heftige Wut, weil er ihr so gar nichts von dieser Überlegenheit abgeben, zur Verfügung stellen will.

Mir fällt dazu eine Szene aus der trivialen Phantasie über narzisstische Unverwundbarkeit ein, die sich im modernen Mythos von Superman abbildet. In einem der Filme über den Helden schleicht sich von hinten ein Schurke mit einer Eisenstange an und schlägt sie Superman mit aller Kraft auf den Kopf. Das Eisen tönt wie ein Gong, der Schurke lässt mit einem Schrei die Stange fallen, der Schlag hat ihn geprellt. Der Held nimmt den Schlag lächelnd hin, sein Kopf ist härter als Diamant. »Bad vibrations«, sagt Superman. So wären narzisstisch belastete Hochbegabte gerne. Aber sie sind das Gegenteil: Es schmerzt sie schon die bloße Phantasie einer Kränkung.

Die Hochbegabung stimuliert Größenphantasien, die bei narzisstisch verletzten Personen sehr häufig sind und dazu dienen, eine Art innere Zuflucht aufzubauen, welche Phantasien völliger Wertlosigkeit und Bedeutungslosigkeit kompensiert. Vor dieser Größenphantasie hat Hanna versagt, wenn sie unglücklich ist, wenn sie Wolf braucht, weil sie sich verlassen und unausgefüllt fühlt. Daher kann sie sich ihre Sehnsucht kaum eingestehen und darf nichts tun, um sie sich zu erfüllen.

Hanna ist eine brillante Managerin und hat schwierige internationale Verhandlungen geführt. Doch angesichts der Aufgabe, Wolf dazu zu bringen, dass er zärtlicher ist und nach der Schwangerschaft wieder mehr erotisches Interesse an ihr entwickelt, verhält sie sich ungeschickter als ein vierjähriges Kind.

Wenn er es nicht von selbst weiß, wenn er es nicht aus sich heraus tut, dann würde jeder Versuch, ihn in ihre Richtung zu lenken, einem Verrat an der Majestät der eigenen Größenphantasie gleichkommen. Sie beobachtet genau, wie er ihre Vorwürfe wegsteckt und sich zurückzieht, wie er sich im Recht fühlt und bei sich denkt, dass seine Mutter längst nicht so perfekt, aber auf jeden Fall gelassener war. Und sie beneidet ihn rasend um diese Ruhe, die sie gleichzeitig als dumpfen Mangel an Feinfühligkeit deutet und dem gesamten männlichen Geschlecht zuschreiben möchte, obwohl sie doch vor Jahren in einer Fernsehdiskussion die schnell sprechende Ex-Schönheitskönigin als klare Siegerin gegenüber der verkniffenen Feministin auszumachen glaubte.

Hanna verfolgt inzwischen Wolfs Mutter mit einem Hass, den sie nicht genau versteht, umso weniger Wolf, der sich noch nie viele Gedanken über seine Mutter gemacht hat. Er umarmt sie, wenn er sie sieht, schenkt ihr eine Kleinigkeit zum Geburtstag, ruft alle paar Wochen an und startet jetzt eine Rundfrage bei seinen Freunden und Freundinnen, ob dieses Verhalten »mutterabhängig« sei, was Hanna immer wieder behaupte.

Er ist zufrieden, dass niemandem aufgefallen ist, was Hanna moniert, die Wolf einen »total mutterabhängigen« Mann schilt, ein Muttersöhnchen, das sich endlich abnabeln müsse. Wolf sagt dazu lange Zeit nichts und murrt irgendwann, er denke nicht daran, ihrem Vorbild zu folgen und der eigenen Mutter spinnefeind zu sein; wenn es das sei, was sie mit »unabhängig« meine, dann solle sie ihm mit ihrer Psychologie den Buckel runterrutschen.

Scham über die eigene Verletzlichkeit und die latente Größenphantasie der narzisstisch belasteten Hochbegabten blockieren Hannas Einsicht in ihren Konflikt mit Wolf. Sie schreibt ihm alle ihre Fähigkeiten zu und sehnt sich danach, dass er ihr etwas von seiner Ruhe und seiner Selbstzufriedenheit abgibt. Wolf aber hat die

Erfahrung gemacht, dass er in Konfliktgesprächen den Kürzeren zieht, dass er Hanna rasen und sich selbst verzehren lassen muss, bis sie ihn völlig erschöpft von sich aus darum bittet, sie nicht ernst zu nehmen und ihr alles zu verzeihen. Und während sie sich noch darauf einlässt, spürt Hanna in sich schon wieder den Stachel der narzisstischen Wut darüber, dass Wolf untätig bleibt und sie nicht *versteht*.

Langeweile

Wer aus Angst vor Kontaktverlust seine geistigen Fähigkeiten lähmt, empfindet eine innere Leere und Ödnis. Wer stehen bleibt, wenn andere langsamer sind, geduldig auf sie wartet und sich ihnen unterwirft, langweilt sich. Wer fürchtet, zu vereinsamen, wenn er sein Denktempo beibehält, seine Ideen äußert und durchsetzt, der quält sich gelangweilt mit Einfällen herum, die er schon längst als ungeeignet verworfen hat, und meldet vorsichtig Bedenken an, für die er nachher allenfalls den Vorwurf kassiert: »Hättest du das, wenn du schon dagegen warst, nicht *so* sagen können, dass ich es auch *höre*? Sieh dir an, in welchen Schlamassel wir geraten sind.«

In den ausgeprägten Formen der traumatisierten Begabung ist die Langeweile verschlüsselt. An der Oberfläche finden sich nur depressive Zustände, das Gefühl, zerschlagen zu sein und angesichts einer Aufgabe sofort jede Lust und Zuversicht zu verlieren. Erheblich seltener sind Wutausbrüche, die von den Betroffenen meist schnell als unangemessen verurteilt und schuldhaft erlebt werden.

Eine Patientin, die sicher erheblich intelligenter war als ihr Ehemann, aber durch massive Ängste davon abgehalten wurde, sich ihre geistige Überlegenheit bewusst zu machen, ließ sich von ihm bis in die kleinsten Details ihrer Haushaltsführung hinein belehren. Sie nahm es hin, dass er jahrelang mit dem Finger die Oberkante des Türstocks prüfte, ob dort Staub gewischt war, und die Verfallsdaten der Konserven im Vorratsschrank kontrollierte. Gelegentlich, wenn es zu arg wurde, schrie sie ihn in einem Wutausbruch an. Er zog sich dann beleidigt zurück, worauf sie sich entschuldigte und ihn bat, ihr zu verzeihen, sie sähe ja ein, dass er es nur gut meine.

Als sie diese Szene in der Gruppenanalyse schilderte, sagte ein Mitglied: »Ich weiß genau, wie ich dich bestrafen würde, wenn du aggressiv bist!« – »Wie denn?« – »Ich würde gar nichts tun und dich deinen Schuldgefühlen überlassen. Die erledigen das viel besser, als ich das jemals könnte.«

Diese Bemerkung trifft die Situation vor allem deshalb, weil der Ehemann der Patientin auch in seinem Ärger viel harmloser war als sie in ihrer Autoaggression.

Die 40-jährige Projektleiterin Sabine hat in ihrer Biografie einige typische Merkmale der Hochbegabung: Sie konnte schon mit fünf Jahren lesen, obwohl sie als Kind eines Bauarbeiters und einer Pflegehilfe nicht gefördert wurde. Sie absolvierte eine Bürolehre und stieg schnell auf. Dann machte sie sich selbstständig und verhalf ihrem Partner zu einer »gemeinsamen« Karriere in einer eigenen Beratungsfirma, die in ihren guten Zeiten zehn Angestellte beschäftigte, aber schließlich Insolvenz anmelden musste, weil ihr Partner spielsüchtig war und heimlich immer höhere Summen abgezweigt hatte.

Sabine konnte mit knapper Mühe einer Anklage wegen Konkursverschleppung entgehen. Sie schenkte ihre Anteile an der Firma dem Partner und fand sogleich eine neue Stelle in einer anderen Stadt. Sie klagt über Schlaflosigkeit und Grübelzwänge, die damit zusammenhängen, dass sie sich überlastet fühlt, am liebsten kündigen will, fürchtet, die Arbeit nicht zu schaffen.

Die Analyse ergibt, dass ihre Position absolut nicht gefährdet ist. Ihre Chefs sind hochzufrieden. Sie lässt sich Arbeit aufbürden, weil sie fürchtet, ihre Vorgesetzten zu enttäuschen. Ihre Ängste widersprechen krass ihrem Wissen, dass sie keine Kündigung befürchten muss, weil sie den Chefs weit mehr bringt, als sie kostet, und Aufträge viel exakter und schneller erledigt als andere.

Sabine *weiß* um ihre Tüchtigkeit, aber sie kann nicht an diese *glauben.* So bleibt sie der Angst ausgeliefert, jeden Tag nur durch absolute Perfektion die Katastrophe abzuwenden, die ihr droht. Sie leidet unter der charakteristischen Idealisierungsstörung, in der zwar die Einsicht vorhanden ist, ihr jedoch Gewicht und Wert mangeln. Darüber hinaus ist Sabine eine Kandidatin für das Paradox in der Analyse des Perfektionismus: Kaum ist die Einsicht gewonnen, wie unsinnig dieser Perfektionismus ist und wie viel Energie in seinem Dienst vergeudet wird, wünscht sie sich schon das Rezept, wie sie ihn *vollkommen* ablegen könnte.

Die Schlaflosigkeit und das Gefühl, überlastet zu sein, ergeben sich daraus, dass Sabine nur mit Mühe eine Wut kontrollieren kann, die in ihr immer wieder dadurch geschürt wird, dass ihr unmittelbarer Vorgesetzter so viel langsamer arbeitet als sie, dass er immer wieder Situationen falsch einschätzt und aus purer Eitelkeit anderen überflüssige Arbeit aufbürdet.

Sie kann es kaum ertragen, wenn er eine Sitzung leitet, alle durcheinanderreden und am Ende nichts herauskommt, weil niemand ordentlich moderiert hat. Aber sie kann doch nicht selbst die Leitung übernehmen! Entweder muss sie sich tödlich langweilen, oder sie muss kündigen.

Langeweile entsteht, ähnlich der psychogenen Müdigkeit, aus einer unbewussten Hemmung von Aggressionen. Diese entspringen im typischen Fall aus einem Ungleichgewicht zwischen dem Bedürfnis nach Aufmerksamkeit, Liebe und Anerkennung und seiner Befriedigung. Der Prinz langweilt sich so lange, bis die Prinzessin kommt und ihn aufs Pferd hebt. Die durch diese narzisstische Kränkung entstehende Wut wird gehemmt, weil sie das Wohlwollen eines Sicherheit spendenden Objekts bedrohen würde.

Das gelangweilte Kind wagt nicht, sich von der Mutter unabhängig zu machen, und kann ihr nicht sagen, wie wütend es ist. Der

Mitarbeiter, der in der Teamkonferenz von einem Gähnzwang befallen wird, scheut die Auseinandersetzung mit dem Leiter. Wenn er schlagartig müde wird, sobald ein bestimmter Patient auf der Couch liegt, sollte auch ein Analytiker an diese Dynamik denken.

Gelangweilte und Langweiler versuchen, einer drohenden Kränkung aus dem Weg zu gehen, die sie gerade wegen ihrer Vermeidungsmühe wie ein zähes Gespinst festhält. Die Pattsituation in der Langeweile hängt oft mit einem Helfersyndrom[19] zusammen. Der in seinem Aggressionsausdruck eingeschränkte Helfer wartet vergeblich darauf, dass sein Schützling entweder endlich Fortschritte macht oder wenigstens über seine Enttäuschung spricht. Der Schützling fürchtet, diese Enttäuschung dem Helfer zuzumuten. Allgemeine Langeweile ist angesichts der Vorstellung einer Beziehungskatastrophe das kleinere Übel. Sie gedeiht in latent von Verlustängsten geprägten Situationen, in denen belebende Reibereien nicht von totalen Katastrophen unterschieden werden können. Disharmonie bedeutet Beziehungsverlust.

Durch diese Vermeidungen wird die Beziehung selbst kraftloser. Gleichzeitig wächst die Angst vor ihrem Verlust, sodass in einer Therapie manchmal Langweiler und Gelangweilter aneinander festhalten und um keinen Preis bereit sind, Therapie-Termine auszudünnen oder ganz aufzugeben, von denen beide insgeheim überzeugt sind, dass in ihnen nichts geschehe, was der Rede wert sei.

Traumatisierte Begabungen sind häufig nicht fähig, Langeweile wahrzunehmen und sie ihren Quellen zuzuordnen. Sie fühlen sich verpflichtet auszuharren und geben sich selbst die Schuld daran, dass sie einem Menschen oder einer Situation nichts abgewinnen können, dass sie sich ausgenutzt, allein gelassen, entwertet, nicht ernst genommen fühlen.

In Therapien lässt sich beobachten, wie sehr es diese Personen entlastet, wenn sie feststellen, dass sie sich *langweilen dürfen*, dass es

---

[19] Wolfgang Schmidbauer: *Das Helfersyndrom*, Reinbek bei Hamburg 2007.

nicht böse ist, wenn sie das tun, und dass ihnen reiche Möglichkeiten zur Verfügung stehen, ihrer Langeweile abzuhelfen, sobald sie aufhören, sich einer idealisierten Person zu unterwerfen, der sie geistig überlegen sind.

»Seit ich das begriffen habe«, erklärte mir eine 38-jährige Volkswirtin, die im Personalbereich eines Großkonzerns arbeitet, »versuche ich einfach die Leitung zu übernehmen, sobald ich anfange, mich in einer Sitzung zu langweilen. Zuerst habe ich gedacht, die Kollegen würden mich zerreißen. Aber es ist gar nichts passiert, und neulich habe ich sogar Komplimente bekommen, dass wir so viel schneller vorankommen als früher.

Das Werkzeug-Ich

In seelischen Extremsituationen – etwa bei Folter oder sexuellem Missbrauch – lässt sich eine Phantasie beobachten, in der vielleicht unsere Seelenvorstellungen wurzeln. Das massiv verletzte und überforderte Ich »steigt aus«, es wandert zu einem Beobachtungspunkt außerhalb des geschundenen Körpers, der in Stücke zerbrochenen Identität und sieht von dort aus, wie unter der Zimmerdecke schwebend, merkwürdig entspannt und unbeteiligt, was da geschieht.

Diese Phantasie ist eine kreative Leistung, um in höchster Not ein Stück des Ichs zu retten. Es bleibt unbetroffen von der Zerstörung, welche die bisherige Harmonie mit der Umwelt vernichtet. Diese Dissoziation ist meist ein Zeichen überdurchschnittlicher Begabung.

Wer mehr wahrnimmt und Reize schneller verarbeitet als andere, ist von Trauma und Folter, von Beschämung, Ohnmacht und Missbrauch auch erheblich stärker beeinträchtigt. Je höher organisiert Organismen sind, desto mehr Angst haben sie; schon Nietzsche hat in seinem Aufsatz »Vom Nutzen und Nachteil der Historie für das Leben« die souveräne Ruhe des Tieres mit der verwirrenden Vielfalt menschlicher Ängste kontrastiert.

Hochbegabte besitzen besondere Fähigkeiten, ein Neben- oder Werkzeug-Ich auszubilden, das Teilfunktionen übernimmt. Sie bändigen ihre Angst vor Verletzungen dadurch, dass sie nicht ganz und gar in einen Kampf ziehen, sondern eine Art Golem vorschicken, ein Alter Ego, das Leistungen vollbringt und Schläge einsteckt. Danach kann entschieden werden, ob es eigene, *wirkliche* Leistungen sind oder nicht.

Es gibt eine Ballade von Ludwig Uhland (1767–1862), die eine sehr einfache Form eines solchen Werkzeug-Ich beschreibt. Sie handelt von dem Minnesänger Bertran de Born.

Bertran de Born

Droben auf dem schroffen Steine
Raucht in Trümmern Autafort,
Und der Burgherr steht gefesselt
Vor des Königs Zelte dort:
»Kamst du, der mit Schwert und Liedern,
Aufruhr trug von Ort zu Ort,
Der die Kinder aufgewiegelt
Gegen ihres Vaters Wort?

Steht vor mir, der sich gerühmet
In vermessner Prahlerei,
Dass ihm nie mehr als die Hälfte
Seines Geistes nötig sei?
Nur der halbe dich nicht rettet,
Ruf den ganzen doch herbei,
Dass er neu dein Schloss dir baue,
Deine Ketten brech entzwei!«

»Wie du sagst, mein Herr und König,
Steht vor dir Bertran de Born,
Der mit einem Lied entflammte
Perigord und Ventadorn,
der dem mächtigen Gebieter
Stets im Auge war ein Dorn,
Dem zuliebe Königskinder
Trugen ihres Vaters Zorn.

Deine Tochter saß im Saale
Festlich, eines Herzogs Braut,
Und da sang vor ihr mein Bote,
Dem ein Lied ich anvertraut,
Sang, was einst ihr Stolz gewesen,
Ihres Dichters Sehnsuchtslaut,
Bis ihr leuchtend Brautgeschmeide
Ganz von Tränen war betaut.

Aus des Ölbaums Schlummerschatten
Fuhr dein bester Sohn empor,
Als mit zorn'gen Schlachtgesängen
Ich bestürmen ließ sein Ohr;
Schnell war ihm das Ross gegürtet,
Und ich trug das Banner vor,
Jenem Todespfeil entgegen,
Der ihn traf vor Montforts Tor.

Blutend lag er mir im Arme;
Nicht der scharfe, kalte Stahl –
Dass er starb in deinem Fluche,
Das war seines Sterbens Qual.
Strecken wollt er dir die Rechte
Über Meer, Gebirg und Tal;
Als er deine nicht erreichet,
Drückt er meine noch einmal.

Da, wie Autafort dort oben,
Ward gebrochen meine Kraft;
Nicht die ganze, nicht die halbe
Blieb mir, Saite nicht, noch Schaft.
Leicht hast du den Arm gebunden,
Seit der Geist mir liegt in Haft;

Nur zu einem Trauerliede
Hat er sich noch aufgerafft.«

Und der König senkt die Stirne:
»Meinen Sohn hast du verführt,
Hast der Tochter Herz verzaubert,
Hast auch meines nun gerührt.
Nimm die Hand, du Freund des Toten,
Die verzeihend ihm gebührt!
Weg die Fesseln! Deines Geistes
Hab ich einen Hauch gespürt.«[20]

Was auf den ersten Blick anmutet wie Dünkel, drückt auch eine
Not aus, ein Gefühl, das wir heute als Depersonalisation beschreiben
würden. Wer von sich selbst den Eindruck hat, nur mit halber
Kraft zu leben, spielt sich einen verborgenen Reichtum vor, um sich
über seine schmerzliche Armut hinwegzutäuschen. Er spielt nie mit
ganzem Einsatz, sondern kapitalisiert sich sozusagen selbst und bewahrt
die eine Hälfte, wie der vorsorgliche Spieler vor dem Weg ins
Casino, unzugänglich auf. Er versucht, das Leben zum Spiel zu machen
und immer ein zweites Leben in Reserve zu halten.

Die Ballade illustriert und idealisiert die Schutzfunktion eines
Werkzeug-Ich, das in der Art eines handelnden Zwillings auftritt,
der über eine Reserve-Persönlichkeit verfügt. Wie die Feldherren
der Antike die erprobten Kämpfer in die dritte Schlachtreihe stellten,
so will Bertran über ein Ersatz-Ich verfügen. Er kämpft grundsätzlich
mit halber Kraft, um seine ganze Kraft für eine Lage aufzusparen,
die ihn überfordern könnte. Das darf auf gar keinen Fall
geschehen.

---

[20] Seine Fähigkeit, Zwietracht zu säen, die wir bis heute an hochbegabten und
narzisstisch gestörten Personen beobachten können, hat Bertran de Born die
zweifelhafte Ehre eines Platzes in Dantes *Inferno* eingetragen, wo er seinen abgeschlagenen
Kopf wie eine Laterne in der Hand hält.

Da wir nur einen Körper haben und an jedem Ort zu einer bestimmten Zeit nur einmal sein können, ist das keine Ökonomie, sondern törichter Geiz. Wie es dem Geiz eigen ist, predigt er Sparsamkeit und handelt verschwenderisch, denn die »gesparte« Energie liegt brach, gleich vergrabenem Vermögen.

Intelligenz lässt sich durchaus als Werkzeug sehen, mit dem wir Gefahren bewältigen. Wer nur die Hälfte davon nutzt, verfügt über eine Reserve. Der Sänger-Krieger stellt es in der Ballade so dar, als sei seine Haltung nicht in sich fragwürdig, sondern nur durch die Übermacht der Ereignisse zusammengebrochen. Dadurch vermag er seine Niederlage zu stilisieren. Er hat sie selbst inszeniert; nur er kann beurteilen, was geschehen ist.

Der Sieg des Königs wird als Triumph über einen ohnehin Wehrlosen entwertet, die eigene Niederlage als Dienst an einem Selbstobjekt (dem toten Prinzen) ausgegeben. Schließlich wird auch der Dichter Uhland zum Komplizen des dünkelhaften Sängers und verzaubert den siegreichen König zum dankbaren Publikum.

Der Minnesänger war in der Feudalzeit eine prekäre Existenz, die viele der Probleme des heutigen Intellektuellen durchleiden musste. Geistig den Herren und Damen überlegen, die er unterhalten musste, war er ihnen materiell unterworfen und musste immer hoffen, durch Schmeichelei, Ergebenheit oder Intrige sein wirtschaftliches Überleben zu sichern. Um sich gegen Kränkungen zu wappnen, schien es ihm geboten, den Menschen, von denen er abhängig war, nicht alles zu geben, was er zu bieten hatte. Nur eine Hälfte seines Geistes wagend, war der Sieg doppelter Triumph und die Niederlage zu verschmerzen.

Das hier beschriebene Werkzeug-Ich und künstlerische Leistungen hängen eng zusammen. Bertran de Born steht für eine Zeit, in der hoher gesellschaftlicher Rang durch die Stellung im Feudalsystem definiert war. Für einen Adligen galt es wenig, durch eine künstlerische Leistung Menschen zu erobern, nicht Territorien.

Wenn er vorgab, die Dichtkunst nebenbei und spielerisch zu betreiben, rettete er seinen Stolz.

Für traumatisierte Begabungen, die exhibitionistische Bedürfnisse mit Angst verknüpft haben und sie abwehren, ist die künstlerische Arbeit oft ein rettender Ausweg. Einen Beleg dafür liefert Heinrich von Kleist, der an heftigen sozialen Ängsten litt und in seinen Dichtungen einen Weg fand, sich ihnen zum Trotz mitzuteilen.[21]

Die Beschreibung künstlerischer Produktivität als »Sublimierung« sexueller Triebe kann das Rätsel dieser Kreativität nicht lösen. Freud wusste um die Unvollständigkeit seines Modells, wie er in der Leonardo-Studie gesteht. Es geht weniger darum, erotische Motive in höher stehende Leistungen zu verwandeln, als darum, Ängste zu kontrollieren. Das Werk kann ungestört gestaltet werden und bietet Möglichkeiten, sich vor imaginierten Angriffen auf ähnliche Weise zu schützen, wie das der Held im Abenteuerfilm tut, der seinen Hut an einem Stock über die Deckung schiebt, um herauszufinden, ob noch auf ihn geschossen wird. Ähnlich schickt der schüchterne Liebhaber einen Brief, um nicht selbst sprechen zu müssen. Zudem kann er, solange er keine Antwort erhält, ungehindert träumen, dass seine Gefühle genau so erwidert werden, wie er sie ausgemalt hat.

Das Kunstwerk erlaubt beides: die ungestörte Entfaltung der eigenen Fähigkeiten und gleichzeitig die Phantasie, von jenen erkannt und gewürdigt zu werden, die das Werk nach seiner Fertigstellung bewundern. Der Stoßseufzer, wie viel Europa erspart geblieben wäre, wenn die Wiener Kunstakademie den Bewerber Adolf Hitler aufgenommen hätte, ist einer der liebenswürdigsten Verstöße gegen das Verbot, sich in der Geschichte zu fragen: »Was wäre gewesen, wenn?«

---

[21] Wolfgang Schmidbauer: *Kleist – Die Entdeckung der narzisstischen Wunde,* Göttingen 2011.

Bertran de Borns Schutz durch die halbe Kraft seines Geistes spiegelt sich in dem Schutz, den der Künstler beansprucht, solange sein Werk unvollständig ist. Dann darf er nicht gestört werden, er kann sich gegen Kritik immunisieren. Picasso zitierte in diesem Zusammenhang die Anweisung in den städtischen Bussen, dass Gespräche mit dem Fahrer während der Fahrt verboten seien. Der Produktionsprozess zieht einen schützenden Kreis um den Künstler, er lenkt ihn von den Ungewissheiten und Fährnissen des sozialen Lebens und des eigenen Schicksals ab.

Während der Künstler tätig ist und so in einer Welt lebt, die von ihm geschaffen wird, kann er seine Ängste so gut vergessen wie seine Schmerzen, Kränkungen, sozialen Benachteiligungen. Für traumatisierte Begabungen ist das eine Wohltat. In diesem Unternehmen, das von Ängsten befreit, aber an die so gewonnene Form der Angstabwehr bindet, können große Werke so gut entstehen wie fanatische Fixierungen.

»Teurer Wilhelm!
Also geht es Dir ebenso, brauche ich mich nicht zu schämen. Auch Du beginnst Briefe am 11., die Du erst am 16. fortsetzen kannst; und am 16. kannst Du von nichts anderem schreiben als von der einen ungeheuerlich großen, für die Kräfte des armen Menschen allzu schweren Arbeit, der jede Regung des Denkens gehört und die allmählich alle anderen Fähigkeiten und Empfänglichkeiten aufsaugt, eine Art von Neoplasmagewebe, das sich ins Menschliche infiltriert und es dann ersetzt.«

So schrieb Sigmund Freud am 19. Februar 1899, mitten in der Arbeit an der Entdeckung der Psychoanalyse, an seinen Freund Wilhelm Fließ, der sich damals mit obskuren Spekulationen über Biorhythmen beschäftigte.[22] Freuds Entdeckungen haben das moderne

---

[22] Sigmund Freud: *Briefe an Wilhelm Fließ*, Frankfurt am Main 1986.

Menschenbild geprägt; Fließ ist heute völlig vergessen, damals aber waren beide gleichermaßen überzeugt, ihre Lebensaufgabe gefunden zu haben. Und Freud kleidete sein Erleben über diesen Fund in die makabre Metapher vom Karzinom, der »Neubildung« (Neoplasma), die das gesunde Gewebe ersetze.[23]

Multiple Persönlichkeiten

Ein weiteres Symptom, das sich aus dem Werkzeug-Ich ergibt, sind die sogenannten »multiplen Persönlichkeiten«. Sie sind ein Zeichen blockierter Begabungen, die sich in solchen Mustern verzetteln. Die ausgeprägten Formen sind Artefakte, Folgen einer »therapeutischen« Intervention, die auf halbem Wege stehen bleibt und die zugrunde liegende Störung eher vervollkommnet als versteht.

Wer die Geschichte eines Menschen rekonstruieren will, sollte nicht mit vorgefassten Meinungen an diese Aufgabe herantreten. Er gewinnt sonst genau die Erinnerungen, die er haben möchte, und zwar mit der vollen Überzeugung ihrer Realität. In den Vorurteilen, die bei begabten Menschen häufig genau das Erwartete produzieren (Max Frisch hat das in *Andorra* beschrieben), schlagen sich narzisstische und ökonomische Interessen nieder.

Wer aus Angst vor Einsamkeit angesichts drohender Entwertung durch seine frühen Bezugspersonen ein Werkzeug-Ich ausgebildet hat, wird später unter dem Gefühl leiden, nicht »er selbst« zu sein. Er kann nicht das aus seinem Leben machen, was er als eigene Möglichkeiten ahnt, aber nicht konkretisiert, ja abwehrt und bekämpft, sobald es Gestalt annehmen könnte. Etwas vereinfacht aus-

---

[23] Makaber, da wir wissen, dass Freud rund zwanzig Jahre später tatsächlich an einem Karzinom erkrankte. Freud lässt sich durchaus als traumatisierte Begabung beschrieben, vgl. S. 14, 105 und Wolfgang Schmidbauer: *Der Mensch Sigmund Freud: ein seelisch verwundeter Arzt?*, Stuttgart 2006.

gedrückt: Wenn die hochbegabte »hysterische« Patientin entdeckt, dass sie dem Arzt, den sie in ihrer Not aufgesucht hat, geistig überlegen ist, wird sie nicht selbst eine bessere Ärztin als er, sondern entwickelt ein neues, noch dramatischeres Symptom, um ihn an sich zu binden und nicht über ihn hinauszuwachsen.

Die Vorstellung, dass ein Mensch ein Doppelleben führt und die eine Seite seiner Person nichts von der anderen weiß, ist seit der Geschichte über »Dr. Jekyll and Mr. Hyde« von R. L. Stevenson ein Mythos der Moderne, noch bevor Freud das Unbewusste beschrieb. Während die wissenschaftliche Beschäftigung mit dem Unbewussten fordert, Suggestionen strikt zu vermeiden, dominieren diese in den populären Konzeptionen des »Unterbewussten«, der »Tiefenschicht«, in der die Monster lauern.

Amerikanische Forscher haben inzwischen eruiert, dass mindestens 15 Prozent der Personen, die verlorene Kindheitstraumen »wiederfinden«, von der Teilnahme an einem Satanskult berichten. Obwohl es fast nie Beweise für solche Riten gibt, sind sie ein sehr beliebtes Thema der Medien.

In den genau untersuchten Fällen ist von bizarren Anklagen selten etwas übrig geblieben. Auf der anderen Seite haben Verschwörungsgeschichten (in der Art von »Akte X«) in den Medien Konjunktur. Außerirdische, welche einst die Erde besucht haben, verschmelzen mit mythischen Gestalten. Planeten ferner Galaxien sind von genau den Dämonen besiedelt, die wir aus der germanischen oder ägyptischen Mythologie kennen. Ähnlich waren ja auch die bocksfüßigen Teufel, um die am Sabbat die Hexen tanzten, vergessene Götter thessalischer Hirten.

So reisen Helden im geheimsten Auftrag des amerikanischen Präsidenten durch Sternentore,[24] um dort die Zauberer unserer

---

[24] »Stargate« heißt die entsprechende, sehr populäre Fernsehserie, die in zahlreiche Länder verkauft und inzwischen durch eine Nebenserie (»Stargate Atlantis«) ergänzt wurde.

Märchen wiederzufinden. Auch einige der auf die Rückgewinnung von traumatischen Erinnerungen spezialisierten Therapeuten glauben an die Existenz von Außerirdischen, die Menschen missbrauchen, oder von Satansgläubigen, die dasselbe tun. In einem Zirkelschluss wird behauptet, dass die Teilnahme an satanischen Riten eine zentrale Ursache der »Persönlichkeitsspaltung« oder der »multiplen Persönlichkeit« sei.

Bis zum Beginn des *recovered memory*-Booms in den USA trafen Anklagen des Satanismus vor allem Kindergärtnerinnen, die von Eltern beschuldigt wurden. Die meiste Aufmerksamkeit fand der Fall der McMartin-Vorschule in Manhattan Beach, Kalifornien. Die Erzieherinnen wurden der abscheulichsten satanistischen Praktiken bezichtigt. Der Prozess dauerte sieben Jahre, kostete 15 Millionen US-Dollar und endete ohne Schuldspruch.

Die Wiedererinnerungstherapie ist ein regressives Phänomen. Während die Entwicklung der Psychoanalyse von der dramatischen Katharsis, der Abreaktion »eingeklemmter« Affekte und der Suggestion zur langfristigen Arbeit an Widerständen, Konflikten und unbewusster Abwehrtätigkeit führte, wird in diesen Formen der Behandlung ein überwunden geglaubtes Stück Praxis neu belebt.

Warum? Die Katharsis ist zunächst einmal publizistisch wirksamer. Niemand kann aus einer realistisch nachinszenierten Psychoanalyse Bilder gewinnen, die ein Massenpublikum fesseln. Dramatisch heißt immer auch suggestiv; die Abstinenz des professionellen Therapeuten legt sich wie Reif auf das Bedürfnis nach *emotional appeal.*

Hollywood hat die Katharsis und die Persönlichkeitsspaltung – eine Kür für Schauspieler – schon immer der analytischen Arbeit vorgezogen. Die Betroffenen erleben tief bewegt eine traumatische Szene, trocknen ihre Tränen und sind genesen. Dieses Ritual hat sich an die traditionellen Rituale der religiösen Erweckung und an die Wiedergeburtsmythen aller Zeiten angeglichen.

Richard Ofshe und Ethan Watters[25] beschreiben, wie Erinnerungstherapeuten in einen Notstand geraten, weil die Symptome ihrer Patientinnen nicht, wie versprochen, nach dem ersten Auftauchen grauenhafter Kindheitserlebnisse verschwinden. Schließlich formieren sich die Ängste zu angeblichen Erinnerungen und steigern die Macht der bösen Szenen dramatisch. Was ist der schlimmste, vergessene Missbrauch? Der durch den eigenen Vater. Was ist die schlimmste Folge des vergessenen Missbrauchs? Schwanger zu werden. Was ist die schlimmste Folge der unerwünschten Schwangerschaft? Das Neugeborene zu töten. Was ist die schlimmste Folge dieser Kindstötung? Ein satanisches Ritual, in dem die Mutter ihr eigenes Kind isst.

Spätestens hier würde man von einem nüchternen Beobachter erwarten, dass er sich distanziert. Aber in der Ideologie der Erinnerungstherapie macht, wer induzierte Erinnerungen anzweifelt, den Patienten erneut zum Opfer. Ofshe und Watters sehen in Mehrfachpersönlichkeiten generell ein Artefakt. Wo kein Hypnotherapeut arbeitet, gibt es demnach auch keine MPD.[26]

An der Frage, ob es wirklich die satanischen Rituale gibt, an die sich relativ viele der MPD-Patienten erinnern, entzündet sich gegenwärtig eine Kontroverse, die auch die Hypnotherapeuten spaltet: Einerseits haben sie jedem Zweifel an den »Erinnerungen« ihrer Klienten abgeschworen, andererseits können sie doch nicht an die Realität einer Unterwelt von Babyopfern und Hexenmessen in amerikanischen Kleinstädten glauben.

Die Vorstellung, dass hinter der Fassade des Kranken eine ganz andere Person steckt (oder mehrere), kommt einer Größenphantasie des Helfers entgegen, einen neuen Menschen schaffen zu können. Frankenstein erfüllte sich diesen Traum, indem er Friedhöfe

---

[25] Richard Ofshe/Ethan Watters: *Making Monsters: False Memories, Psychotherapy, and Sexual Hysteria,* New York 1994.

[26] Multiple Personality Disorder; Multiple Persönlichkeitsstörung, auch Dissoziative Identitätsstörung (Dissociative Identity Disorder, (DID).

plünderte; die modernen Vertreter der Reinkarnationstherapie oder der »multiplen Persönlichkeit« erfüllen ihn sich, indem sie ihre Patienten anleiten, Menschen (gewesen) zu sein, die es nur durch die Macht des Helfers gibt.

Hinter der leidenden Fassade des Schützlings entfaltet der Helfer ein Drama, in dem er gar nicht anders dastehen kann denn als Lichtgestalt. Schließlich hat er die Verzauberten erlöst, die Prinzen- und Prinzessinnen-Naturen unter der trivialen Maske befreit.

Die klinische Erfahrung bestätigt, was von experimentalpsychologischer Seite gegen die Objektivität solcher Erinnerungs- und Spaltungszauberei geltend gemacht wurde. Die meisten Personen, die Missbrauchserlebnisse hinter sich haben, erinnern sich an das, was mit ihnen geschehen ist. Sie tun das keineswegs gern, sie sprechen nicht bereitwillig darüber, aber sie *wissen*, was sie erlebt haben.

Auf der anderen Seite ist unsere Erinnerung niemals so stabil, wie es die modernen Mittel der Schrift und der Fotografie sind. Die Bilder, aus denen wir unsere Geschichte rekonstruieren, werden dauernd neu aufgezeichnet, gestaltet und interpretiert.[27]

Schon früh ist den Hysterie-Forschern aufgefallen, dass diese Störung vor allem hochbegabte Frauen trifft, deren geistige Möglichkeiten weit über das hinausgehen, was ihnen die Gesellschaft an intellektuellen Entwicklungsmöglichkeiten bietet. Der Charme von Freuds (zusammen mit Josef Breuer verfassten) *Studien über Hysterie,* die bis heute Romane inspirieren (therapeutisch kundig ist Irvin D. Yalom, *Und Nietzsche weinte*), liegt gerade darin, wie ein Mann von einer Frau dazu gebracht wird, eine Kur für ihre Krankheit zu (er)finden.

---

[27] Ein historisches Experiment größeren Ausmaßes für diese Bearbeitung der Erinnerungen ist die Gewissheit vieler NS-Anhänger nach 1945, sie seien in einem »inneren Widerstand« gewesen. In anderen, dokumentierten Fällen waren Soldaten, die an der Ostfront Gefangene ermordet hatten, so lange fest davon überzeugt, sie hätten so etwas nie getan, bis sie ein Foto sahen, das sie während solcher Handlungen zeigte.

In dem hier entwickelten Modell einer Blockade intellektueller Entwicklungen ergeben sich viele der »hysterischen« Erscheinungen und ebenso die »multiple Persönlichkeit« aus einer traumatisierten Begabung. Die hysterischen Frauen sind in ihrer Fähigkeit blockiert, ihre geistige Überlegenheit in einer direkten Rivalität mit Männern auszuleben. Sie leisten es in maskierter Form.

Sie sind hilflos, krank, gehemmt, »dumm«. Sie entwickeln einzelne Symptome oder komplette Persönlichkeiten, welche den unbewussten Bedürfnissen der Ärzte entgegenkommen und es diesen ermöglichen, brillante Gedanken über ihre erfolgreiche »Behandlung« zu formulieren.

So gewinnen die Ärzte der Hysterikerinnen jene öffentliche Anerkennung, welche den Frauen unzugänglich bleibt oder (wie bei Bertha Pappenheim/Anna O.) erst gefunden wird, wenn sie sich weit genug von ihren Therapeuten entfernt haben. In den (aus der Sicht der Männer) guten Ausgängen wird die Patientin gesünder und der Arzt berühmt. In den schlechten wird die Patientin kränker und der Arzt »verrückt«.

Eines der Kapitel in diesem Drama von männlichem Ehrgeiz und blockierter Begabung einer Frau sind die therapeutischen Experimente eines wichtigen Freud-Schülers, des Ungarn Sándor Ferenczi. Wie wir heute wissen, war es im Grunde eine einzige Patientin, an und mit der Ferenczi seine bis heute diskutierten therapeutischen Neuerungen in der Psychoanalyse entwickelte.

Wer war diese Frau, deren Bild in der Geschichte der Psychoanalyse schwankt? Von manchen[28] wird sie den »großen Patientin-

---

[28] Vgl. Christopher Fortune: »The Case of RN. Sándor Ferenczi's Radical Experiment in Psychoanalysis«, in: Lewis Aron und Adrienne Harris (Hrsg.): *The Legacy of Sándor Ferenczi,* Hillsdale 1993, S. 101–120. Zit. nach der Übersetzung von Erika Nemeny, *Psyche* 48/1994, S. 683–706. Die Einschätzung von RN als großer Anregerin stammt von B. Wolnstein: »Ferenczi, Freud and the Origins of American Interpersonal Relations«, *Contemporary Psychoanalysis* 25/1989, S. 672–685.

nen« an die Seite gestellt, die – wie »Anna O.« oder »Dora« – mit wichtigen theoretischen Neuerungen verknüpft sind. Andere bewerten sie als pathologische Lügnerin und sehen in ihr Ferenczis bösen Geist. Die gültigste Deutung ist die einer traumatisierten Hochbegabung. Dann wird die Geschichte von Elizabeth Severn und Ferenczi zu einem Lehrstück über die Erwartungen an Gegenseitigkeit in einer symbiotischen Beziehung, die anfangs beiden Seiten die Erfüllung ihrer Größenwünsche verspricht: Ferenczi wollte ein größerer Therapeut werden als Freud; Severn wollte eine Psychoanalytikerin sein, die ebenso berühmt wäre wie Freuds Lieblingsschüler. Die dramatische Verstrickung beider bis hin zu dem Konzept der »mutuellen Analyse« belegt die (zumindest für Ferenczi) mörderischen Anstrengungen, diese anfangs gemeinsame Phantasie erst miteinander zu verwirklichen, am Ende aber aneinander zu scheitern.

Elizabeth Severn hieß ursprünglich Leonta Brown. Unter diesem Namen wurde sie 1879 in einer Kleinstadt im amerikanischen Mittelwesten geboren und streng religiös erzogen. Sie litt unter Essstörungen und hatte »Nervenzusammenbrüche«, die mit Sanatoriumsaufenthalten behandelt wurden, wobei die Besserung immer nur kurze Zeit anhielt. Leonta heiratete 1901, im Alter von 22 Jahren. Sie bekam bald danach ihr einziges Kind, eine Tochter mit Namen Margaret, die später Tänzerin wurde und deren Auskünfte die wichtigste Quelle über Elizabeth Severn sind.

Nach einer Behandlung bei einem theosophischen Arzt, der versuchte, sie in der Kraft des »positiven Denkens« zu unterrichten, entdeckte Leonta Brown ein neues Ich. Sie schrieb an ihre Mutter: »Ich werde jetzt daran arbeiten, selbst Heilerin zu werden. Es ist keine Frage, dass ich dazu die Kraft habe. Es wäre die Erfüllung meines Lebens, in dieser Weise anderen Menschen zu helfen.«[29]

---

[29] Brief aus der Sammlung von M. Severn, zit. nach Fortune, a. a. O., S. 686.

Sie reiste nach Texas und ließ sich Visitenkarten mit dem Aufdruck »Elizabeth Severn, Metaphysikerin« drucken. 1912 ging sie nach England. Mit jeder Ortsveränderung wuchsen ihre Qualifikationen; seit sie 1913 ein Buch, *Psycho-Therapy – its Doctrine and Practice*, publiziert hatte, nannte Elizabeth Severn sich Doktor. In diesem 1913 publizierten Buch behauptete sie, unter anderem einen Hirntumor geheilt zu haben.

Nach außen eine eindrucksvolle und erfolgreiche Frau, litt Elizabeth Severn unter ihrer Isolation. Sie konsultierte die verschiedensten Ärzte. Einer davon empfahl vermutlich den Freud-Schüler Sándor Ferenczi, weil er von dessen Faible für Frauen mit angeblich übernatürlichen Fähigkeiten wusste.[30] Die Analyse dauerte zunächst immer nur einige Monate und wurde dann durch die Rückkehr von Frau Severn nach New York unterbrochen.[31]

1926 kam Ferenczi selbst nach New York und hielt Vorlesungen für Sozialarbeiter; dort schloss sich Severn einer Gruppe von Laienanalytikern an, die Ferenczi – auch aus Ärger über die Einschränkungen der Laienanalyse durch das New Yorker Psychoanalytische Institut – damals gründete. Privatleben und Arbeit vermischten sich; Severn reiste mit Ferenczi und dessen Frau Gizella zurück nach Europa; sie besuchten den Arzt und Wegbereiter der Psychosomatik Georg Groddeck in Baden-Baden und kamen dann nach Budapest.

Die Analyse entwickelte sich seit 1928 zu einer dramatischen Verstrickung. Statt besser, ging es Severn immer schlechter; statt

---

[30] Fortune, a.a.O., S. 687. Vgl. *Briefwechsel Freud – Ferenczi*, Bd.I/1: 1908–1911, Wien 1993. Ferenczi konsultierte öfter Wahrsagerinnen und versuchte auch Freud zu bewegen, sich der okkultistischen Erscheinungen anzunehmen, was dieser – weit skeptischer – auch tat; er berichtet darüber in: S. Freud: »Neue Folge der Vorlesungen zur Einführung in die Psychoanalyse«, S. Freud, Gesammelte Werke, Bd. XV.

[31] Fortune, a.a.O. Mit ihrer Tochter Margaret, wie gesagt die Hauptquelle über Elizabeth Severn, hat diese fast täglich korrespondiert; allerdings hat die Tochter die Briefe später, einem Wunsch der Mutter entsprechend, verbrannt.

weniger, brauchte sie mehr Behandlungszeit. Ferenczi traf sie monatelang jeden Tag drei bis vier Stunden. Weil Severn – außer wenn sie ihre eigenen Patienten sah – »zu krank« war, um ihn aufzusuchen, kam Ferenczi in ihr Hotel. Der Widersinn, einer Frau, die von New York nach Budapest reisen konnte, den Weg aus dem Budapester Hotel in eine Budapester Analyse-Praxis nicht zuzumuten, ist dem Paar entgangen, aber in ihm steckt die ganze Dynamik der Rivalität zwischen einer hochbegabten, in ihrem Selbstgefühl gebrochenen Frau und einem ehrgeizigen Helfer. Sie sagt mit dieser Aktion: Weil ich so weit zu dir gereist und so abhängig von dir bin, kann ich dir hier keinen Schritt mehr entgegenkommen.

Schließlich brachte Severn Ferenczi dazu, dass auch er sich von ihr analysieren ließ. Er rationalisierte seine Nachgiebigkeit als technischen Fortschritt mit dem Begriff der »mutuellen« (gegenseitigen) Analyse.

Später versuchte Ferenczi vergeblich die Rolle des Analytikers zurückzugewinnen. Am 2. Oktober 1932, kurz vor dem Manifest-Werden seiner tödlichen Anämie, notierte er in seinem therapeutischen Tagebuch: »Versuch, einseitig fort zu analysieren. Emotionalität verschwand; Analyse insipid, Relationship – distant. Ist irgendwann einmal Mutualität versucht worden, dann ist die Einseitigkeit nicht mehr möglich …«[32]

Der Schluss ist sehr traurig: Ferenczi war todkrank; Severn sah nur ihre eigene Kränkung über den Rückzug des Menschen, den sie schon längst nicht mehr als Therapeuten achtete, sondern als »vollkommenen Liebhaber« ganz für sich haben wollte. Während Severn sich wünschte, auch öffentlich als Analytikerin ihres Lehrers Ferenczi aufzutreten, bestand Ferenczi darauf, dass sie seine Analyse durch die eigene Analysandin geheim halte. Sie solle erklären, sie sei von ihm geheilt. Das war sie jedoch so wenig, dass ihre Tochter

---

[32] Sàndor Ferenczi: *Ohne Sympathie keine Heilung. Das klinische Tagebuch von 1932,* hrsg. von J. Dupont, Frankfurt am Main 1988, S. 279.

Margaret Ferenczi einen erbitterten Brief schrieb, als Elizabeth Severn nach der Beendigung ihrer neunjährigen Therapie in desolatem Zustand in Paris ankam.

Ferenczi hat nicht mehr geantwortet; er starb im Mai 1933. Severn hingegen erholte sich rasch. Mitte Juni fuhr sie bereits nach London, wo sie ihre eigene Praxis wieder aufnahm. Sie starb im Februar 1959, 79 Jahre alt, in New York an Leukämie.

Ferenczi war ein sehr kreativer Mann. Wer seinen Briefwechsel mit Freud liest, staunt über die Vielfalt seiner Interessen. Wenn ein solcher Mann seine Struktur so weit verliert, dass er Gesundheit und professionellen Stolz opfert, um eine Frau nicht zu enttäuschen, deren Bildung und soziales Prestige weit unter seinem Niveau liegen, dann muss diese Frau eine große Macht entfalten können. Vermutlich war es die Kraft einer hohen, aber blockierten und in weiten Teilen autodestruktiv funktionierenden Begabung.

Ferenczi wurde ein Opfer der Fähigkeit hochbegabter Frauen, ein Werkzeug-Selbst auszubilden, das Männern verspricht, wie ein übermächtiger Phallus ihr Selbstgefühl ins Grenzenlose zu steigern. Severn nutzte Ferenczis heimlichen Wunsch aus, mithilfe des gemeinsam mit ihr gefundenen Werkzeugs der mutuellen Analyse Freud zu übertreffen.

Anna O. (Bertha Pappenheim)

»Dann kam ein langes medizinisches Gespräch über die *moral insanity* und Nervenkrankheiten und merkwürdige Fälle, auch Deine Freundin Bertha Pappenheim kam wieder aufs Tapet.« So schreibt Freud 1883 an seine Verlobte. Der Freund, mit dem er dieses Gespräch hatte, war 14 Jahre älter als er und hieß Josef Breuer. Bertha Pappenheim, später eine kämpferische Vertreterin der Frauenemanzipation, wurde unter dem Pseudonym Anna O. in den von Breuer und Freud gemeinsam verfassten *Studien über Hysterie* (1895) dargestellt.[33] Breuer beschreibt sie dort als eine Frau »von bedeutender Intelligenz, erstaunlich scharfsinniger Kombination und scharfsichtiger Intuition«.[34]

Anna O.s Krankheit war aufgetreten, als sie ihren kranken Vater pflegte. Sie war damals 21 Jahre alt und litt an einer steifen Lähmung der rechten Körperhälfte, teilweiser oder völliger Blindheit, heftigem nervösen Husten, und einmal war sie wochenlang unfähig, trotz quälenden Durstes zu trinken. Sie konnte ihre Muttersprache eine Zeitlang weder sprechen noch verstehen und verfiel häufig in einen Zustand der Verworrenheit. Statt, wie es die meisten Ärzte seiner Zeit getan hätten, diese Störungen als nervöse Degeneration zu bagatellisieren, beschäftigte sich Breuer sehr geduldig mit der Kranken.

Es fiel ihm auf, dass sie in ihren geistesabwesenden Zuständen bestimmte Worte vor sich hinmurmelte. Breuer versetzte nun Anna O. in Hypnose und sagte ihr diese Worte wieder vor; sie ging darauf ein und erzählte jedes Mal eine Reihe trauriger, oft poetisch gefärbter Phantasien, die gewöhnlich die Situation eines Mädchens am Krankenbett seines Vaters zum Ausgangspunkt hatten. Konnte die Kranke eine Reihe solcher Tagträume erzählen, so war sie nachher wie befreit und kehrte aus dem Dämmerzustand in einen Zustand klaren Bewusstseins zurück, bis sie nach einigen Tagen abermals immer verwirrter wurde und auf dieselbe Weise behandelt werden musste.

Allmählich gelang es Breuer jedoch, durch sein *chimney sweeping*[35] mehr zu erreichen als vorübergehende Erleichterung.

---

[33] Zur Verschlüsselung wurden die Initialen im Alphabet um einen Buchstaben vorgerückt (von BP nach AO) und ein passender Vorname gesucht. In dem Roman *Und Nietzsche weinte* hat der amerikanische Gruppentherapeut Irvin Yalom 1996 die Geschichte von Bertha Pappenheim und Josef Breuer verarbeitet.

[34] Josef Breuer/Sigmund Freud: *Studien über Hysterie,* S. Freud, Gesammelte Werke, Bd. 1, S. 20.

[35] Engl.; »Kaminfegen«; Anna O. sprach eine Weile nur Englisch und prägte selbst diesen Ausdruck für ein Vorgehen, das Breuer »kathartisch« nannte, nach »Ka-

Manchmal verschwanden Symptome für immer, wenn es gelang, sie in der Hypnose bis zu ihrem ersten Anlass zurückzuverfolgen und einen damals unterdrückten Affekt, eine heftige Gefühlsbewegung zu wiederholen. Zum ersten Mal beobachtete das Breuer, als Anna O. nicht mehr trinken konnte und trotz heftigen Durstes das ersehnte Glas Wasser zurückstieß.

Nach einigen Wochen erinnerte sie sich in der Hypnose plötzlich an eine Szene, in der sie ihre englische Gouvernante beobachtet hatte, wie diese einen kleinen Hund, ein ekelhaftes Vieh, aus einem Wasserglas trinken ließ. Anna O. hatte damals ihren heftig aufwallenden Ekel unterdrückt; jetzt, in der Hypnose, gab sie ihm energisch Ausdruck, verlangte anschließend zu trinken und erwachte, das Glas noch an den Lippen, völlig geheilt von dieser Störung.

Diese Entdeckung Breuers ist für die Geschichte der Hysterie sehr wichtig, obwohl (oder weil) auf einer bisher wenig erforschten Ebene das hysterische Element sich dem Arzt nur scheinbar unterworfen, ihn hintergründig aber besiegt hat. Anna O. wurde durch Breuer nicht geheilt. Vielmehr verstrickte er sich mit ihr in eine gemeinsame Hysterie, die beide erst nach dem Abbruch dieser Beziehung allmählich überwanden.

Als Breuer den Fall veröffentlichte, stellte er Anna O. als geheilt dar. Die Wahrheit sah anders aus, und es mutet merkwürdig an, dass Freud, der um sie wusste, dennoch diese geschönte Darstellung duldete. Breuer hatte die Behandlung am 7. Juni 1882 beenden wollen. Am Abend desselben Tages wurde er zu Bertha gerufen. Sie war sehr erregt, wand sich unter »Geburtswehen« und sagte, das »Kind« sei von ihm. Breuer versuchte vergeblich, seine Patientin durch Hypnose zu beruhigen, und verließ dann fluchtartig das Haus. Damit war die Arzt-Patient-Beziehung gescheitert. Bertha wurde in den nächsten Jahren in verschiedenen Sanatorien behan-

---

tharsis«, dem griechischen Wort für »Reinigung«, das bereits in der Antike auch für die Wirkung des Anblicks von tragischen Schauspielen verwendet wurde.

delt, unter anderem wegen einer Morphinsucht, die während der Arbeit mit Breuer entstanden war.[36]

Breuer und auch Freud untersuchten nicht *ihre* Verstrickungen, sondern nur die ihrer Patientinnen. Auch Breuer hat hysterisch reagiert. Könnte es sein, dass die hysterische Disposition des Arztes nicht Ergebnis einer Ansteckung, sondern Vorbedingung seines immensen Interesses für die Kranke ist? Es gibt einen dynamischen Zusammenhang zwischen Hysterie und Helfersyndrom[37]: die Bindung an eine idealisierte Eltern-Kind-Situation.

Der Helfer ist dabei offen mit der aktiven, latent mit der passiven Seite identifiziert; er strebt bewusst danach, idealer Elternteil zu sein, und sucht darin unbewusst seine kindlichen Bedürfnisse nach umfassender Anerkennung ohne Gegenleistung zu befriedigen. Die Hysterika hingegen ist offen mit der passiven Bedürftigkeit identifiziert – sie will alle Aufmerksamkeit für sich und ihr Leiden; bei ihr tritt die Rolle des Helfers und Helden in den Hintergrund.

Nach dem Abbruch der Behandlung bei Breuer und nach einer Reihe von Sanatoriumsaufenthalten wurde Anna O. alias Bertha Pappenheim eine Helferin, die sich sozialpolitisch in vielfältiger Weise engagierte. Sie schrieb mehrere Bücher, unter anderem über das Schicksal von Frauen in Bordellen. Sie arbeitete an einer »Frauenbibel« und übersetzte die britische Feministin Mary Wollstonecraft. Sie beteiligte sich an der Gründung des Jüdischen Frauenbun-

---

[36] Inzwischen gibt es sogar eine Deutung, die ebenso vorurteilsvoll in die entgegengesetzte Richtung marschiert: Nun ist Anna O. nicht mehr die von Breuer (fast) geheilte Kranke, sondern ein Opfer ihres Therapeuten, das sich seinetwegen durch Selbstsuggestionen ebenjene Symptome verschafft hat, welche sie ihm anschließend zu kurieren erlaubte. Diese These vertritt Mikkel Borch-Jacobsen: Anna O. zum Gedächtnis. Eine hundertjährige Irreführung, München 1998.

[37] Zum Helfersyndrom siehe Wolfgang Schmidbauer: *Die hilflosen Helfer. Die seelischen Probleme der sozialen Berufe,* Reinbek bei Hamburg 1977, 13. Auflage 2004.

des und baute ein Heim mit Schule für die an Zuhälter verkauften Töchter armer jüdischer Familien im Osten Europas auf.

Sie wurde eine Pädagogin, die vielen jungen Jüdinnen, die sonst in Bordellen verkommen wären, eine Zukunft ermöglichte. Das Schicksal der von ihr geschaffenen Heime dokumentiert den Verlust an Humanität und kosmopolitischem sozialen Einsatz durch den nationalsozialistischen Rassenwahn. Bertha Pappenheim blieb unverheiratet und starb, ehe die SS sie deportieren konnte.

Breuer reagierte auf die geistigen Stürme seiner Patientin; Freud riss seine Patientinnen mit und gab nie das Heft aus der Hand (das ist auch der Kern seines Konflikts mit Ferenczis Konzept der »mutuellen Analyse«). Ein Nachteil dieser Haltung Freuds war sicherlich, dass er aufgrund seiner geistigen Dominanz bei aller Offenheit und Lernbereitschaft (wenn wir ihn am Durchschnitt der männlichen Denker seiner Zeit messen) nur so lange zuhörte, wie es seinen Visionen entsprach, sodass sein Bild der Weiblichkeit seine geistige Dominanz spiegelt. Er hat sich in diesem Punkt nicht von seinen Patientinnen belehren lassen.

Der Begründer der Psychoanalyse war am Gymnasium neun Jahre Klassenbester. Auf Prüfungen während des Studiums bereitete er sich vor, indem er kurz vorher ein Lehrbuch überflog, dessen Text er nach einmaliger Lektüre reproduzieren konnte. Als Übersetzer las er immer eine Seite des fremdsprachigen Textes und formulierte sie dann deutsch, ohne noch einmal in das Buch zu blicken.

Freud blieb ein Gesprächspartner »auf Augenhöhe« für hochintelligente Frauen, denen Josef Breuer, Carl Gustav Jung[38] und Sándor Ferenczi zu wenig entgegensetzen konnten. In den *Studien über Hysterie* werden zwar manche Fakten unterdrückt, die dem theoretischen oder therapeutischen Ehrgeiz widersprechen, aber Freuds

---

[38] In der Begegnung mit der hochbegabten Sabina Spielrein, einer russischen Medizinstudentin und späteren Analytikerin, erweist sich Jung als die unterlegene Figur. Er ist allerdings großmütig genug, sein Versagen einzugestehen und den Kontakt mit der einstigen Patientin aufrechtzuerhalten.

Interesse an der geistigen Welt dieser Frauen und seine hohe Achtung vor ihren Leistungen werden deutlich.

Freud brauchte die hysterischen Frauen nicht dumm, damit sie dümmer blieben als er, wie so manche Therapeuten vor und nach ihm, die versuchten, die geistige Überlegenheit ihrer Patientinnen zu bekämpfen.

Die »multiple Persönlichkeit« ist ein problematischer Versuch, sich aus einer traumatischen Entwicklungshemmung zu befreien, indem unterschiedliche Werkzeug-Ichs ausgebildet werden. Der enge Zusammenhang ihres Auftretens mit suggestivem Vorgehen in der Psychotherapie weist darauf hin, dass hier traumatisierte Begabungen und die narzisstischen Bedürfnisse von Therapeuten zusammenwirken.

Das Hochstapler-Phänomen

Nur die mittelmäßige Person ist stets
auf der Höhe ihrer Fähigkeiten.

William Somerset Maugham

Objektivität ist in der Psychologie zunächst einmal nichts anderes als das Empfinden, wir hätten es mit Tatsachen zu tun, nicht mit Empfindungen. Je mehr jemand sein untrüglich objektives Urteil im Munde führt, desto angebrachter ist Misstrauen. Auch in der Werbung wollen uns ja nicht selten diejenigen beschwindeln und übertölpeln, die am lautesten beteuern, es gehe ihnen nur um Fakten, Fakten, Fakten. Wer sich auf die Tatsachen konzentriert, hat es nicht nötig, das zu betonen. Im Augenblick der Beteuerung hat sich bereits ein innerer Zweifel gemeldet. Am schärfsten hat das Friedrich von Schiller in *Kabale und Liebe* formuliert:

Spricht die Seele – so spricht
ach, schon die Seele nicht mehr!

Mit besonderer Vorsicht sind jene Urteile zu betrachten, die wir im Gefühl untrüglicher Objektivität über uns selbst fällen. Der Durchschnitt ist in dieser Selbstzuschreibung höchst unbeliebt, obwohl er alle Argumente der Statistik für sich anführen kann. 90 Prozent der Befragten halten sich für überdurchschnittlich intelligent, für überdurchschnittlich gute Autofahrer oder Menschenkenner. Solche Formen der Selbstbeurteilung, in denen das kostbare Eigene gegenüber dem weniger wertvollen Fremden betont wird, sind trivial.

Weniger bekannt sind jene Fälle, in denen die eigenen Fähigkeiten nicht beschönigt, sondern kleingeredet werden. Die harmlose und humorvolle Variante ist das Understatement des Selbstkritischen, des Bescheidenen oder des Selbstironischen. Besonders ergreifend ist die Unfähigkeit, sich selbst einzuschätzen, bei schweren narzisstischen Störungen.

Die anorektische Patientin, bereits lebensgefährlich abgemagert, *fühlt* sich unförmig dick. Sie verteidigt ihr Untergewicht. Die Ärztin, wohl proportioniert, aber ebenfalls durch die in unserer Gesellschaft »normalen« Ängste vor zu viel Körperfett geprägt, will die Kranke mit dieser Absurdität konfrontieren.

»Dann müssen Sie mich doch *grauenhaft* dick finden«, sagt sie.

»Wie kommen Sie darauf? Ich finde, Sie haben eine tolle Figur, Sie sind genau richtig!«, ist die Antwort.

Dieser Widerspruch hängt damit zusammen, dass die Kranke zwar andere Menschen beurteilen kann, aber nicht sich selbst.

Andere loben meine Leistung, ich habe Erfolg. Aber das ist nicht der richtige Erfolg, es ist nicht das, was ich verdiene, ich bin ein Betrüger, nur zufällig habe ich es diesmal getroffen. Ich bin durchs Examen gekommen, weil ich Glück hatte; aus Mitgefühl mit meinem Beinahe-Versagen haben mir die Prüfer sogar die beste Note gegeben; bei nächster Gelegenheit wird aber auffallen, dass ich ein Hochstapler bin.

Das Gefühl, ein Betrüger zu sein, drückt die Idealisierungsstörung im Alltag ebenso aus wie das Urteil, nicht echt zu sein, keine wirklichen Gefühle zu empfinden, nicht wirklich reif und erwachsen zu sein, sondern nur so zu tun. Es gibt sozial gut integrierte, beliebte Menschen, die von sich sagen, sie seien eigentlich beziehungsunfähig. Es gibt von ihren Kindern geschätzte Väter oder Mütter, die behaupten, sie seien nie in der Lage gewesen, ihre Elternpflichten zu erfüllen, und hätten immer nur improvisiert.

In den Achtzigerjahren des vorigen Jahrhunderts versuchte die amerikanische Psychologin Joan Harvey, das »Hochstapler-Phänomen« durch eine Testskala zu dokumentieren, in der Fragen gestellt wurden wie: »Meine Mitmenschen neigen im Allgemeinen zu der Ansicht, ich sei kompetenter, als ich es in Wirklichkeit bin«, oder: »Manchmal habe ich das Gefühl, ich sei in meine derzeitige berufliche Position oder meine derzeitige akademische Laufbahn durch eine Art Fehler berufen worden«. Die Antworten werden dann auf einer siebenstufigen Skala zwischen »sehr zutreffend« und »überhaupt nicht zutreffend« eingeordnet.[39]

Für die Beschreibung narzisstischer Persönlichkeitsprobleme reicht die schlichte Metapher vom Hochstapler nicht aus. Der Betrüger ist ein voluntaristisches Konzept. Er spielt eine Rolle, die ihm nicht zusteht, und zieht Vorteile daraus. Die narzisstische Problematik des Umgangs mit der eigenen Begabung ist komplexer. Die Hochstapler-Vergleiche erfassen nur jene Störungen, in denen der Erfolg zwar erreicht, aber nicht idealisiert und genossen werden kann. Sie erfassen nicht jene Betroffenen, die sich bereits auf dem Weg zum Erfolg blockieren.

Das *Impostor Phenomenon*, das die amerikanischen Psychologinnen Pauline Rose Clance und Joan Harvey beschrieben, drückt gewissermaßen den negativen Ausgang von Goethes Maxime »Lasst mich's scheinen, dass ich's werde!« aus. Dem Dichter ist klar, dass die erhabenen Worte, die wir an unser Leben legen wie einen Maßstab, immer zu groß sind. Daher müssen wir akzeptieren, dass wir sie zunächst nur scheinbar erfüllen können – und wenn wir das ein Leben lang getan und darum gekämpft haben, dann ist das auch gut so.

Viele der unter dem Hochstapler-Phänomen (abgekürzt HP) beschriebenen Erlebnisformen sind durch das falsche Selbst der Hochbegabten bedingt, die ihre Fähigkeiten verbergen oder ver-

---

[39] Joan Harvey/Cynthia Katz: *Das Hochstapler-Phänomen. Die Angst vor dem Erfolg,* Landsberg 1986. Den Begriff »Impostor Phenomenon« prägte Pauline Rose Clance bereits 1978; sie glaubte ursprünglich, es handle sich um spezifisch weibliche Gefühle, und beschreibt sich selbst als Opfer des Syndroms.

leugnen müssen. Harvey nennt drei Kriterien des Hochstapler-Phänomens:

1. das Gefühl, andere Menschen zum Narren gehalten zu haben, weil sie dazu gebracht worden seien, die Betroffenen zu überschätzen;
2. Erfolge durch eine andere Ursache als die eigene Leistung zu erklären, beispielsweise durch Zufall, glückliche Umstände, Fehler von Konkurrenten;
3. die Furcht, als Schwindler entlarvt zu werden.

Sie vermutet, dass der Perfektionismus, der oft mit dem HP zusammen auftritt, eine Folge der Angst ist, entlarvt zu werden: Aus diesem Grund müssen sich die HP-Opfer immer besonders anstrengen, sich intensiv vorbereiten, sie dürfen nichts dem Zufall überlassen.

Perfektionismus gehört zu den Mitteln, seelische Verletzungen zu kompensieren. Was fehlerfrei ist, verspricht auch absolute Sicherheit. Diese Sicherheit vor einer erneuten Kränkung ist das dringendste Anliegen des narzisstisch traumatisierten Menschen. Gleichzeitig führt aber das Streben nach absoluter Sicherheit immer wieder in das Erleben totaler Unsicherheit. Wer sich nur dann liebenswert fühlt, wenn er *von allen* geliebt wird, wird sich niemals liebenswert finden. Wer nur dann an eine gute Beziehung glaubt, wenn er den oder die Geliebte total kontrollieren und die ganze Aufmerksamkeit des Liebesobjekts auf sich konzentrieren kann, wird sich am Ende als Beziehungsversager fühlen.

Das subjektive Empfinden, »eigentlich« ein Schwindler zu sein, ist eine Folge des Perfektionismus, nicht umgekehrt. Wer sich nur dann ruhig und sicher fühlen darf, wenn alles in Ordnung ist, wird Erfolge und Anerkennungen abwehren müssen; die Phantasie, sie erschwindelt zu haben, ist eine solche Form der Abwehr. »Ich bin sehr schlau und flink, und ich erwecke den Anschein, als wüsste ich, was ich tue«, erklärt eines der von Harvey interviewten HP-Opfer. »In Wirklichkeit jedoch weiß ich gar nichts, und eines Tages werden die Menschen schlagartig dahinterkommen.« Später setzt der Betreffende hinzu: »Wenn zwanzig Menschen der Ansicht sind, ich hätte etwas Großartiges geleistet, und ein einziger auch nur leise Zweifel daran hegt, dann werde ich auf den letzteren hören.«[40]

Dieses Phänomen habe ich 1977 als »narzisstische Unersättlichkeit« beschrieben und dem »Helfersyndrom«[41] zugeordnet. Die dort ausgeführte Metapher von dem ängstlichen, verwahrlosten Kind hinter einer prächtigen, starken Fassade, die sich auf den Traum eines Arztes stützt, ähnelt stark dem Hochstapler-Phänomen. Es geht darum, die Rolle des kompetenten Helfers vorzutäuschen, dahinter aber ein ängstliches, kleines Kind geblieben zu sein.[42]

Solche inneren Widersprüche haben nicht nur eine psychologische Dimension. Sie spiegeln auch das Klima in einer konsumorientierten Gesellschaft wider, in der Menschen nahegelegt wird, kindliche Wünsche beizubehalten.

In dieser gleichzeitigen Stimulation regressiver Bedürfnisse und einer klar strukturierten, erwachsenen Leistungshaltung wurzeln viele der unter dem HP angeführten Situationen. Die Betroffenen haben den Eindruck, die Rolle des Erwachsenen nur zu spielen, sie nicht ausfüllen zu können, nicht wirklich erwachsen zu sein, sondern nur so zu tun. Einer der von Harvey beschriebenen HP-Betroffenen:

»Ich bin kein erwachsener Mensch, auch wenn ich mehr als 45 Jahre alt bin und Kinder habe, die bereits im Teenager-Alter sind. Es fällt mir schwer, einen Erwachsenen zu verkörpern, aber mein Beruf sowie mein Lebensstil erfordern häufig ein solches Rollenverhalten. In Wirklichkeit bin ich ein Heranwachsender von etwa fünfzehn Jahren, der im Körper eines berufstätigen

---

[40] Harvey/Katz, a.a.O., S. 20.
[41] Schmidbauer, *Die hilflosen Helfer.* Anscheinend entsprach es damals dem Zeitgeist, die narzisstischen Störungen mit solchen griffigen »Syndromen« der Öffentlichkeit nahezubringen.
[42] Harvey/Katz, a.a.O., S. 94.

Mannes von über 45 sowie in dessen Leben gefangen ist und Kinder und ein Haus und vieles mehr hat. (…) Wenn wir auf eine Cocktail-Party gehen, weiß meine Frau, dass ich es etwa 90 Minuten lang aushalten werde, mit Erwachsenen zu reden und vorzugeben, einer von ihnen zu sein. Und dann muss ich mich entschuldigen und davonlaufen, Popcorn essen und mich bei Videospielen erholen.«

Hier könnten wir ein anderes »Syndrom« aufgreifen, das ebenfalls bereits verwendet wurde, um die narzisstischen Störungen von Männern zu beschreiben: das »Peter-Pan-Syndrom«, die Phantasie, für immer in dem Zwischenreich zwischen Kindheit und Erwachsensein zu bleiben, das in Steven Spielbergs Film durch die Fähigkeit symbolisiert ist, wie Superman zu fliegen.[43]

Viele der von den amerikanischen Autorinnen beschriebenen HP-Patientinnen und Patienten fürchten sich deutlich, ihre eigene Hochbegabung zu erkennen und zu akzeptieren. Sie schreiben ihre Erfolge dem Zufall, dem Glück, ihrer Fähigkeit, sich einzuschmeicheln, zu – ohne sich einzugestehen, dass günstige Zufälle und Glück ein Zeichen für schnelle Auffassungsgabe sind und die Fähigkeit, Menschen für sich zu gewinnen, ein Symptom sozialer Intelligenz ist (die heute manchmal in einer problematischen Begriffskombination »emotionale Intelligenz« genannt wird).

Auch die Phantasie, ein Betrüger zu sein, etwas vorzutäuschen, das nicht wirklich fundiert ist, ergibt sich aus der beschriebenen

---

[43] Die Flugphantasie ist eine der häufigsten narzisstischen Phantasien; sie trägt zur Beliebtheit bestimmter Sportarten (Autorennen, Paragliding, Skifahren usw.) bei, wird in der Höhenangst dramatisch abgewehrt und führt vor allem in der Adoleszenz zu Unfällen, wenn ein Jugendlicher die Tat eines seiner Helden imitiert. Einer meiner Patienten, ein sehr begabter Sportler, verletzte sich als Kind erheblich beim Sprung durch eine Glastür, den er einem Filmhelden abgeschaut hatte. Winston Churchill beschreibt in seinen Erinnerungen, wie er als Jugendlicher während eines Geländespiels von einer Brücke auf einen Baumwipfel »sprang« (fliegen wollte) und im Krankenhaus wieder zu sich kam.

Problematik der verbotenen Begabung. Hochbegabte, die sich verbieten, ihre geistigen Privilegien wahrzunehmen, erklären sich ihre schnelle Auffassungsgabe oft negativ. Sie hätten im Grunde nichts begriffen, sie seien überhaupt nicht in die Tiefen der Aufgabe, der Theorie, der Kunst vorgedrungen. Sie würden nur so *tun, als ob* sie verstanden hätten. Sie mögen andere täuschen, die merkwürdigerweise auch nicht tiefer eingedrungen sind, obwohl sie doch Doktortitel tragen. Aber irgendwann wird ein wirklicher Experte auftreten. Dann wird ihr Kartenhaus einstürzen.

Im Kontext der Studien zum Hochstapler-Phänomen sind einige bemerkenswerte Ergebnisse über die Verbreitung der Selbstgefühlsstörungen Hochbegabter sozusagen als Nebenprodukt angefallen. So erklärt mehr als die Hälfte der überdurchschnittlich begabten Frauen in einer Studie von Jeanne Stahl ihren Erfolg mit etwas anderem als ihrer Intelligenz, vor allem mit Glück. In einer anderen Studie waren es sogar 93 Prozent der farbigen Studentinnen, die ihren Erfolg während des ersten College-Jahres allen möglichen anderen Ursachen zuschrieben, nur nicht ihrer Intelligenz.

In den ersten zehn Jahren wurde das HP meist als weibliches Syndrom beschrieben, das bei Frauen aus unterprivilegierten Schichten besonders ausgeprägt sei. Dann setzte sich – interessanterweise vor allem angesichts von Studien über Universitätslehrer und Psychotherapeuten – allmählich das Konzept eines geschlechts- und schichtneutralen HP durch. Als besonders anfällig erwiesen sich Aufsteiger: Menschen, die aus einer ungebildeten Schicht kommen und sich dank ihrer Fähigkeiten Positionen erarbeiten, die sie der gebildeten Schicht gleichstellen, ja sie sogar über Mitglieder dieser Schicht stellen.

Die klinischen Beobachtungen über die geistigen Blockaden und Selbstgefühlskrisen der Hochbegabten bestätigen diesen Zusammenhang. Aufsteigerinnen und Aufsteiger sind sehr häufig von der Phantasie belastet, in der »neuen« Umgebung fehl am Platze zu sein und nicht wirklich dazuzugehören. Gleichzeitig ist ihnen aber auch das alte Milieu fremd geworden. Wer mehr als jeder andere in der Familie verdient, weiter gereist ist, mehr Sprachen beherrscht, findet sich in einer für sein Selbstgefühl kritischen Situation wieder.

Exhibitionismus und Scham

Als die Lehrer in der neu gegründeten Schule für die Kinder der Indianer im Zuni-Pueblo die erste Klassenarbeit korrigierten, waren sie enttäuscht. Die Ergebnisse waren schlechter, als sie es angesichts des Lerneifers und der Intelligenz ihrer Schüler erwartet hatten. Allmählich entdeckten sie, was die besonders brillanten Schüler blockierte: In dieser friedlichen Kultur gilt es als unanständig, jemandem zu zeigen, dass man ihn in einer Leistung übertrifft. Die Sitte verlangt, niemanden als Verlierer dastehen zu lassen.

So erkannten die Lehrer, dass Höflichkeit und Rücksicht ihrer Zöglinge ihren Preis hatten und dass sie mit ihrem Modell der »fairen Konkurrenz« nicht weiterkamen. Die Zuni hielten *jede* Konkurrenz für unfair.

In unserer Kultur gilt der Platz an der Spitze als höchst begehrenswert. Die Zuni-Kultur schlägt eine andere Richtung ein. Der Mensch kann sich in beiden Kulturen orientieren. Aber wie es in der Zuni-Kultur Menschen geben mag, denen es schwerfällt, sich so zurückzunehmen, wie es die Sitte gebietet, so gibt es auch im Westen Personen, die sich umso mehr blockieren, je deutlicher ihr Vorsprung wäre, wenn sie ihren Talenten freien Lauf ließen.

Vielleicht entfalten sich begabte Mädchen bei den Zuni besser, denn es gibt dort mehr konkurrenzfreie Räume. Niemand denkt daran, angesichts einer Leistung umgehend Vergleichsmöglichkeiten und Notenstufen zu ersinnen. In unserer vom Konkurrenzprinzip durchtränkten Kultur wird hingegen jede psychische Leistung rasch unter diesem Aspekt betrachtet. Das geschieht in der Regel schon sehr lange vor der Möglichkeit, diese Rivalität zu verarbeiten und die Rolle des Siegers positiv zu besetzen. Denn jeder Sieger in einem Wettbewerb braucht zweierlei: einen Schiedsrichter, der dafür sorgt, dass die Konkurrenz ehrlich ist, und eine soziale Umwelt, die ihn für seinen Sieg bestätigt und nicht entwertet, beschuldigt oder beschämt.

Die Zuni-Kultur nimmt die Tatsache ernst, dass jede Überlegenheit eines anderen ambivalente Gefühle weckt. Sie fesselt uns, erregt Aufmerksamkeit, stößt aber auch ab, weckt Hass oder Neid. Wir bewundern sie, wenn wir das Gefühl haben, aus ihr Nutzen ziehen, sie in unseren Dienst stellen zu können. Wir lehnen sie ab, wenn wir fürchten, durch die fremde Überlegenheit kleingemacht, beschämt, entwertet zu werden.

Sigmund Freud hat die Frage aufgegriffen, wie (in unserer Kultur) aus klugen Kindern dumme Erwachsene werden. Er verknüpft die Antwort mit dem Erforschen der Sexualität durch Kinder, das zum Scheitern verurteilt sei. Mit dem Untergang dieser Fragen nach dem Zentrum des Lebens werden Neugier und Phantasietätigkeit schlechthin beeinträchtigt. Einen zweiten Mechanismus haben wir bereits erwähnt: Nur selten lässt sich jemand an Einsicht übertreffen, solange er die Macht hat, einen Rivalen zum Schweigen zu bringen.

Ein Kind, das seinen Eltern geistig überlegen ist, wird in der Regel dumm gemacht. Seine Einfälle gelten als lächerlich, seine Vorschläge werden als Spinnerei abgetan. Wenn das Kind seine Intelligenz einsetzt und Gedanken entwickelt, wie die Eltern ihren Haushalt verbessern könnten, wie sie mit den jüngeren Geschwistern anders umgehen sollten, dann wird es als altklug oder vorlaut abgewertet, nicht selten sogar als besonders dumm und geradezu geisteskrank beschimpft.

Wer Macht hat, nutzt sie dazu, Wettbewerb auf Gebiete zu verlagern, wo ihm der Sieg gewiss ist. Die Eltern haben Lebenserfahrung, also sind ihre Einfälle gültig und erprobt. Das Kind hat keine Ahnung, soll erst ein paar Jahre älter werden und wird dann schon die Erfahrungen gesammelt haben, mit denen die Erzieher ihre Uneinsichtigkeit rechtfertigen.

Wer schneller ist als andere, mehr leistet, originellere Einfälle hat, muss damit rechnen, dass er beschämt und entwertet wird, wenn er nicht sorgfältig darauf achtet, in welchen Machtstrukturen er sich bewegt. Jede Intelligenz, die nicht in der von einem Erzieher gewünschten Richtung wirkt, weckt den Impuls, ihren Träger zurechtzustutzen, ihn kleiner zu machen und zu beschämen. Das gilt in Schulklassen genauso wie im Lehrerkollegium, für den Ordinarius gegenüber seinen Assistenten, für den Vereinsvorstand gegenüber den Mitgliedern, für den Richter gegenüber den Anwälten, für den Arzt gegenüber seinen Patienten.

In amerikanischen Fabriken setzte es lange Zeit einen spezifischen Fausthieb gegen den Oberarm für jeden, der durch seinen »Übereifer« Untüchtigere übertraf und dadurch die Norm für die ganze Gruppe hochschraubte. Unter Schülern muss der »Streber« mit ähnlichen Sanktionen rechnen. Es nützt ihm nichts zu behaupten, er lerne auch nicht mehr als andere und habe keine Ahnung, wie seine guten Noten zustande kämen.

Wer Kleinkinder beobachtet, entdeckt rasch, dass der Exhibitionismus eine zentrale, aber auch höchst verletzliche Qualität jener Entwicklungsphase ist, welche Freud die »phallische« nannte. Es ist die Frühblüte einer kindlichen Erotik, in der kleine Männer und Mädchen mit lauter Stimme sprechen oder singen und gerne zeigen, wie sie rennen, springen, tanzen können, wie schön sie sind, wie klug.

Wie werden aus diesen Kindern Erwachsene, die sich ihrer Vorzüge schämen und diese verbergen? Hemmungen und Dämonisierungen des frühen Exhibitionismus pflanzen sich sozial fort: Gekränkte, gehemmte Eltern werden häufig alles tun, um ihren Kindern genau das Tarnkorsett zu schnüren, das sie selber tragen. Nur nicht auffallen!

Sei wie das Veilchen im Moose,
bescheiden, sittsam und rein,
nicht wie die stolze Rose,
die stets nur bewundert will sein![44]

»Stolz« mit dem Wunsch nach Bewunderung zu verknüpfen ist psychologisch falsch. Unsere exhibitionistischen Wünsche sind naiv und wurzeln fest in kindlichen Bedürfnissen. Bewundert werden wollen wir alle, es sei denn, wir versprechen uns von der Verleugnung dieses Wunsches, der sogenannten Bescheidenheit, mehr und nachhaltigere Bewunderung.

Stolz hingegen ist ein narzisstischer Abwehrmechanismus, der die exhibitionistischen Bedürfnisse kontrolliert. Die Veilchen im Moose sind in der Regel auf ihre Bescheidenheit sehr viel stolzer als die stachlige Rose, die ehrlich zugibt, dass sie gesehen, beachtet und bewundert werden will.

Stolz macht stur, dumm und berechenbar. Ein von Stolz beherrschter Mensch lässt sich leichter manipulieren. Daher ist Stolz auch ein so beliebtes gesellschaftliches Regulativ und genießt in vielen Situationen höheres Ansehen als die Intelligenz.

Die Hemmungen des Exhibitionismus bei den Hochbegabten beruhen auf den bereits untersuchten paranoiden Mechanismen: Die Hochbegabten durchschauen fremde Geltungssucht mit Verachtung und fürchten – sobald sie selbst nach Geltung suchen – dieselbe Verachtung von Seiten unfreundlicher Zuschauer. Es gelingt ihnen nicht, exhibitionistische Szenen zu versachlichen, etwa

---

[44] Ich habe nach der Quelle des Spruchs im Internet gesucht. Er steht auf jeden Fall in Johann Lewalter, *Deutsches Kinderlied und Kinderspiel* (Kassel 1911), dürfte aber älter sein. Er wird bis heute viel zitiert, ironisch, kritisch-feministisch, aber auch noch in einem Verzeichnis für gute Poesiealbensprüche. Vermutlich ist sein Ursprung im 19. Jahrhundert zu suchen, in einem Mädcheninternat.

nach dem Motto: Einer muss ja nach vorne und predigen, heute ist das eben meine Aufgabe.

Die traumatisierte Hochbegabte kann den Gedanken nicht ertragen, sich zu zeigen, weil sie fürchtet, dann wieder beschämt zu werden. Angesichts einer Aufgabe, welche die Integration exhibitionistischer Wünsche in das normale Leistungsverhalten verlangt, empfindet sie Abscheu oder Angst: Abscheu, wenn sie beobachtet, wie sich andere in ihrer Unvollkommenheit zur Schau stellen, Angst, wenn sie das selbst tun soll.

Exhibitionistische Ängste

Vielleicht gerade weil er emotional besetzt und manchmal mit der gleichnamigen Perversion verbunden ist, eignet sich der Begriff des Exhibitionismus gut, um ein zentrales Problem der traumatisierten Begabungen darzustellen: das Tabu, welches die Zeigelust umgibt, auch wenn diese sozial nicht anstößig ist.

In vielen menschlichen Gruppen lassen sich Tendenzen beobachten, Neuankömmlinge »klein« zu halten. Ob es sich um die Erstklässler in Grundschulen, die Neuankömmlinge in einem Internat, die Erstsemester im Studium, die Schiffsjungen bei der ersten Seereise (»Äquatortaufe«) oder die Rekruten in der militärischen Grundausbildung handelt – überall gibt es zur diesem Motiv spontane Gesten, nicht selten auch ausgearbeitete Rituale.

Der Inhalt dieser Rituale ist die Verdeutlichung eines wertlosen, kindlichen, unvollkommenen Zustands der Neophyten.[45] Angst muss ertragen, Schmerzen müssen ausgehalten werden, um sich »würdig« zu zeigen, die Schwelle zum Status der bereits Eingeweihten zu überschreiten. In Männerbünden spielt sexuelle Erniedri-

---

[45] Dieser aus den griechischen Mysterienkulten stammende Begriff bedeutet wörtlich übersetzt »Neugewächse«.

gung eine zentrale Rolle. Amerikanische Studentenvereinigungen erschrecken naive Bewerber, indem sie ihnen Zimmermannsnägel zeigen und behaupten, in dem Aufnahmeritual werde dem Bewerber ein solcher in den Anus gestoßen.

Auch ohne solche Gruselgeschichten werden die meisten von uns, die sich an ihre Kindheit erinnern, genügend Beispiele parat haben, die auf eine Entwertung und Erniedrigung kindlich-exhibitionistischer Wünsche hinauslaufen. »Kinder sieht man, man hört sie nicht!« – »Die Vögel, die am lautesten singen, frisst die Katze!«

Derlei nivellierende Gruppendynamik spüren jene am meisten, denen sie am wenigsten gerecht wird: Wer sehr intelligent ist, gehört aufgrund seiner Fähigkeiten in eine höhere »Klasse«.

Sie oder er kann dort mitreden und mitdenken, wohin andere erst in einigen Jahren kommen, ist aber an Körperkraft und oft auch an Selbstvertrauen unterlegen. Diese Menschen treffen Erniedrigungen ganz besonders. Wenn die Jüngste und Kleinste in der Schulklasse bessere Leistungen bringt als die Sitzenbleiber, wird sie zum Ziel von Aggressionen und muss lernen, möglichst wenig aufzufallen. Erzwungene Bescheidenheit und unterdrückter Geltungswunsch geraten in einen verschärften Konflikt. Die traumatisierte Begabung verschwindet unter bizarren Schichten exhibitionistischer Hemmungen und Ängste.

Exhibitionismus ist ein Entwicklungsvitamin. Das Kind zeigt seine Fähigkeiten und wird durch Beachtung angespornt, weiter zu üben, sich zu vervollkommnen. Zu wenig Aufmerksamkeit hemmt den Exhibitionismus. Wenn dem Kind vermittelt wird, dass es stört, fürchtet es exhibitionistische Wünsche und beginnt sich ihrer zu schämen. Es unterdrückt eigene Geltungswünsche und kanalisiert seine Aggressionen in das Aufspüren und Tadeln von unbescheidenen Personen.

Ein irrationaler, von Ängsten bis hin zur Panik bestimmter Umgang mit exhibitionistischen Bedürfnissen ist ein Signal für eine traumatisierte Begabung. Die Betroffenen sind fast immer in genau dieser Situation verletzt worden. Dadurch wurde der Regelkreis gestört, der Begabung durch Beifall fördert.

In milderen Formen sind exhibitionistische Hemmungen weit verbreitet. Ich erinnere mich, dass ich in meiner Gymnasialzeit sehr nachdrückliche Hemmungen erwarb, was meine Bereitschaft anging, vor Dritten zu singen oder zu tanzen. Das Schreiben gefiel mir schon sehr früh besser: Wenn das Produkt kritisiert wird, ist der Produzent erst einmal geschützt; er hat es der Kritik überlassen wie die Eidechse ihren abgestoßenen Schwanz.

In der Konsumgesellschaft gehört Reklame zum Geschäft. Wer Mühe mit der Eigenwerbung hat, weil seine frühen Prägungen auf ihre Unterdrückung hinauslaufen, muss den Exhibitionismus wieder lernen. Die Erwachsenenbildung bietet vielfältige Hilfe, etwa durch Rhetorik- oder Tanzkurse, Selbsterfahrungsgruppen und Psychodrama. Die Selbstunterdrückung der Hochbegabten, die dem biblischen Bild vom Licht unter dem Scheffel entspricht, erscheint als »Bescheidenheit«, als angstvolle oder schuldbewusste Abwehr von Karrieremöglichkeiten, als entschlossenes Vermeiden aller öffentlichen Auftritte. Beispiele:

1. Die Mitarbeiterin eines ehrgeizigen Wissenschaftlers schreibt einen Teil der Arbeit, die er publizieren will. Seinen Vorschlag, neben ihm als Verfasserin zu erscheinen, weist sie zurück: Sie habe ja nichts Wesentliches beigetragen (und, wie sie still ergänzt, sie könne nicht für alles geradestehen, was der Professor von sich gegeben hat).

2. Der Projektleiter blickt in die Runde und will die fähigste Mitarbeiterin ermutigen, doch die Präsentation der Ergebnisse zu gestalten. Sie zögert so lange, bis ein Kollege den Auftrag hat, der längst nicht so begabt ist, aber jede Chance nutzt, sich zu profilieren.

3. Die Assistenzärztin an einer Universitätsklinik schlägt das Angebot aus, in die Redaktion einer wissenschaftlichen Zeitschrift einzutreten und dadurch eine Karriere an der Universität zu

beginnen. Sie will nichts mit den profilhungrigen Kollegen zu tun haben, die sich dort hineindrängen. Ihre Kongressberichte, die den Herausgeber zu seiner Einladung bewogen haben, sind bestimmt nichts Besonderes. Sie will sich nicht darauf festlegen lassen, jedes Jahr solche Texte zu schreiben.

4. Trotz des besten Abschlussexamens in ihrem Jahrgang kehrt die Diplom-Volkswirtin in den Familienbetrieb zurück, wo sie als Sekretärin arbeitet. Sie verliert kein Wort darüber, als der Firmeninhaber – ihr Vater – sie wegen ihrer Vorschläge zum Finanz-Controlling als Korinthenkackerin entwertet. Als er ihre Vorschläge ein halbes Jahr später als eigenes Konzept einführt, unterdrückt sie den Wunsch, ihn mit seinem früheren Verhalten zu konfrontieren und auf Anerkennung zu bestehen. Das wäre kleinlich, es geht ja um die Sache.

5. Die Ärztin arbeitet nach der Kinderphase als Sprechstundenhilfe in der Praxis ihres Ehemanns, weil sie sich nicht mehr genügend ärztliches Können zutraut. Sie wird zur gefragten zweiten Instanz für Probleme von Patienten, die mit den Entscheidungen des Praxisinhabers nicht klarkommen.

6. Die Assistentin des Intendanten hält den Betrieb des Stadttheaters aufrecht. Der Bürgermeister beobachtet das. Als der bisherige Intendant in den Ruhestand geht, bietet er ihr diese Stelle an. Sie lehnt ab. Sie traut sich die Repräsentationspflichten nicht zu, die mit dieser Rolle verbunden sind. Sie mag nicht öffentlich sprechen und in Gremien mitentscheiden. Der Bürgermeister erinnert sie daran, dass sie des Öfteren im Stadtrat aufgetreten sei und etwas durchgesetzt habe. Sie lässt das Beispiel nicht gelten. Sie habe in Vertretung des Intendanten gesprochen, das sei etwas ganz anderes. Während der alte Intendant genau wusste, was er an seiner Stellvertreterin hatte, und ihr freie Hand ließ, will sich der Nachfolger gegen sie profilieren. Sie findet sofort eine besser bezahlte Stelle als Chefsekretärin in einer Theateragentur. Im übernächsten Jahr hat sich das

Defizit des Stadttheaters verdoppelt; der Stadtrat plant, es zu schließen.

7. Sobald die Krankengymnastin und der Architekt geheiratet haben, überlässt sie ihm die Verwaltung des gemeinsamen Kontos. Nach einigen Jahren unterschreibt sie eine Bankbürgschaft für einen Dispositionskredit. Sie ist überzeugt, dass er viel besser mit Geld umgehen kann als sie. Er begründet die Klemme damit, dass er Mitarbeiter eingestellt und vor lauter Arbeit versäumt habe, Rechnungen zu schreiben. Nach zwei weiteren Jahren kann sie kein Geld mehr von dem Konto abheben, auf das ihr Praxiseinkommen ebenso wie seine Einnahmen fließen. Jetzt gesteht ihr der Partner, dass er völlig überschuldet ist, weil er seit einem Jahr nichts mehr verdient hat. Er hat seine Angestellten gehalten, weil er hoffte, einen Wettbewerb zu gewinnen. Sie kommt mit einer Depression in Therapie und versteht erst allmählich, was sie motiviert hat, ihre eigenen wirtschaftlichen Fähigkeiten (sie hat eine schuldenfreie Praxis, seit sie sich selbstständig gemacht hat) auszublenden und ihrem Ehemann, der immer über seine Verhältnisse gelebt hat und nicht mit Geld umgehen kann, blind zu vertrauen.

8. Die angehende Pianistin spielt zu Hause fehlerfrei. Aber bei jedem öffentlichen Auftritt patzt sie derart, dass sie entmutigt aufgibt.

9. Ein junger Mann spielt gegen seine sportliche Schwiegermutter Tischtennis. So lange sie die Bälle nur hin und her schlagen, ohne zu zählen, ist sie geschickter als er. Seine Frau schlägt vor, doch zu zählen, um herauszufinden, wer überlegen sei. Kaum geht es um Punkte, spielt sie verkrampft. Er aber strengt sich nun mehr an, sodass er regelmäßig gewinnt.

Die Prüfungsphobie

Die narzisstisch nicht beeinträchtigte Hochbegabte wird nicht selten Schauspielerin. Sie hat es schon als Kind genossen zu glänzen, sie zeigt gerne, was sie kann, was sie ist oder sein könnte. Ihr fällt es leicht, schnell viel zu lernen; sie kann genau beobachten und liebt es, sich intensiv auszudrücken.

Die narzisstisch belastete Hochbegabte hingegen entfaltet ein eindrucksvolles Spektrum von Überredungskunst und Ausweichmanövern, um zu *verhindern*, dass sie jemals auf einer Bühne stehen und für andere sichtbar werden muss. Ein typischer Ausdruck dieser exhibitionistischen Ängste ist die Vermeidung einer *Abschlussprüfung*, vor allem, wenn diese mit einem Titel oder Rang verbunden ist.

Wenn in einem Team von Wissenschaftlern eine Mitarbeiterin die besten Seminare und die kritischsten Diskussionsbeiträge liefert, aber seit zehn Jahren ihre Doktorarbeit nicht fertigstellen kann, ist sie wahrscheinlich die Begabteste der Truppe. Ohne Titel kann die Hochbegabte ihre Fähigkeiten unauffällig entfalten. Es soll nicht sichtbar werden, dass sie den Doktoren und Professoren überlegen ist. Ein im Examen erworbener Titel würde sie sichtbar machen. Sie will aber nicht sichtbar sein, das bringt nur Schmerzen. Sie will nicht auffallen, sie will ein Provisorium sein.

Eine hochbegabte Studentin zögert schon viele Jahre ihre Diplomprüfung als Bauingenieur hinaus. Sie gerät zunehmend unter Druck; ihre Eltern machen ihr Vorwürfe, die Firma, in der sie schon lange auf einer Ingenieursstelle beschäftigt ist, drängt auf ein Examen, habe man sie doch vor Jahren unter Vertrag genommen, weil die Prüfung unmittelbar bevorstand – sie leiste doch Hervorragendes, weshalb ziere sie sich so?

Jede Prüfung ist ein Ritual des Übergangs. Der Prüfling wird intensiv beobachtet, er soll zeigen, was er kann, indem er die Schwelle überschreitet, beweist er, dass er jetzt nicht mehr abhängig und unterlegen ist, sondern dem Prüfer ebenbürtig.

Deshalb entwickeln sich angesichts dieser Schwelle besonders heftige Ängste vor Abhängigkeit. Sie gelten der Gefahr, ausgeliefert zu sein und von Prüfern mit genau der Aggression behandelt zu werden, die der Prüfungsängstliche unbewusst in sich trägt. Sie richten sich gegen die Autoritäten, welche die Schwelle bewachen und ihn am Übergang hindern können. Um ihnen gegenüber zu bestehen, meint der Examensängstliche, muss er *alles* wissen und beweisen können, dass *er besser ist als die Prüfer*. Die Examensängstliche rivalisiert oft weniger; in ihrem Unbewussten dominiert die Unsicherheit, ob sie dem Prüfer gefalle, wenn sie nicht alles weiß.

Sobald sich Exhibitionismus und Angst verbunden haben, ist es sehr schwer, an die Neutralität jener Personen zu glauben, gegenüber denen zwangsläufig das Exhibitionismus-Tabu gebrochen werden muss. Daher sind die Ängstlichen überzeugt, dass ihnen gerade in dem Augenblick, in dem sie es *zeigen* müssen, alles Wissen abhandenkommen wird. Das erschwert es ihnen sehr zu lernen.

Traumatisierte, in ihrem Exhibitionismus geschädigte Begabungen zweifeln grundsätzlich an ihrer Fähigkeit, Gelerntes zu reproduzieren. Sie quälen sich deshalb ständig mit Wiederholungen und Selbstabfragen des Gelernten. Oft vermeiden sie auch diese Qual (und verschärfen sie dadurch bis zur schieren Unerträglichkeit), indem sie den Beginn der ernstlichen Vorbereitung auf das Examen möglichst hinauszögern.

In ihrem Erleben sind Studium und Prüfung zwei völlig getrennte Aggregatzustände: Das Studium ist spielerisch, schön, es gelingt, zwischendurch kann man sich entspannen und etwas anderes machen, man lernt im Grunde gar nicht »wirklich«, man entwickelt sich, wird vertrauter mit dem Gegenstand, schwimmt mit.

Angesichts der Prüfung ist diese entspannte Studienkultur wie weggeblasen. Plötzlich ist alles ernst. Mit einem Schlag sollten die Kenntnisse perfekt sein, verwandeln sich Dozenten, die ihre Schwächen haben und ihre Fehler machen, in gnadenlose Götzen, die kein anderes Ziel verfolgen, als dem Prüfling nachzuweisen, dass er – da er nicht alles weiß – eigentlich gar nichts weiß, dass er – da er nicht perfekt vorbereitet ist – nichts von dem kann, was er können müsste.

Die Angst wächst, die Unsicherheit steigt, je näher der Tag rückt, an dem sich der Prüfling zeigen muss. Er erlebt sein Wissen wie eine Rüstung: Um ihn unverwundbar zu machen, müsste sie perfekt sitzen und keine verwundbare Stelle offenbaren. Aber da kein Kandidat alles wissen kann, verwandelt sich der oft durchaus selbstbewusste und kritische Student in einen zitternden, häufig defätistischen Prüfling, der nach zwei schlaflosen Nächten beschließt, sich mithilfe eines ärztlichen Attests aus dem Examen zu stehlen und sich das nächste Mal »gründlicher« vorzubereiten.

Man kann vermuten, dass sich das Spiel wiederholt und der Kandidat auch das nächste Mal kurz vor der Prüfung am liebsten aufgeben möchte, weil er viel zu spät begonnen hat zu lernen und viel zu wenig weiß.

Gisela S. sucht Hilfe, weil sie schon fünf Jahre eine Fortbildung vermeidet, die in dem Großbetrieb, in dem sie arbeitet, für ihre Tätigkeit vorgeschrieben ist. Sie ist in der praktischen Arbeit auch ohne eine solche Weiterbildung so erfolgreich, dass ihr Chef sie bisher immer gedeckt und ihre Argumentation übernommen hat, sie wolle nicht noch einmal die Schulbank drücken, mündliche Prüfungen und eine Diplomarbeit schreiben, um das zu leisten, was sie ohnehin leiste – damals, als sie ihren Magister in Germanistik machte, habe sie schon genug ausgestanden.

Schließlich macht der Chef Druck: Er gehe übernächstes Jahr in den Ruhestand, er wisse einfach nicht, ob sein Nachfolger ähnlich verständnisvoll sei wie er, sie müsse sich jetzt anmelden. Gisela S. erkrankt an Angstzuständen. Sie will keine Prüfung machen. Reicht denn die geistlose Arbeit noch nicht? Soll sie diese jetzt auch noch theoretisch fundieren? Wenn allerdings der neue Chef sich stur stellt, verliert sie ihren Arbeitsplatz. Dieses Risiko will sie nicht eingehen.

So steht sie zwischen zwei Feuern und bequemt sich, von der Therapie unterstützt, in die Fortbildung. Sie ist eine der wenigen Frauen dort und muss in ihrer Kleingruppe viel Ärger über einen dominanten, betulichen, ihr intellektuell weit unterlegenen Kollegen ertragen, den die anderen herrschen lassen, weil er andernfalls tödlich beleidigt reagiert. Trotz heftiger Ängste besteht sie die mündlichen Prüfungen und soll nun zum Abschluss eine schriftliche Arbeit abliefern. Sie hat sich ein anspruchsvolles Thema ausgesucht und kann sich zunächst gar nicht vorstellen, die Aufgabe zu bewältigen. Schrittweise arbeitet sie sich in die Literatur ein. Je mehr sie sich in die Aufgabe vertieft, desto leichter geht sie ihr von der Hand. Als sie die fertige Arbeit abliefert, ist Gisela sehr überrascht, dass ihr derart leichtgefallen ist, was sie sich nie zugetraut hätte. Sie rechnet mit einem durchschnittlichen Ergebnis und wundert sich, als sie erfährt, dass sie die beste Note erhalten hat.

»Noch mehr war ich aber überrascht, als wir auf einer Feier in einem Hotel unsere Diplome erhielten. Es war ein festlicher Abend, und es gab auch Auszeichnungen für den besten Abschluss und die beste Diplomarbeit. Ich habe den Preis für die beste Diplomarbeit! Erst konnte ich es nicht glauben, dann sollte ich nach vorne gehen und mich bedanken, und ich habe gesagt, dass ich fände, die Jury habe eine gute Wahl getroffen.

Jetzt wundere ich mich, dass ich so was sagen konnte und vorher so viel Angst hatte; dann ist mir eingefallen, dass es schon einmal genauso war, bei meiner Magisterarbeit in Germanistik, da habe ich auch jahrelang geschoben und mir nicht zugetraut, dass ich jemals was zustande bringe. Dann war es die beste Arbeit meines Jahrgangs. Ich dachte, wenn ich so viel Erfolg habe und eine so gute Arbeit schreibe, dann müsste ich doch ganz sicher sein und wirklich an mich glauben, aber das ist gar nicht so.

Ich bin immer noch unsicher und ängstlich, ich habe genau gesehen, dass der Mann aus meiner Gruppe, der immer so dominant war, eine finstere Miene gemacht hat, als ich die Auszeichnung bekam.

Andere haben geklatscht, vor allem die Frauen, dass es eine Frau geschafft hat. Aber mein Chef hat auch nichts anderes gesagt als ›wurde auch Zeit‹, ist das nicht widerwärtig, er kann mich nicht loben, ist auch so einer, der zum Lachen in den Keller geht. Ich sehe nur die, die nicht zufrieden sind. Das war auch damals so, als ich meinen Magister machte, mein Mann sagte, ›schafft doch jeder‹, und als ich Abitur machte, waren meine Mutter und meine Schwester einig, dass das nichts Besonderes sei und ich mir nichts einbilden solle. Nur der Vater hat es gut gefunden. Als er dann starb, haben meine Schwester und meine Mutter das Geld für das Studium von meinem Erbe abgezogen, obwohl meine Schwester genauso viel verbraucht hat, sie hat nur keinen Abschluss gemacht, sondern herumgegammelt. Ich habe nie verstanden, was die gegen mich haben, aber meine Mutter und meine Schwester haben zusammengehalten, ich war die Eingebildete, die Streberin, die es darauf anlegt, dem Vater zu gefallen. Wir haben dann beim Essen Lateinisch miteinander geredet, aber ich habe mich geschämt, wenn mein Vater sagte, die Mutter ist eine dumme Putze.«

Gisela S. ist eine ödipale Siegerin; mit diesem Risiko der hochbegabten Tochter werden wir uns noch beschäftigen. In der Familie war offenkundig, dass der Vater die kluge Tochter sehr viel mehr bewunderte als die Mutter oder die weniger begabte Schwester. Aber nur in einem kleinen Detail kann die Größenphantasie dieser Siegerin das Verhalten prägen: in der plötzlich nicht mehr demütigen Aussage, sie habe die Auszeichnung verdient. In diesen unbewussten Zusammenhang gehört auch eine Phantasie Giselas: Durch einen Erfolg werde das narzisstische Defizit für immer »geheilt«.

Wie bei vielen hochbegabten Frauen wurzelten die Ängste und Hemmungen von Gisela S. in einem sozusagen verschärften ödipalen Konflikt. Die Ehe der Eltern war von gegenseitigen Entwertungen geprägt. Die Mutter fühlte sich vom Vater zu wenig respektiert; er hatte ihrer Ansicht nach zu viele Interessen außerhalb der Familie. Der Vater fühlte sich von seiner Ehefrau kontrolliert und nicht verstanden; er hatte immer wieder Liebschaften. Mit der Tochter entwickelte sich ein geheimes Bündnis, aus dem Mutter und Schwester ausgeschlossen waren.

Gisela S. geriet so in eine frühe, durch exhibitionistische Ängste abgesicherte Selbstständigkeit mit ausgeprägten Helfer-Qualitäten. Sie war in ihren sexuellen Beziehungen immer die Starke, die Gebende und zugleich die, welche sich unscheinbar machte. Ein Partner war psychisch krank, sie verdiente viele Jahre für ihn mit, ehe sie sich von ihm trennte, weil er sie ständig betrog. Deshalb konnte sie auch nicht ihr Studium fortsetzen und die zunächst von ihr geplante akademische Karriere weiterverfolgen. Sie musste schließlich für diesen Mann sorgen, den sie für genial und weltfremd hielt.

Die Helfer-Beziehung ist für traumatisierte Begabungen deshalb so interessant, weil sie die egoistische Komponente exhibitionistischer Bedürfnisse reduziert, ohne sie ganz zu hemmen. Eine Helferin ist für den Schützling da, sein Erfolg ist auch der ihre, sie duldet nicht nur seinen Parasitismus, sondern erklärt diesen auch zum Ausdruck höheren Wertes. Beispiel: Während der von seiner Ehefrau durchgefütterte Maler so tut, als ob er sich von seinen Bildern nicht trennen könne und gar nichts verkaufen wolle, organisiert sie neben ihrer Berufstätigkeit auch noch die Zusammenarbeit mit den Galeristen.

Die Partner einer traumatisierten Hochbegabten ahnen oft nicht, auf welchem Pulverfass sie leben. Denn wenn die Frau einmal die Spaltung aufheben kann, in der sie sich auf Kosten einer Idealisierung des Partners selbst entwertet, setzt sie die Trennung mit so viel Energie und Umsicht in die Tat um, dass die bisher in ihrer Selbstüberschätzung ebenso wie in der Unterschätzung der Partnerin stimulierten Männer aus allen Wolken fallen.

Nach dem ihrer Ansicht nach völlig harmlosen Wochenende mit einer Geliebten finden sie einen Brief vom Scheidungsanwalt. Sie haben keinen Zugriff mehr auf das Konto der Partnerin, das erheblich besser ausgestattet ist als ihr eigenes. Die Schlösser in der bisher gemeinsamen, aber von der Partnerin bezahlten Wohnung sind ausgewechselt, die Möbel, die sie mitgebracht haben, mitsamt ihren Habseligkeiten eingelagert.

Die ödipale Siegerin: Turandot, Cordelia

Die Geschichte des *Prinzen Kalaf und der Schönen Turandocte* ist orientalischer Herkunft. Sie wurde zuerst in einer Sammlung »Tausendundein Tag« bekannt, die Petis de la Croix 1710 veröffentlichte; der Autor behauptete, den Stoff von einem persischen Freund erhalten zu haben. Das Märchen von den mörderischen Prüfungen für diejenigen welche sich um die Hand einer bezaubernden Prinzessin bewarben gibt es in zahlreichen Varianten, auch in der Sammlung der Gebrüder Grimm.

Prinz Kalaf muss mit seinen Eltern aus seiner Heimat fliehen. Er hört von einer schönen Kaisertochter in Peking namens Turandot, die jeden Freier köpfen lässt, der drei von ihr gestellte Rätsel nicht löst. Der Prinz kann sich von dem berückenden Bild nicht lösen. Trotz der Warnungen von Turandots Vater, der des Mordens überdrüssig ist, wagt er alles und löst die Rätsel.

Turandot, die sich auf dieses Weise davor schützen wollte, von einem Mann beherrscht zu werden, ist über diesen Ausgang höchst unglücklich. Kalaf will ihre Liebe nicht erzwingen und sagt, er werde auf seinen Sieg verzichten, wenn sie seinen Namen errate. Diesen kennt keiner in Peking außer einer Sklavin, die Kalaf für sich gewinnen und zur Flucht zwingen will. Sie verrät Kalaf, er weigert sich aber, mit ihr zu fliehen, und stellt sich dem Todesurteil, das die Prinzessin jetzt verhängen könnte. Turandot aber bekennt, durch seine Liebe bezwungen zu sein. Die verräterische Sklavin begeht Selbstmord; Kalaf ruft seine Eltern, die Hochzeit wird gefeiert.

Die männerfeindliche Jungfrau von betörendem Zauber, die viele Freier auf dem Gewissen hat, ehe ein Held die Proben besteht und sie erobert, ist ein patriarchalisches Mythologem. In der germanischen Sage ist es die Walküre im Flammenkreis, im Märchen ist es Dornröschen, denn viele Prinzen verschmachten in den Dornen, ehe die hundert Jahre um sind. Die Sage ist seit dem Mittelalter auch im Orient bekannt und verweist auf die Mysterienkulte der Antike (Demeter in Eleusis, Isis in Ägypten und später im ganzen Römischen Reich). Die Rätsel sind mit der weiblichen Rolle als Hüterin der Geheimnisse des (sexuellen) Lebens verknüpft. Wer eindringen will, ohne eingeweiht zu sein, muss sterben. Wer den rechten Weg, das rechte Wort weiß, wird erlöst.

An der Geschichte vom Prinzen Kalaf ist vor allem die Szene wichtig, in der Turandots Vater versucht, den Prinzen von seinem Vorhaben abzubringen. Diese Einmischung scheint auf den ersten Blick konstruktiv, ein fürsorglicher Akt, durch den dem Prinzen erspart werden soll, wie so viele seiner Vorgänger sterben zu müssen, weil er die geistige Überlegenheit Turandots nicht bezwingen konnte. Aber wir können nicht sicher sein, ob da nicht auch der Gedanke am Werk ist, die Tochter für sich zu behalten und zu verhindern, dass sie ihre idealisierende Unterwerfung unter den geheimen Willen des Vaters aufgibt.

Denn während die Männer, zu denen die reifende Sexualität die Prinzessin doch ziehen würde, derart schwere Proben bestehen müssen, kann der Vater, einfach weil sie sein Kind ist, sie ganz ohne Probe als Kind festhalten, solange sie entschlossen ist, nur dem Mann zu folgen, der ihren Fähigkeiten gleichkommt. Turandot ist dem Vater gegenüber so unkritisch, wie sie den Prinzen gegenüber kritisch ist. Sie will nicht *gegen* den Vater denken; sie tut es nur gegen die Männer, welche sie dem Vater zu entziehen drohen.

Im Gegensatz zu Kassandra, die der Vater einsperren ließ, weil sie die trojanische Kriegspropaganda nicht unterstützte, ist Turandot ein Symbol der ödipalen Siegerin. Sie schützt den Vater, indem sie die Freier bekämpft. Sie bewahrt seine Rechte, ohne dass er einen Finger krümmen muss. Sie macht die potenziellen Befreier vom Vater zu Räubern und den Vater, der sie festhält, zum Komplizen ihrer Freiheit.

Diese Szene findet sich oft im Schicksal hochbegabter Frauen. Während sie möglichen (Sexual-)Partnern mit der ganzen überwältigenden Kraft ihrer hoch entwickelten Kritikfähigkeit begegnen, bleibt der Vater unantastbar. Ihm gegenüber setzen die kritischen Fähigkeiten aus. Die Frauen erleben sich als blockiert, als dumm: »Wenn mein Vater schreit, kann niemand mehr denken!« Die Fähigkeit zur Persönlichkeits-»Spaltung« scheint oft mit dem Vater verknüpft. Während auf der einen Seite klar erkannt wird, dass seine Wutausbrüche verpuffen, seine Drohungen nicht ernst zu nehmen sind, wird er andererseits so gefürchtet, dass die Autonomie der Töchter ernstlich gefährdet ist und sie sich nur unter großen Opfern von ihm befreien können.

Eine genauere Analyse von Träumen und Beziehungsphantasien zeigt, dass die Töchter schon sehr früh erkannt haben, dass die cholerische, Ansprüche stellende Haltung dieser Väter Defizite ihres Selbstgefühls kompensiert. Die Tochter nimmt den Widerspruch zwischen Anspruch und Wirklichkeit im väterlichen Narzissmus durchaus wahr. Sie verbietet sich aber, ihrer eigenen Wahrnehmung zu trauen. Sie verurteilt sich dazu, den Vater zu verstehen, zu stützen, ihn gegenüber einer Umwelt zu verdolmetschen. Sie verbietet es sich, seine Größenphantasie zu belächeln und ihn, wie es die Mutter oder die weniger begabten Schwestern tun, zu führen wie den Stier am Nasenring.

In *König Lear* ist die Geschichte dieser aufopferungsvollen Tochter genau beschrieben: Es ist Cordelia, die Tochter, die den Vater *wirklich* liebt und daher seinen kindischen, unwürdigen Anspruch auf Liebesbeweise nicht erfüllt. Sie wird verstoßen, die beiden Schwestern, die sich auf den Narzissmus des Vaters einlassen und ihn mit falschen Beteuerungen täuschen, erben das Reich. Anschließend kränken und misshandeln sie den alten König von dem

Augenblick an, da er ihnen die Macht gegeben hat. Zu spät erkennt er, dass er Flitter für Gold genommen hat.

Für den Betrachter solcher Tragödien ist es schwer zu ertragen, so viel Klugheit und Liebe an einen Mann verschwendet zu sehen, der ihrer so wenig wert ist, der in seinem blinden Stolz, seiner narzisstischen Gier und seiner törichten Selbstüberschätzung nicht nur sich selbst schädigt, sondern auch andere mit sich in den Untergang zieht. Es scheint auch paradox, dass sich dümmere Frauen so viel besser gegen diese Väter durchsetzen können.

Immer wieder begegnet dem Analytiker die Situation, dass die einzige Tochter, die studiert hat, die durch vier Erdteile trampte und jetzt zwischen mehreren interessanten beruflichen Aufgaben wählen kann, sich zu Hause dem Urteil eines Vaters unterwirft, der ihr geistig weit unterlegen ist. Sie verzehrt sich in glühendem Neid gegen ihre Schwester, die knapp die Realschule bewältigt hat, aber zynisch und geschickt den Vater dazu bringt, ihr ein Baugrundstück zu schenken. »Ich will ja gar kein Grundstück, ich verdiene selbst genug. Aber warum kann er für sie etwas tun und für mich nicht? Warum nimmt er sie ernst und findet mich überspannt? Warum gibt er ihr etwas und mir nichts?«

Die hochbegabte Studentin, Tochter eines Gastarbeiters, hat schon zum zweiten Mal ihren Prüfungstermin verschoben, weil sie panische Angst vor dem Abschluss hat. Ihr Diplom würde sie endgültig über ihren Vater erheben, der Hilfsarbeiter war und wegen seiner Magengeschwüre frühverrentet ist. Die Tochter spricht perfekt Deutsch, der Vater beansprucht sie bei jedem Behördengang als Dolmetscherin. Während die Schwester der Hochbegabten von den Eltern unterstützt wird und keine Hemmungen hat, das Geld zu verbrauchen, das die Mutter durch einen Putzjob verdient, hat die Hochbegabte sich Abitur und Studium ohne elterliche Unterstützung erarbeitet.

Die 45-jährige, attraktive Patientin klagt darüber, dass sie einfach keine passenden Männer kennenlernt und manchmal in heftige Depressionen verfällt, weil sie sich einsam und wertlos fühlt. Dann wieder versucht sie, sich diese Gefühle auszureden, schließlich gehe es ihr gut, sie habe viel Erfolg im Beruf, gute Kontakte zu den Kollegen, habe einen neuen Sport begonnen, der ihr viel Freude macht.

Sie ist verheiratet, lebt aber schon seit zehn Jahren getrennt; ihr Ehemann hat jetzt die Scheidung eingereicht, weil er wieder heiraten möchte. Seit sie erfahren hat, dass die Freundin ihres Ex-Partners schwanger ist, hat sich ihre Depression vertieft. Dabei war sie froh, ihn los zu sein, er bedrückte sie, sie fühlte sich von ihm kontrolliert. Aber sie lernt einfach keine passenden Männer kennen. Stattdessen hat sie immer wieder unheimliche Unfälle – gerade dann, wenn es ihr eigentlich gut geht, wenn sie beruflich etwas erreicht hat, das ihr niemand zugetraut hätte. Da stürzt sie auf einer Treppe, die sie jeden Tag geht, und bricht sich den Knöchel.

Die Patientin – nennen wir sie Laura – ist die jüngere von zwei Töchtern. Während ihre ältere Schwester Probleme in der Schule hatte, eine Banklehre absolvierte und früh heiratete, fiel Laura das Lernen leicht. Sie war Klassenbeste und absolvierte ihr Studium mit einer prämierten Abschlussarbeit. Dabei hatte sie Zweifel, ob sie diese Arbeit überhaupt schaffen würde; sie sei zerstreut, könne sich nie so ernst nehmen wie andere und habe sich gewundert, dass ihre Professoren so angetan waren von dem, was sie da zusammengetippt hatte.

Die Beziehung zur Schwester war sehr angespannt. Laura erinnert sich, dass sie als Siebenjährige zu ihrer Mutter sagte: *Es ist ja nicht schlimm, wenn du meine Schwester mehr liebst als mich, ich habe ja den Papa!* Sie erlebte Mutter und Schwester als Front gegen sie und den Vater.

Psychoanalyse lebt von Übertreibungen. Nur die Geste der Übertreibung kann dem Erleben kleiner Kinder in der Rationalität des Erwachsenen wieder ein wenig Platz verschaffen.

Insofern ist auch das Bild der ödipalen Siegerin eine Übertreibung und gerade darin wahr. Die Phantasie, den Vater zu »haben« und in einer Rivalität um ihn die Mutter zu übertrumpfen, zeitigt Folgen. Nicht weil das kleine Mädchen das alles plant und will, sondern weil es entsprechende Phantasien auskostet, aber auch vor ihnen erschrickt, wenn es plötzlich bemerkt, dass die Mutter – einmal besiegt – die Tochter alleinlässt. Dabei greifen eine in die Mutter projizierte ödipale Aggression (»Weil ich sie ermorden will, plant sie jetzt, mich zu ermorden!«) und die tatsächliche Erbitterung einer gekränkten Frau ineinander.

Ein idealisierter Vater kann der Tochter den inneren Halt nicht ersetzen, den ihr eine idealisierte, ausreichend gute Mutter verschafft. Das liegt manchmal daran, dass er der Versuchung nicht widerstehen kann, die kindlichen Zärtlichkeitsbedürfnisse grobsexuell auszubeuten. Durch diesen Missbrauch wird die Tochter massiv geschädigt und kann ihn oft nur durch heftige Abwehr ihrer sexuellen Wünsche kompensieren.

Häufiger genießt der Vater zwar die Verehrung durch die Tochter, ist aber in keiner der Krisen, die sie ihm zuliebe auf sich nimmt, für sie da. Wenn der Vater selbst narzisstisch gestört ist, vermittelt er ihr oft das Empfinden, dass sie zwar attraktiver als die Mutter, aber längst nicht gut genug für ihn sei.

Dann kann es geschehen, dass die einstmals heftige Liebe zu ihm in kämpferischen Hass umschlägt, vor allem wenn die Tochter bemerkt, dass er eine Geliebte hat. Dann wird die ödipale Siegerin die Seiten wechseln. Als Anwältin der Mutter bekämpft sie nun den verräterischen Vater, womöglich bis zur Scheidung, die sie einer passiven und ängstlichen Mutter abtrotzt.

Diese beginnt dann die begabte Tochter als Partnerersatz zu nutzen und verstrickt sie in eigene Depressionen. In Lauras Fall war die Situation verwandt, aber komplexer: Die Schwestern fanden heraus, dass der Vater eine Geliebte hatte. Die ältere nutzte diese Situation aus, um sich ihr Schweigen vom Vater belohnen zu lassen; Laura aber, die den Vater verehrt hatte, war derart enttäuscht und empört, dass sie die Mutter von ihrer Entdeckung unterrichtete. Diese stellte den Vater zur Rede und drohte, sich scheiden zu lassen. An der »feigen« Reaktion des Vaters zerbrach jetzt Lauras Idealisierung. Er »zog den Schwanz ein«, trennte sich von seiner Geliebten und ersparte sich zu Lauras Empörung nicht einmal das Klischee der Versöhnungsreise mit der Mutter nach Venedig.

In diesen vielfältigen Verletzungen wurzelt ein Problem Lauras, das sich als erotischer Perfektionismus beschreiben lässt. Sie hatte erotische Erfolge, wurde begehrt, umworben, aber es gelang ihr nicht, sich in einer sexuellen Beziehung zu entspannen. Sie suchte anfänglich mit den Männern, die sie begehrten, eine Beziehung, welche die Wunden im Selbstgefühl schließen sollte. An die Stelle der kühlen, entwertenden Mutter sollte etwas treten, das viel wärmer und näher war, und um es zu erzeugen, musste Laura selbst die ideale Geliebte sein. Das war ein anstrengendes Unternehmen, zumal Laura mit scharfen Augen sah, wie wenig von dem, was sie an Engagement und Aufmerksamkeit in die Beziehung einbrachte, von ihren Partnern erkannt und erwidert wurde.

Laura kam mit 45 Jahren in die Analyse. Mir scheint diese tragische Verspätung recht typisch für hochbegabte Frauen: Dank ihrer glänzenden Möglichkeiten, sich an neue Situationen anzupassen und überall dort erfolgreich zu sein, wo sie emotional unterstützt und ihre Fähigkeiten freigesetzt werden, haben sie viele berufliche Erfolgserlebnisse. Diese ermöglichen es ihnen, den depressiven Zusammenbrüchen zu widerstehen, welche durch ihr Scheitern in intimen Beziehungen und ihre chronischen Schuldgefühle ausgelöst werden.

Laura kam erst durch den von ihr selbst als »psychisch« eingestuften Treppensturz nach dem Streit mit einem Vorgesetzten in die

Therapie. Jetzt war die Depression manifest geworden (»Ich kann nicht mehr weglaufen, da kann ich genauso gut eine Analyse machen!«). In erster Linie wollte sie die Unfälle vermeiden. Später kam noch die Frage hinzu, weshalb sie Männer nur so lange attraktiv finden konnte, wie diese sich von ihr distanzierten, während sie Lust und Liebe bald verlor, wenn einer ihrem Werben nachgab.

Der ferne, idealisierte Mann versprach die von der Mutter hinterlassenen Narben zu heilen. Der nahe hingegen musste enttäuschen, seine Liebe konnte Laura nicht erreichen, sie war unbewusst wütend auf ihn, weil er sie so wenig »verstand«. Die Idealisierung führte dazu, dass Laura ihm ihre eigenen Fähigkeiten unterstellte – er musste *mindestens* so klug und einfühlend sein wie sie!

Wenn sein Engagement und seine Empathie Mängel aufwiesen, musste das daran liegen, dass sie sich ihm nicht genügend vermittelt hatte! Oder war sie es ihm nicht wert? Sie deutete ihre Enttäuschungen vorwiegend als ihr Versagen, weil es ihr nicht gelungen sei, sich ihm verständlich zu machen. Unbewusst immer wütender, bewusst immer deprimierter, empfand sie die Trennung als Erleichterung und Kummer zugleich.

Sie war wie befreit, den einst im Glanz ihrer Idealisierungen sehnsüchtig angebeteten Mann nicht mehr zu treffen, sich nicht mehr mit ihm plagen zu müssen. Aber sie war auch traurig und enttäuscht, weil sie nicht begreifen konnte, weshalb er in ihren Augen derart an Wert verloren hatte. Einmal war Laura während der Idealisierung des Partners schwanger geworden und hatte sich in der Enttäuschung und Entwertung der Beziehung angesichts einer gemeinsamen Zukunft nicht mehr vorstellen können, das Kind auszutragen. Die Abtreibung deprimierte sie sehr, sie stürzte sich in Arbeit und erklärte sich für »zu verkorkst«, um sich einem Kind als Mutter zuzumuten.

Laura scherzte bitter über die Unmöglichkeit, als erfolgreiche Frau über 40 einen passenden Partner zu finden. Männer im richtigen Alter seien neurotisch, fest gebunden oder schwul. Die Wahrscheinlichkeit, auf einer Party einen liebenswürdigen Single zu treffen, sei geringer als die, von einem Meteoriten erschlagen zu werden. Die jungen Männer in der Firma seien prima Kumpels, mit verheirateten mache sie nicht herum, in den Internet-Bekanntschaftsbörsen treffe frau nur männliche Zicken.

Die Aufsteigerin

Wenn ich die Turandot-Sage modern inszenieren sollte, wäre Turandot eine Aufsteigerin, die Tochter eines armen Einwanderers ohne Schulbildung. Die erstgeborene Tochter wird zur Managerin der Eltern. Sie hat in der Schule die Sprache der neuen Heimat perfekt gelernt, die Mutter und Vater radebrechen. Sie organisiert den Besuch des Gymnasiums, sie spricht mit den Ärzten, den Vermietern, der Polizei, sie macht die Steuererklärung und füllt dem Vater die Schadensmeldung an die Autoversicherung aus.

Eine Tochter, die zur Mutter des Vaters wird, ist eine wichtige mythologische Gestalt. Freud hat in seinem Aufsatz über das »Motiv der Kästchenwahl« diese Qualitäten der Mutter-Tochter an der verstoßenen Lieblingstochter in *König Lear* erläutert und vermutet, dass die tote Tochter, die der Vater schließlich in seinen Armen trägt, als Abwehrbild einer anderen Szene dient: der Walküre, die den toten Helden vom Schlachtfeld trägt, der Pieta, die den Leichnam ihres göttlichen Sohnes beweint.

In diesen Kontext gehört die in vielen Kulturen erzählte Geschichte vom guten Vater, an dessen Treue ein strenger Herrscher zweifelt. Er verurteilt ihn zum Hungertod im Kerker. Niemand darf ihm etwas zu essen und zu trinken bringen. Doch die Tochter, die gerade einen Enkel entbunden hat, rettet den Vater, indem sie ihn mit Milch aus ihrer Brust versorgt. In manchen Versionen wird der böse König, dem das Versagen seiner Strafe unheimlich wird und der endlich den Kunstgriff entdeckt, durch diese Form der Tochterliebe so gerührt, dass er den Vater begnadigt und die treue Tochter heiratet.

Im Mythos werden Vater und Tochter geehrt und als Beispiel für treue Kindesliebe gepriesen. In der Realität haben es solche Töchter schwer, erwachsen zu werden und ihr Leben als Frau in die Hand zu nehmen. Sie können ihre Begabung nicht nutzen, um ihre eigene Karriere zu entwickeln, um eigene Interessen durchzusetzen und sich einen Mann zu suchen, den sie nicht versorgen müssen. Sie können sich oft gar nicht vorstellen, dass es überhaupt Männer gibt, die ihnen etwas geben können und nicht nur etwas von ihnen haben wollen.

Wenn eine Hochbegabte in eine psychoanalytische Praxis kommt, klagt sie meist über die Angst, beziehungsunfähig zu sein, keinen Partner zu finden, mit dem sie eine Familie gründen kann. Sie berichtet über Arbeitsstörungen, die bevorzugt gerade dann auftreten, wenn es darum geht, etwas zu leisten, was ihr nützt und ihre Karriere fördert – ein Examen abzulegen, eine Veröffentlichung fertigzustellen, sich bei einer Bewerbung durchzusetzen.

Dem aufmerksamen Therapeuten wird schnell ein schreiender Gegensatz zwischen Begabung und Erfolg deutlich. Wo andere ernten, blüht die Begabung der Klientin. Wo sie selber ernten könnte, wirkt sie farblos, gehemmt, eingeschüchtert, durch Selbstzweifel blockiert. Sie traut sich nicht in eine Prüfung, weil sie sich zu dumm fühlt und sich nicht gut genug vorbereiten konnte, hat aber in vier Monaten eine Fremdsprache gelernt. Bei jeder Stelle, zu der ihre Zeitarbeitsfirma sie schickt, wird ihr eine Festanstellung angeboten, aber sie hat einmal mehr mit einem ärztlichen Attest ihre Abschlussprüfung verschoben.

Die Untersuchung ergibt eine doppelte Verletzung des Selbstgefühls: Die Patientin hat die Mutter nicht genügend bewundern können, um in der weiblichen Identifizierung genügend inneren Halt und Zuversicht zu gewinnen. Und sie musste die gefährliche Nähe zum Vater ebenso bekämpfen wie die Vorstellung, sie sei doch eine bessere Frau für ihn. Diese Vorstellung darf sonst als ödipale Phantasie zugelassen werden und wird uninteressant, wenn das selbstbewusste Mädchen feststellt, dass der König alt ist und Prinzen attraktiver sind.

Wenn die Tochter eines Fabrikarbeiters und einer Putzfrau vor ihrem Ingenieursdiplom steht, ist das ein anderer Schritt als bei der Tochter eines Lehrers oder Architekten. Und wenn sie sich mit einem Kommilitonen verloben soll, sind ihre Ängste ungleich virulenter als die seinen. Denn sie fühlt sich verantwortlich für ihre Eltern, verpflichtet, deren Selbstgefühl zu schonen und so untadelig zu sein, dass kein Schatten auf ihre Familie fällt. Da das aber in realen Familien unmöglich ist, ist die Gefahr groß, dass sie sich ihrer Eltern schämt, sie versteckt und schließlich auch sich selbst verstecken muss, sodass die Beziehung sich nicht intensivieren kann und sie unbefriedigt bleibt.

Gleichzeitig wecken die von den Eltern naiv und fordernd vorgetragenen Ansprüche – »Wann machst du endlich dein Diplom und verdienst richtig viel Geld, wir brauchen ein neues Auto!« – unbewussten Trotz und bewirken verbotene Versorgungswünsche. Das Ergebnis kann sein, dass die Tochter immer wieder kurz vor der Prüfung erkrankt oder ein leeres Blatt abgibt, weil sie mitten im Examen eine Panikattacke erlitten hat.

In den hohen Hürden, die sie zwischen sich und den Prinzen errichtet, verrät Turandot eine ähnliche Angst. Sie kann sich nicht vorstellen, dass es möglich ist, mit Männern in einen konstruktiven Austausch zu treten. Der Vater, der seine Tochter aussaugt, sie als Werkzeug benutzt, wird im Unbewussten der Tochter zugleich festgehalten und abgewehrt.

Das Böse-Werden der Begabung

Es geht in diesem Buch vor allem um traumatisierte Begabungen, die einer Therapie zugänglich sind – und damit auch in erster Linie um Frauen. Wie die Geschichten von Kassandra, Turandot und Cordelia zeigen, orientieren sich Frauen stärker an Beziehungen. Der Wunsch nach seelischer Nähe führt dazu, dass sie ihren Exhibitionismus unterdrücken; Zuwendung und die Ermutigung, ihre traumatischen Einschränkungen zu überwinden, erleben sie als befreiend, als Gewinn.

Traumatisierte Männer suchen eher den Kampf als Hilfe in ihren Ängsten. Die Statistik lehrt, dass in Gerichten und Gefängnissen öfter Männer über Männer urteilen und diese einsperren, während in psychotherapeutischen Praxen häufiger eine Frau mit einer Therapeutin arbeitet. Die psychoanalytische Erklärung läuft darauf hinaus, dass Männer Aggressionen eher nach außen richten und angesichts einer Traumatisierung Zuflucht in einer Größenphantasie suchen.

Diese verführt sie, ihre Mitmenschen ebenso zu missachten wie die Gesetze, welche das Zusammenleben regeln. Sie entwerfen ihre eigenen Regeln und planen Eroberungs- und Rachefeldzüge. Hilfe erleben sie als Zumutung, als Erniedrigung. Wer eine Größenphantasie pflegt, sieht in der psychologischen Hilfe ein Verlustgeschäft. Erst wenn der äußere Druck Ängste auslöst, die noch mächtiger sind als die Angst vor dem gekränkten Stolz und der Preisgabe der Omnipotenz, wird ein solcher Mann therapeutische Hilfe annehmen können. Ob er ihren Wert in sich festigen kann, wenn die ärgsten Krisen vorbei sind, bleibt eine offene Frage.

Aus diesen Gründen sind Männer auch dramatischere Beispiele für einen Prozess, der in diesem Abschnitt untersucht werden soll: das Böse-Werden einer Begabung. Es fällt nicht leicht, sich der Tatsache zu stellen, dass die hohe Begabung schädlich und gefährlich sein kann. Wie immer, wenn wir über Werkzeuge nachdenken, sind wir versucht, diese für »neutral« zu erklären. Aber je mächtiger ein Werkzeug ist, desto mehr stimuliert es Größenphantasien und führt in eine süchtige Abhängigkeit, wie wir gegenwärtig in der Entwicklung der Konsumgesellschaft beobachten können.

So scheint es naiv zu behaupten, dass die hohe Begabung ebenso wie die Zeitung, das Automobil, Schießbaumwolle oder das Wissen um die Kernspaltung »neutral« sei und es von einer ganz woanders angesiedelten moralischen Instanz abhänge, ob sie zu guten oder zu bösen Zwecken verwendet wird. Ein Stoff wie Dynamit ist nicht neutral, er stimuliert eine seelische Qualität: den explosiven Narzissmus.[46]

Und die hohe Begabung ist genauso wenig neutral. Sie gefährdet ihren Träger ebenso, wie sie ihn begnadet. Das Wort »Begnadung« wirkt altertümlich, aber es trifft einen wichtigen Sachverhalt: Es liegt an anderen Mächten als denen, die in der Zuständigkeit des Einzelnen stehen, ob die Begabung ihren Träger fördert oder zerstört.

Oft erscheinen besonders brutale Verbrechen als vollständig rätselhaft, weil sie darauf beruhen, dass bisher gut angepasste und kritische Menschen zu willigen Gehilfen eines Geisteskranken, eines Verrückten geworden sind. Das gilt etwa für die Blutorgie, welche Charles Manson, ein arbeitsloser Vorbestrafter, in Hollywood inszenierte, oder auch für das Giftgas-Attentat in der Tokioter U-Bahn. In beiden Fällen waren die Täter Hochbegabte, welche in

---

[46] Vgl. Wolfgang Schmidbauer: *Die menschliche Bombe. Eine Psychologie des neuen Terrorismus,* Reinbek bei Hamburg 2003.

ihrem Böse-Werden auch zu einer ihnen vorher nicht möglichen Selbstdarstellung und Machtentfaltung fanden.

Im März 1995 platzierten Mitglieder einer Sekte Pakete mit dem Nervengas Sarin in verschiedenen Zügen der Tokioter U-Bahn. Der Mann hinter dieser heimtückischen Tat, Shoko Asahara, ist ein typisches Beispiel für die traumatisierte Begabung. Er begann als Händler mit »Heilkräutern« und wurde 1982 wegen eines Verstoßes gegen ein japanisches Arzneimittelgesetz verurteilt. Unruhig und immer auf der Suche, kehrte er einige Jahre später von einer Reise in den Himalaya mit der Überzeugung zurück, er sei zum Führer einer neuen Rasse bestimmt, die als Einzige eine ungeheure Katastrophe um die Jahrtausendwende überleben würde.

Asahara nannte sich selbst den einzigen Wissenden, den Erlöser der Welt, er identifizierte sich mit dem indischen Gott Schiwa, dem Zerstörer, der ein neues Weltzeitalter durch Vernichtung des alten ermöglicht. Wie Baghwan im indischen Poona und später in Oregon, aber auch wie Hitler oder Mussolini war Asahara ein begabter Redner, der Bruchstücke der verschiedensten Glaubenslehren und Mythologien zusammenführte, um seine Zuhörer zu beeindrucken und sich als ihr erleuchteter Führer aufzubauen. [47]

Das Bedürfnis nach der Idealisierung von Menschen, die sich vor allem durch ihre wahnhafte Selbstüberschätzung zu solchem Zweck anbieten, ist in den modernen Konsumgesellschaften immens. Asahara berief sich auf Visionen und Intuition, um seinen Gläubigen eine höchst persönliche Paranoia einzuimpfen. Für völlige Unterwerfung und energische Missionierung versprach er ihnen, die Welt vor dem Untergang zu retten. Es gibt dabei eine unheimliche Interaktion zwischen der paranoiden Größenphantasie des hochbegabten, bösartig gewordenen Propheten und der ge-

---

[47] David E. Kaplan/Andrew Marshal: *The Cult and the End of the World,* London 1996.

hemmten, an ihn delegierten Hochbegabung bei seinen Anhängern und Anhängerinnen.

Je erfolgreicher er wurde, desto mehr wuchsen auch Asaharas Ansprüche und Ängste. Er fühlte sich verfolgt, von den Amerikanern, dann von ihren »Lakaien« in Japan, schlussendlich von allen, die kein Interesse an seinen Lehren hatten.

Informanten aus der örtlichen Polizei hatten Asahara von einer bevorstehenden Razzia unterrichtet. Er wollte zuschlagen, um das zu verhindern. Elf Päckchen mit Sarin wurden in fünf Zügen deponiert. Sie hätten den Zentralbahnhof unter dem Regierungsviertel vergiften sollen. Der Kampfstoff verteilte sich aber viel langsamer als geplant und sehr ungleichmäßig. Die meisten Opfer konnten fliehen. Geplant war der Tod von Tausenden, aber es starben »nur« zwölf Menschen. Mehr als 4000 wurden verletzt.

Luzifer und Christophorus

Der 33-Jährige kommt mit einer heftigen Depression in eine Klinik. Er ist hochbegabt, hat sich zum Beispiel autodidaktisch Kenntnisse in Webdesign erarbeitet. Er leidet unter dem Gefühl, weder beruflich noch privat etwas zustande zu bringen, er hatte noch nie eine sexuelle Beziehung und verlor bislang jeden Arbeitsplatz binnen einiger Jahre. Er ist gelernter Mechaniker.

Typisch für sein Verhalten am Arbeitsplatz ist, was an seiner vorletzten Arbeitsstelle in einer Tankstelle geschah: Er war so fähig und flink, dass er rasch zum stellvertretenden Leiter aufstieg. In dieser Funktion brach er einen Streit mit der wichtigsten Lieferantin vom Zaun, weil diese ihn gekränkt hatte, als er versuchte, neue Bedingungen auszuhandeln und seinem Chef zu beweisen, dass er die Geschäfte besser führen konnte als dieser. Er trieb diesen Konflikt so auf die Spitze, dass der Chef ihm kündigen musste, wenn er den Betrieb nicht gefährden wollte; er war auf die Lieferantin angewiesen.

Der Hochbegabte kehrte darauf zu seiner früheren Stelle zurück. Seine Versagensgefühle steigerten sich, als er dort nicht bei dem Schichtleiter weiterarbeiten konnte, den er vorher gehabt hatte und dem er vertraute. Er bekam einen neuen Schichtleiter, den er nicht respektiere konnte, weil dieser fachlich nicht so fähig war wie er, aber der neue war ein enger Freund des Geschäftsführers. Die Beziehung wurde bald so angespannt, dass der Hochbegabte keine Zukunft mehr für sich sah, aber auch fürchtete, er werde an jedem neuen Arbeitsplatz dieselben Schwierigkeiten vorfinden.

Es gibt einen Mythos, der die Hintergründe der hier an einem Alltagsbeispiel beschriebenen Dynamik beleuchtet. Es ist die Geschichte des gestürzten Gottes oder Engels, der zum Teufel wird. In der biblischen Tradition handelt es sich um den schönsten Engel, den strahlendsten Stern, der sich gegen Gott erhebt, ihm seinen Platz streitig macht und daher mit seinen Anhängern niedergeworfen wird. Seiner Schönheit beraubt, denkt er nur noch an Böses und versucht zu verderben, was er verderben kann.

Robert Graves und Raphael Patai erzählen in ihrer *Hebräischen Mythologie* vom Sohn des Morgenrots (Helel ben Schachar), einem Cherub, dessen Körper leuchtete wie von Edelsteinen besetzt und den Gott zum Herrscher über alle Völker der Engel eingesetzt hatte. Eine Weile erfüllte er redlich seine Aufgaben, doch dann gewann der Stolz in ihm die Oberhand, und er wollte nicht mehr dienen, sondern sein wie Gott. Gott (nach anderen Traditionen der Erzengel Michael) warf Luzifer daraufhin auf die Erde; im Sturz schien er wie ein Blitz, doch dann zerfiel er zu Asche. Sein Geist aber flattert blind und ruhelos durch die bodenlose Hölle.[48]

Nach Graves/Patai geht diese Sage auf einen Lichtmythos zurück: Der Morgenstern, die Venus, fordert als letzter leuchtender

---

[48] Robert Graves/Raphael Patai: *Hebräische Mythologie*, Reinbek bei Hamburg 1986, S. 69–70.

147

Stern die Sonne heraus. Eine weitere Parallele ist die Geschichte vom vermessenen Sohn des Sonnengottes, Phaeton, im griechischen Mythos, der den Wagen des Vaters stiehlt und an seiner Stelle die Erde erleuchten will, jedoch so ungeschickt fährt, dass das Land verbrennt oder erfriert, worauf er von Zeus mit einem Blitz erschlagen wird und zur Erde stürzt.

Allen Teufelsgeschichten ist die bestrafte Selbstüberschätzung gemeinsam. Nach einer apokryphen Erzählung über das Leben des Adam forderte Gott die Engel auf, Adam zu verehren; während Michael gehorchte, rebellierte Samael. Er wollte sich keinem Geschöpf unterwerfen, das lange nach ihm aus Staub gemacht worden war. Daraufhin verstieß Michael ihn und seine Anhänger aus dem Himmel.

Die Luzifer-Mythen stehen für die Gefährdung der traumatisierten Begabungen durch einen Zyklus von Selbstüberschätzung, Höllensturz und daraus wachsender unersättlicher Rachsucht.

Einem Satan macht es Freude zu verderben, was Gott gut gemacht hat; er setzt alles daran, möglichst viel Schaden anzurichten. Diese Dynamik spielt gegenwärtig im internationalen Terrorismus eine Rolle; sie lässt sich mit dem Begriff des »explosiven Narzissmus«[49] beschreiben. Das Motiv, ein friedliches Fest zu zerstören, weil Friede und Lust als »böses« Ignorieren einer Kränkung verstanden und »bestraft« werden, ist seit dem Angriff auf die Olympischen Spiele 1972 in München bekannt. In der Attacke auf die Twin Towers in New York am 11. September 2001 eskalierte diese Dynamik. Das Attentat war gleichzeitig extrem sinnlos, grausam und »gut gemacht«, von Begabten konstruiert und durchgezogen.

Diese Entwicklung dokumentiert den düsteren Aspekt der traumatisierten Begabungen: die Steigerung der Rache, die Inszenierung destruktiver Aktionen, die alle vorangehenden in den Schatten stellen. Dieses hochbegabte Böse ist sehr selten; Drehbuchautoren

---

[49] Schmidbauer, *Die menschliche Bombe*, a. a. O.

und Kriminalschriftsteller, welche die Welt mit Serienmördern und verbrecherischen Genies bevölkern, geben den Alltag der Polizeiarbeit nicht wieder. Auch wegen ihrer Seltenheit fällt die böse gewordene Hochbegabung auf. Manchmal ist das Böse, wie von Hannah Arendt beschrieben, banal. Aber vielleicht hat sich Hannah Arendt auch in Eichmann geirrt.

Der Luzifer-Mythos erfasst ein Risiko der Hochbegabung, das vielleicht nicht unser psychologisches Verständnis, wohl aber unsere therapeutischen Möglichkeiten überschreitet. Angesichts der immensen Zerstörungskraft und der radikalen Abwehr jeder Einsicht möchten wir in solchen Fällen den Teufelsängsten des Mittelalters zumindest die Wahrheit des Symbols zusprechen.

Dieses Böse kann nicht rasten, solange es noch irgendetwas Unverdorbenes gibt, das es an den für immer verlorenen und doch immer noch ersehnten Zustand vor der Traumatisierung erinnert. Es sehnt sich danach, an etwas teilzuhaben, das es verloren hat, und meint sich diese Sehnsucht anders nicht erfüllen zu können als dadurch, dass es dessen Glanz trübt.

Es gibt eine Legende, die einen günstigeren Ausgang signalisiert: die von dem Riesen (Re-)Probus oder Offerus, der später unter dem Namen Christophorus (Christusträger) am 25. Juli im katholischen Kalender gefeiert wird. Er ist einer der am meisten dargestellten Heiligen; bekannt sind die Gemälde an Schauwänden im Inneren oder auch an Außenmauern von Kirchen, auf denen der bärtige Mann mit dem Christuskind auf der Schulter dargestellt wird.

Probus war ein Riese von Gestalt und in seinem Geltungsstreben insofern beeinträchtigt, als er nicht selbst Macht und Ansehen gewinnen wollte, andererseits aber auch nicht bereit war, sich einem anderen zu unterwerfen als dem Mächtigsten.

Daher trat er in den Dienst des Königs, der von allen als der Mächtigste gepriesen wurde. Probus beobachtete den König scharf. Ihm fiel auf, dass dieser Angst vor dem Teufel hatte. Also war der Teufel mächtiger als der König; Probus trat in den Dienst des Teufels, der ihm in der Gestalt eines schwarzen Ritters mit einer Schar schrecklicher Begleiter begegnete.

Einmal beobachtete Probus, dass der Teufel einen Umweg machte, um einem Bild des Gekreuzigten auszuweichen. Also gab es jemanden, vor dem der Teufel Angst hatte, und Probus beschloss, dem Gekreuzigten zu dienen. Dieser war jedoch nicht zu finden, dafür begegnete Probus einem Einsiedler, der ihm sagte, durch Fasten und Beten könne er Christus, den mächtigsten Herrscher, erkennen.

Probus wollte weder fasten noch beten; darauf gab ihm der Einsiedler die Aufgabe, Menschen durch einen gefährlichen Fluss zu tragen. Probus riss einen Baum aus, der ihm als Stütze diente, und trug fortan Menschen durch die Strömung. Einmal rief nachts ein Kind und bat, übergesetzt zu werden. Der Riese schulterte die Last und machte sich auf den Weg. Aber das Kind wurde immer schwerer, das Wasser schwoll, Probus fürchtete zu ertrinken, meinte, die ganze Welt laste auf seinen Schultern. »Mehr als die Welt hast du getragen«, sagte nun das Kind, »der Herr, der die Welt erschaffen hat, war deine Bürde.« Dann drückte es ihn unter Wasser und taufte ihn auf den Namen Christophorus, bis heute Schutzpatron der Reisenden und Nothelfer gegen den plötzlichen Tod.

Nach einem Volksglauben stirbt nicht, wer am 25. Juli Christophorus um Hilfe gebeten hat. Die weithin sichtbaren Bilder des Heiligen an mittelalterlichen Kirchen sollen in Pestzeiten gemalt worden sein. Als ich einmal vom Fahrer des Bischofs einer westdeutschen Diözese abgeholt wurde, jagte dieser einen schwarzen Mercedes mit Höchstgeschwindigkeit über die Autobahn. Am Armaturenbrett klebte ein silberner Christophorus.

Probus kann seine exhibitionistische Hemmung dadurch ausgleichen, dass er einem idealisierten Herrn dient. Er verschmilzt mit dessen Größe, opfert und erfüllt seine Größenphantasie in einem. Er findet dadurch zu einer Stabilität, die er ohne dieses Hilfsmittel nicht hätte. Die Ikonographie verdeutlicht das durch einen ausgerissenen Baum, auf den sich der Riese stützt. In der Tat beobachten wir oft, wie hochbegabte Personen entgleisen und destruktiv werden, wenn sie einen Halt verlieren, den sie bisher hatten, und wie sich umgekehrt destruktive Entwicklungen Hochbegabter aufhalten lassen, wenn sie jemanden finden, der mit ihnen umgehen und sie führen kann.

Der Sadismus des Propheten

Für die Moderne hat Tolkien die Sage von Luzifer wieder aufgegriffen. In der Privatmythologie (*Das Silmarillion*) des hochbegabten und traumatisierten Dichters[50] geht es darum, dass aus dem Erhabensten und Schönsten – den Valar, den Elben – die tiefste, schwärzeste Bosheit und Grausamkeit erwächst. Denn Melkor, von dem Sauron kommt, der große Verderber der Herzen, war einst der schönste und mächtigste der Valar. Die Orks, hässlich, abgrundtief böse und voller Lust an Grausamkeiten jeder Art, hat Melkor aus den Elben gezüchtet, unsterblichen, unantastbaren Lichtgestalten, deren Fähigkeiten weit über denen der Menschen liegen.

In seiner Trilogie *Der Herrn der Ringe* zeigt Tolkien am Beispiel von Sam Gamdschie, wie wichtig Menschen sind, deren Selbstgefühl fest auf einer Begabung ruht, die sich in der eigenen Durchschnittlichkeit akzeptiert, weder mehr noch weniger will, als es in ihrem Umfang eingeschrieben ist, und daher Versuchungen widersteht, denen Sams längst nicht so in sich ruhender Herr nur durch einen gnädigen Zufall entgeht.

In den Mythen vom gestürzten Engel finden wir ein charakteristisches Merkmal der Kombination von Hochbegabung und nar-

---

[50] Vgl. Anm. 15. Wie sehr ihn diese Erinnerungen verfolgten, wird im zweiten und dritten Band des *Herrn der Ringe* anhand der Schilderungen der Sümpfe und verwüsteten Landschaften um den »schwarzen Turm« Saurons fassbar.

zisstischer Störung: den sadistischen oder missionarischen Impuls. Letzterer wird kulturell höher geschätzt, ist aber in seiner Grundstruktur mit dem Sadismus identisch, er transponiert dessen Macht- und Kontrollbedürfnisse, die Bereitschaft, Schmerz zuzufügen, um eine Situation genauso zu gestalten, wie sie einer eigenen Phantasie entspricht, auf eine geistige Ebene.

Wenn ein gering begabter Mensch seelisch verletzt wird, leidet er und versucht die Quelle des Leidens zu meiden. Da er aber die für sein Leiden ursächlichen Zusammenhänge nicht durchschaut, kann er weder die komplizierten Rachefeldzüge planen, welche den Begabten in dieser Situation beschäftigen, noch wird er versuchen, aus seiner Abwehr des verletzenden Erlebnisses einen Glauben zu schmieden, den er vor allen Zweifeln schützt, indem er ihn predigt.

Religionsstifter sind durchweg traumatisierte Hochbegabte. Sie versuchen sich mit sadistischen Mechanismen oder mit Reaktionsbildungen in Bezug auf diese (wie dem Gebot der Feindesliebe) vor einer Wiederholung der Verletzungen zu schützen. Es sind Menschen, die tiefe Verletzungen überlebt haben und diese nun einordnen müssen. Daher ist der traumatisierte, in elender Armut aufgewachsene, vom Vater missbrauchte Sigmund Freud ein Kämpfer gegen die Lüge geworden, die er mit der Religion verband. Er hat versucht, das Unbewusste durch Deutungen unter Kontrolle zu bringen, und seine Zweifel durch eine dicke Schutzschicht von Anhängern und Patienten um die eigene Person zum Schweigen gebracht.

Der vom Blitz der Epilepsie getroffene Saulus wurde zum Paulus, ohne den die Geschichte des Christentums vielleicht nicht geschrieben worden wäre. Es gab damals erfolgreiche Mitbewerber um die Gunst der Massen, den Mithras-Kult etwa und die Isis-Mysterien. Die bäuerischen Gefolgsleute des jüdischen Messias hätten den Schritt zur Weltreligion nicht geleistet. Später wird aus dem verwundeten Offizier Ignatio, dessen militärische Kariere beendet ist, der Gründer des weltumspannenden Jesuitenordens.

Die Rolle des inspirierten Propheten löst die inneren Konflikte einer traumatisierten Begabung. Der Prophet verarbeitet seine seelischen Erschütterungen, indem er seine Lehre predigt und auf diese Weise eine Schutzschicht um sich bildet – in Gestalt einer Gruppe, deren Grenze durch seine Offenbarung bestimmt wird. Dahinter steht der Gedanke, die ganze Welt zu überzeugen, sich dieser Offenbarung zu unterwerfen, sodass er niemals mehr fürchten muss, dem zu begegnen, was ihn so erschreckt hat.

Denn die von den epileptischen Mystikern so felsenfest geäußerte Überzeugung, sie hätten das Rätsel des Schicksals gelöst und Gott in ihrem Leben gefunden, entspricht einer Reaktionsbildung auf das innere Erschrecken vor dem Chaos. Nicht diesem Chaos bin ich begegnet, sagt sich das erschütterte Ich, sondern höchster Klarheit, festester Ordnung, letzter Sicherheit über Gott und die Welt.

Wir verstehen jetzt vielleicht etwas besser, weshalb es so viele unterschiedliche Religionen gibt und weshalb die Prediger des Glaubens wie die des Unglaubens so viel Anstrengung darauf verwenden, andere zu überzeugen und selbst die letzte Instanz zu sein. Oder, um es mit Heinrich Heine zu sagen: »Es ist kein Pfäfflein noch so klein, / Es möchte gern ein Päpstlein sein.«[51]

---

[51] »Der Schreiber dieser Blätter hätte ganz das Zeug dazu gehabt, ein solcher Abbate zu werden und im süßesten dolce far niente dahinzuschlendern durch die Bibliotheken, Galerien, Kirchen und Ruinen der ewigen Stadt, studierend im Genusse und genießend im Studium, und ich hätte Messe gelesen vor den auserlesensten Zuhörern, ich wäre auch in der heiligen Woche als strenger Sittenprediger auf die Kanzel getreten, freilich auch hier niemals in ascetische Roheit ausartend – ich hätte am meisten die römischen Damen erbaut, und wäre vielleicht durch solche Gunst und Verdienste in der Hierarchie der Kirche zu den höchsten Würden gelangt, ich wäre vielleicht ein monsignore geworden, ein Violettstrumpf, sogar der rote Hut konnte mir auf den Kopf fallen – und wie das Sprüchlein heißt:
Es ist kein Pfäfflein noch so klein,
Es möchte gern ein Päpstlein sein –
so hätte ich am Ende vielleicht gar jenen erhabensten Ehrenposten erklom-

Erschütternde Grenzerfahrungen werden verarbeitet, indem sich die Betroffenen an eine Autorität anlehnen oder selbst zu einer werden, weil sie keine passende finden.[52] Die Opfer regredieren zunächst, sie suchen Eltern, an die sie sich anlehnen können (der verwundete Offizier liest die Heiligenlegenden). Bei den meisten Traumatisierten bleibt es bei dieser Regression; sie klammern sich verstärkt an das, was ihnen die Gruppe an Trost und Halt bietet. Besonders Begabte bewältigen diese regressiven Neigungen durch eine Reaktionsbildung. Sie fürchten die entstehende Abhängigkeit und wehren sie durch eine energische Gegenbesetzung ab: Statt sich »Eltern« zu unterwerfen, werden sie selbst zu solchen.

Die Neigung des Menschen, angesichts seelischer Überforderung Zuflucht bei seinesgleichen zu suchen, ist genetisch verankert. Zu lange hing unser Überleben davon ab, ob wir verlässliche Bindungen zu Eltern, Geschwistern und Kindern aufbauen konnten. Der Mensch erkennt den Menschen und lächelt ihn an, ohne das lernen zu müssen. Soziale Kompetenz, die Fähigkeit, sich auszutauschen, einander zu helfen, ist für das Überleben so nützlich, dass es nicht verwunderlich ist, dass es in jeder Kultur Tauschhandel und Markttreiben in irgendeiner Form gibt.

Daher ist die genetische Komponente der Religion in der Unterwerfungsbereitschaft der Gläubigen zu suchen. Der Mensch lässt sich, wie es Freud in »Massenpsychologie und Ich-Analyse« darge-

---

men – denn obgleich ich von Natur nicht ehrgeizig bin, so würde ich dennoch die Ernennung zum Papste nicht ausgeschlagen haben, wenn die Wahl des Konklaves auf mich gefallen wäre. Es ist dieses jedenfalls ein sehr anständiges und auch mit gutem Einkommen versehenes Amt, das ich gewiß mit hinlänglichem Geschick versehen konnte.«
Aus: Heinrich Heine, *Geständnisse,* Ders., Gesammelte Werke, Bd. II, München 1969, Kap. 9, Erstveröffentlichung 1854.

[52] Das Motiv »Weil keiner mich heilen kann, werde ich Arzt« ist unter dem Begriff des »Helfersyndroms« beschrieben worden, vgl. Schmidbauer, *Die hilflosen Helfer,* a. a. O.

stellt hat, leicht von seinesgleichen beeinflussen und marschiert in der Masse gegen die eigenen Interessen. Der »Führer« aktiviert ein kindliches Programm aus Identifizierung und Gefolgschaft. Diese Konzepte tragen aber zum Verständnis der religiösen Kreativität des Religionsstifters wenig bei.

Der Prophet schafft aus den Mythen, Riten, den religiösen Vorstellungen, den Göttern seiner Umgebung etwas Neues. Dieses Neue wird überliefert, wenn es sich einen Markt erobert, wenn Gruppen es brauchen können. Der erfolgreiche Religionsstifter erobert einen halben Kontinent; der erfolglose stirbt als Bettler oder endet in einer psychiatrischen Klinik.

Als das Rad erfunden wurde, hat es niemand angebetet. Wissenschaft und Technik brauchen keine Verehrung. Die gelegentlich gehörte Behauptung, es gebe in der Wissenschaft so etwas wie eine heilige Inquisition und einen päpstlichen Bann, ist eine schiefe Metapher, die Opfern religiöser Intoleranz Unrecht tut.

Wer seines Glaubens unsicher ist, muss andere von ihm überzeugen. Je bedrohlicher diese Unsicherheit ist, desto mehr werden die missionarischen Anstrengungen gesteigert. Ihr Erfolg umgibt den traumatisierten Hochbegabten mit einer Schutzschicht aus Anhängern und festigt sein Selbstgefühl. Allerdings verrät sich die narzisstische Dynamik darin, dass in dem Augenblick, wo die neue Religion ein großes Areal erobert hat und ihr sozusagen die Ungläubigen ausgehen, innere Spaltungen beginnen, in denen sich erneut traumatisierte Begabungen entfalten können, die entweder der alten Lehre eine Reformation abgewinnen oder diese gegen die Reformatoren schützen, um Erstere in ihrem früheren Glanz zu beleben.

Das Böse-Werden der Begabung hängt eng mit den Versuchen zusammen, eine potenziell traumatisierende Umwelt zu beherrschen und zu kontrollieren. Je begabter eine Person, desto schwerer fällt es ihr, Kränkungen zu vergessen (denken wir an Mozarts *Zauberflöte* und stellen uns Papageno und Tamino im Prüfungstempel vor: Tamino denkt ständig darüber nach, wie er es vermeiden kann, sich noch einmal zu blamieren; Papageno genießt, was er findet). Die Kränkung trifft den Phantasiebegabten ungleich tiefer und nachhaltiger. Wenn er über wenige Möglichkeiten verfügt, seine Fähigkeiten in sozial anerkannten Tätigkeiten zu beweisen und sich dadurch von seinen Traumatisierungen abzulenken, setzt jene Entwicklung ein, die Krimiautoren zu dem gespielten Erstaunen veranlasst, wie viel Gutes doch zu bewirken gewesen wäre, wenn die eine oder andere enorme Begabung zum Bösen sich auf gesellschaftlich wertvolle Gebiete gerichtet hätte.

Solche Rhetorik ist hohl. Sie leugnet die vielen Hürden und gar nicht selten sadistisch gefärbten Rituale, mit denen die Institutionen einer dem Buchstaben nach freien, nach Chancengleichheit strebenden Gesellschaft Gruppeninteressen schützen. Sie bieten den bereits Etablierten zu viele Möglichkeiten, jene auszunutzen und zu erniedrigen, die sich einen Platz erst erkämpfen müssen. Das schwere Leben des Kindes, das klüger ist als seine Eltern, setzt sich fort in den Schülern, die kreativer sind als ihre Lehrer, in den Freelancern, deren Kreativität von Redakteuren verwaltet wird, die nie auf dem Markt überleben würden.

Die meisten Institutionen schützen sich gegen die begabten Individuen, welche die üblichen Rituale nicht brauchten, um sich zu entfalten. Sie treffen auf sadistische Strukturen, die dazu angelegt sind, sie zu kontrollieren und an Regelwerke anzupassen. Personen, die Freude am Entwurf solcher Regeln haben, handeln oft aus Angst, von einer wildwüchsigen Begabung in den Schatten gestellt zu werden.

Sigmund Freud erklärte die meisten seiner Schüler nach 40 bis 70 Stunden Zusammenarbeit für analysiert und fähig, nun selbst als Analytiker zu arbeiten. Diese Schüler organisierten Ausbildungen, in denen zwischen 600 und 2000 Stunden Eigenanalyse für unbedingt notwendig erklärt wurden, um eine Ausbildung abzuschließen. Da ist es nicht verwunderlich, dass sich die Kreativität unter den Analytikern nach Freuds Tod weniger gut entwickelt hat als zu seinen Lebzeiten.

Für den normal Begabten ist klar: Wenn er das Ziel erreichen will, muss er die Hürden eine nach der anderen nehmen. Die Hochbegabten sind eigentlich schon dort, ihnen erscheinen die Hürden als sinnlos. Am Umgang mit dieser Situation erweist sich die Qualität ihrer Traumatisierungen. Können sie Normalbegabte *spielen* und sich an die Rituale halten? Normalbegabte haben kein Problem, sich vorzustellen, dass sie Theologie studieren, um Priester und vielleicht einmal Bischof zu werden. Hochbegabte hingegen müssen sich *entscheiden*, ob sie selbst eine Religion stiften oder sich der vorhandenen fügen wollen.

Das Böse-Werden der Begabung hängt nicht selten mit dem Scheitern an den Torwächtern zusammen, welche die Paradiese der Mittelmäßigkeit vor Eindringlingen bewahren.

Es gibt ein typisches Szenario, in dem die Ambivalenz der modernen Gesellschaft angesichts des Hochbegabten ebenso deutlich wird wie ihr latenter Sadismus. Es ist die Szene des Hochstaplers, der irgendwann auffliegt. Meist sind es die Berufe, die unseren Narzissmus besonders fesseln – Offizier, Arzt, Lehrer, Geistlicher, Pilot oder Anwalt –, die ein (hochbegabter) Hochstapler über viele Jahre hin unauffällig ausübt, bis die Geschichte letztendlich durch einen Zufall (etwa die Anzeige einer eifersüchtigen Freundin, die um den Betrug weiß) auffliegt.

Dann wird der Betrüger eingesperrt, auch wenn ihm kein Fehler in seiner Arbeit nachgewiesen werden kann. Nur ausnahmsweise fragt jemand, wie es um die angebliche Unentbehrlichkeit von Abitur und langem Studium mit vielen Examina und Zeugnissen bestellt ist, wenn ein durch kein (echtes) Dokument Ausgewiesener viele Jahre lang tadellos gearbeitet hat, als in der Gemeinde beliebter Pfarrer ohne Theologiestudium, als bei den Patienten respektierter Arzt ohne Abitur, als Richter am Landgericht nach einer Kochlehre oder als Lehrer mit Hauptschulabschluss.

Wenn wir die Aufgabe ernst nehmen, Hochbegabungen zu fördern, dann müssen wir Gitter durchlässig machen, die den Zutritt zu jeder anspruchsvollen Tätigkeit von der Frage abhängig machen, ob sich jemand brav genug Prüfern unterworfen hat. Angesichts dieser Aufgabe wird schnell deutlich, wie mächtig die sadomasochistischen Rituale sind, mit denen die moderne Gesellschaft die Verteilung begehrter Plätze reguliert. Ich habe mich für mein Abitur, meine Promotion geschunden, da geht es nicht an, eine Qualifikation zu verschenken.

Wer sich von solch kleinlichem Denken befreien kann, wird sich eine weniger ehrpusselige Welt wünschen, in der die Pfarrgemeinde oder die Klientel der Arztpraxis entscheiden darf, ob sie ihrem Hochstapler die Treue halten oder ihn der Polizei ausliefern will. Ein ernsthaftes Projekt lässt sich durch solche Pointen noch nicht aufbauen, aber sie verdeutlichen vielleicht, dass wir den Hochbegabten entgegenkommen, festgefahrenes Privilegiendenken abschaffen und die Karrierewelten öffnen können, wenn wir dem Zunftdenken immer wieder den Beweis aktueller Funktionstüchtigkeit abverlangen und das Überspringen von Hürden begrüßen, solange dadurch kein Schaden entsteht. Wer Hochbegabte fördern will, muss Ausnahmen nicht tolerieren, sondern schaffen.

Das sadistische Element der traumatisierten Hochbegabung wird durch die Machtrituale gefördert, der sie ausgesetzt wurde. Menschen identifizieren sich mit dem, was sie traumatisiert (»Identifizierung mit dem Aggressor«), um die Angst, von etwas gänzlich Unbekanntem überwältigt zu werden, zu binden. Der vom Spott über seine Behinderung verfolgte, geistig hochbegabte Prinz Richard III. entschließt sich, »ein Bösewicht zu werden«, wie Shakespeare ihn sprechen lässt. Er projiziert sadistische Aggressionen in die soziale Umwelt und identifiziert sich mit diesen Projektionen.

So entsteht jenes Verhalten, das in Fallgeschichten oder in Berichten von Therapeuten während einer Supervision als ganz besonderes (und für seine Umwelt äußerst lästiges) »Talent« der schwer narzisstisch Traumatisierten angesprochen wird. Diese Traumatisierten sind Virtuosen darin, anderen genau das anzutun, was sie selbst um jeden Preis vermeiden wollen: das Erleiden einer Kränkung, die als solche weder vorhersehbar ist noch durch eine eigene Beteiligung erklärt werden kann.

Ein harmloses Beispiel ist die Behauptung der traumatisierten Hochbegabten, ihr Therapeut habe sie »hinausgeworfen«, weil sie verletzt und wütend aus einer Stunde stürmten und den nächsten, schon vereinbaren Termin ignorierten.

»Sie denken wohl, Sie sind etwas Besonderes!«, wird nicht selten im Ton des höchsten Vorwurfs gesagt, wenn nach 20 angepassten Mitarbeitern einer kommt, der den Betrieb »stört«. Aber oft genug sind diese Menschen wirklich etwas Besonderes: Sie sind böse gewordene Hochbegabungen, die jetzt ihre glänzenden Fähigkeiten vor allem dazu einsetzen, den Betrieb zu stören.

Wer solche Prozesse genauer untersucht, entdeckt Regelkreise, in denen die traumatisierte Begabung entgleisen oder sich festigen kann. Ein gut dokumentierter Fall ist die Lebensgeschichte von Karl May. Er wurde als Kind schwer misshandelt. In elenden Umständen aufgewachsen, ausgehungert, eine Weile durch Vitaminmangel blind, später vom alkoholkranken Vater verprügelt und geängstigt, aber auch in grandiose Projekte einbezogen, hatte May jeden Anlass, an primitiven narzisstischen Phantasien von Allmacht und Allwissenheit festzuhalten.

Als Schüler in einer Lehrerbildungsanstalt reagierte May auf die Kränkung eines Diebstahlvorwurfs mit einer kriminellen Karriere. In seiner Autobiografie beschreibt er, wie er sich »entschloss, ein Bösewicht zu werden«, weil es ihn so empörte, dass seine Umwelt ihm das vorwarf. May stahl und betrog; am wichtigsten, wenn wir seine späteren Werke betrachten, war das hochstaplerische Element in seinen Delikten. Er gab sich zum Beispiel als Geheimpolizist aus und beschlagnahmte »Falschgeld«.

Während einer mehrjährigen Zuchthausstrafe begann Karl May zu schreiben und wurde nach seiner Entlassung bald zu einem der erfolgreichsten deutschen Erzähler. Die Zeit im Zuchthaus verklärte sich in diesen Reiseromanen zur Zeit seiner großen Abenteuer im Wilden Westen und in den Wüsten Arabiens.

Müssten wir Karl May in einem psychologischen Seminar analysieren, würden wir die Diagnose einer Pseudologia phantastica im Dienste einer manischen Abwehr von Depressionen und Ängsten stellen.

»Normale« Lügner sind zufrieden, wenn sie sich ein Ziel erschwindelt haben. Hochbegabte Pseudologen verwirren den soeben Überzeugten dadurch, dass sie eine zweite, eine dritte und vierte noch viel großartigere und darum unwahrscheinlichere Wirklichkeit draufsetzen. Schließlich treten Selbstdarstellung und Skepsis der Zuhörer in eine Art Wettlauf, den der Pseudologe nur gewinnen kann, wenn er zum Propheten wird, eine Sekte stiftet, Glauben erzwingt. Im Grunde nennen wir nur die gescheiterten Fälle einer solchen Abwehr traumatischer Ängste Pseudologen; die gelungenen verehren wir als Religionsstifter oder Künstler.

Karl May unterscheidet sich von einem trivialen Pseudologen durch seine hohe künstlerische Begabung; allerdings würde ein Künstler ohne das pseudologische Element nicht vor Lesern in Kostümen seiner Erzählungen posieren, die er im Requisitenhandel erworben hat. May ringt um eine Ermäßigung und humorvolle Brechung seiner Geltungssucht mit fast derselben Kraft, mit der sie sich immer wieder durchsetzt und als naivste Prahlerei an die Oberfläche tritt. Er schafft aus der Fülle seiner Phantasie ständig den Bramarbas, den Angeber, den Aufschneider neben sich, als Diener wie als Feind. So vermag er sich seine Sehnsucht nach Bescheidenheit und Demut zu erfüllen, zu denen er sich immer wieder vergeblich bekennt.

Karl Mays Selbstgefühl schwankte stark und hat die Belastungen der frühen Kränkungen nie ganz verkraftet, was sich auch daran ablesen lässt, dass er extrem empfindlich auf Kritik reagierte und ein Vermögen für sinnlose Prozesse um seine »Ehre« ausgab. Liebenswürdig und einfühlsam, wo er bestätigt wurde, konnte er mit Menschen, die ihn verletzten, nicht vernünftig oder diplomatisch umgehen, sondern geriet in das latente sadomasochistische Thema seiner Erzählzyklen: die Rache.

May hat berichtet, er habe Winnetou während seiner Zeit im Zuchthaus »gefunden«. In der Tat ist das Bedürfnis des schamgeplagten Häftlings immens, mit einer Gestalt wie dieser zu verschmelzen:

> »der herrlichste der Indianer. Sein Name lebte in jedem Zelt, in jeder Blockhütte, an jedem Lagerfeuer. Gerecht, treu und klug, tapfer bis zur Verwegenheit, aufrichtig und ohne Falsch, ein Freund und Beschützer aller Hilfsbedürftigen, mochten sie weiß oder rot von Farbe sein, aber ebenso ein Feind und strenger, unerbittlicher Gegner aller Ungerechten: so war er bekannt bei allen. (…) Welch ein Glück, der Freund dieses Mannes zu sein.«[53]

Die Anerkennung der Leser, der Zuspruch der Verleger reichen nicht aus, um den traumatisierten Hochbegabten vor seiner latenten Depression zu schützen, vor dem Gefühl, dass die Welt, die er sich geschaffen, in der er gelebt hat, sich ebenso auflöst und zerfällt wie der heroische Charakter, der zu sein dieser ängstliche und liebesbedürftige Mensch sich so sehr wünscht.

Daher braucht er handgreifliche Beweise, um sich an den eigenen Erfindungen festzuhalten: die Jagdkostüme, den Henrystutzen, den Bärentöter, die Kette mit den Zähnen und Krallen der erlegten Bären oder Löwen, sogar die Silberbüchse Winnetous. Er muss den letzten Band der *Winnetou*-Trilogie umschreiben, um zu erklären,

---

[53] Karl May: *Old Surehand I*, Bamberg 1949, S. 264.

wie die Waffe in seine Hände kommt, mit der doch bislang sein Blutsbruder im fernen Amerika bestattet worden war.

Dieser Versuch, die erfundenen Abenteuer als wirklich erlebte auszugeben, zeigt die sadomasochistische Dynamik: Der Autor wird zum Missionar seiner Geschichten, die er als etwas ausgibt, das unbedingt geglaubt werden muss, an dem kein Zweifel gestattet ist.

Karl May spürte wohl, dass ihre pseudologische Qualität seine Reiseerzählungen zu einer Literatur machte, die unter seinen Fähigkeiten lag. Er konnte sich jedoch nicht ernsthafter seiner Schriftstellerei widmen, vielmehr erweiterte er sie zur Selbstdarstellung als grandioser Realcharakter, als Ein-Mann-Gesamtkunstwerk. Ganz ähnlich hat der in vielen Einzelheiten von einer ähnlichen Dynamik wie Karl May geprägte Trivialautor Ronald Hubbard eine Religion aus seinen Obsessionen gemacht, die als Scientology nicht weniger Anhänger hat als Karl May Leser.

Mays Schicksal zeigt, wie die Gesellschaft auf den traumatisierten Hochbegabten reagiert, wie sie seine Abwehrstrukturen steigert, indem sie nicht lächelnd das Spiel des Begabten bewundert, sondern ihn neidvoll wegen seiner Lügen entwertet.

Karl May, der Übergutmensch, der alle seine Tugendtaten als Old Shatterhand und Kara Ben Nemsi selbst vollbracht zu haben behauptete, das Vorbild aller tapferen Knaben und der Lehrer aller sehnsüchtigen Reisenden, musste sich von einem Gericht bestätigen lassen, man dürfe ungestraft von ihm behaupten, er sei ein geborener Verbrecher.

Das hat ihn sehr verbittert und löste eine letzte, manische Anstrengung aus, die ihre Wurzeln in einer tiefen Depression nicht mehr verleugnen kann. Es ging jetzt darum, dass May angesichts des Scheiterns seines Gesamtkunstwerks »Held« sich auch als Schriftsteller scheitern ließ, allerdings in der Hoffnung, sich wie Phönix in dieser Asche magisch zu verjüngen und umso glänzender aus ihr zu erheben.

»Alles, was ich bisher geschrieben habe«, so May in einem Brief an Prof. L. Gurlitt vom 8. Januar 1912[54], »ist nichts als Vorübung, als Skizze. Ich habe mich bisher vorbereitet, habe meine Stoffe und meine Leser studiert und kann nun erst mit meinen eigentlichen Werken beginnen, in denen ich das bringe, was ich bis heute nicht bringen konnte, weil mir das Wissen und das Können dazu fehlte.« Hier kündigte May den Wechsel von der Rolle des Erzählers in die des Propheten, des Stifters einer neuen Religion an. Aber in demselben Jahr 1912 starb er.

Ron Hubbards Karriere, die zur Gründung der Scientology-Sekte führte, ähnelt der von Karl May. Doch war Hubbard ein weit schlechterer Romancier und ein weit entschlossenerer Geschäftsmann. Wie May begann auch Hubbard mit den sogenannten »Heftchen«- oder »Groschen«-Romanen. Er produzierte zehn Seiten am Tag. Alle Genres wurden bedient: Western-, Liebes-, Detektiv- und Zukunftsroman. Um die Leser von der Fährte des Vielschreibers abzubringen, der sich notgedrungen wiederholt, benutzte Hubbard (wie anfänglich auch May) Pseudonyme, die viel über seine Stoffe und seine Sehnsucht aussagen, ein heroischer Soldat zu sein.

So nennt er sich unter anderem Winchester Remington Colt, Lt. Jonathan Daly, Capt. Charles Gordon, Bernard Hubbel, Michael Keith, Legionnaire 148, Rene Lafayette, Ken Martin, B.A. Northrup, Scott Morgan, Kurt von Rachen, Barry Randolph, Lt. Scott Morgan, Capt. Humbert Reynolds.

Hubbard gleicht May insofern, als auch ihm die zurückgezogene Arbeit des Schriftstellers nicht genügt. Er will nicht nur Geschichtenerfinder sein, sondern sich ausstaffieren und selbst Geschichte machen. Er bläst eine Reise nach Alaska zur Forschungsexpedition auf und behauptet, Eingeborenenkulturen zu erforschen. Das ist genau die Mischung des Ich-Helden aus *Winnetou I*. Das »Green-

---

[54] Karl May: *Ich*, Bamberg 1968, S. 413.

horn«, das alle Westmänner übertrifft, plant den Bau einer Eisenbahn durch den Wilden Westen und wird Blutsbruder der Indianer.

»Dianetik«, wie Hubbard seine Lehre nennt, ehe er Scientology steuersparend als Religionsgemeinschaft neu gründet, ist nichts anderes als das Versprechen, mithilfe banaler Psychotechniken, die ihre Quellen verleugnen – Hubbard hat natürlich alles selbst entdeckt! –, einen neuen, intelligenteren, gesünderen, vollkommeneren, alle Grenzen sprengenden Menschen zu schaffen.[55]

Die sadomasochistischen Strukturen sind in dieser Sekte sehr ausgeprägt. Es wird viel Kontrolle ausgeübt, es gibt ein simples, aber eindrucksvolles Gerät zur Messung des Hautwiderstandes (der bei manchen Menschen Angstspannungen anzeigt). Mit dessen Hilfe, so behauptet der »Auditor«, könne er in das Innere seiner Opfer blicken. So inszenieren der Prophet und seine Gefolgsleute die Utopie der traumatisierten Begabung: durch Kontrolle jene Macht über ihre Umwelt zu gewinnen, die glücklichere Menschen überflüssig finden.

---

[55] Hubbard nannte diesen Menschen »clear«; er zeichnet sich beispielsweise durch Immunität gegen Krebs aus.

Die Beziehungsmuster der Hochbegabten

Die narzisstische Störung wurzelt in einer Verunsicherung. Diese kann auf unterschiedlichen Stufen der Entwicklung entstanden sein: in der frühen Kindheit durch Erlebnisse der Verlassenheit und der fehlenden Spiegelung; in der späteren Kindheit durch sadistischen Umgang mit der kindlichen Triebhaftigkeit (etwa die »schwarze Pädagogik«, die dem Kind vermittelt, seine Impulse seien schlecht).

Der dritte, für viele narzisstische Konflikte bestimmende Bereich überformt diese beiden, präödipal und ödipal geprägten, Störungsquellen. Er betrifft die Adoleszenz und die Suche nach der eigenen Identität, die sich in erster Linie als Suche nach eigenen Werten äußert. Heranwachsende entdecken, dass sie nicht nur bewertet werden. Sie können auch sich selbst bewerten und ihre Werte auf andere richten. Affekte werden durch Werte untermauert. Liebe und Hass spiegeln sich in ihnen.

Da sich die hohe Intelligenz in einem schnellen und effektiven Arbeiten der Urteilsfunktionen ausdrückt, können Hochbegabte sich selbst und auch andere schnell, differenziert und eindrucksvoll bewerten. An sich bedeutet Intelligenz auch Macht. Wer schneller auffasst und weiter vorausdenkt, kann andere Menschen beeinflussen. Aber der Machtunterschied zwischen Kindern und Erwachsenen ist so ausgeprägt, dass auch eine hohe kindliche Intelligenz nicht in der Lage ist, eine Auseinandersetzung zugunsten des Kindes enden zu lassen.

Hochbegabte verfügen früh und ausgeprägt über die Fähigkeit, die Gerechtigkeit von Entscheidungen zu überprüfen. Deshalb führt der Sadismus einer Bezugsperson zu einem Zusammenbruch des Gerechtigkeitsempfindens und womöglich zur Identifizierung mit dem Angreifer.

Intelligenz und Kritikfähigkeit können das empfindliche Gleichgewicht einer Liebesbeziehung stören. Diese Dynamik hat Anita Loos im Drehbuch des Hollywoodfilms *Gentlemen Prefer Blondes* (USA 1953, Regie: Howard Hawks, dt. *Blondinen bevorzugt*) ironisch illustriert. Marilyn Monroe spielt die attraktive Sängerin Loreli Lee, die mit berechnendem Charme einen reichen Ehemann sucht.

In einer Krisensituation macht Loreli eine differenzierte Bemerkung, die ein sehr genaues Verständnis für die Hintergründe verrät. Das veranlasst den potenziellen Schwiegervater zu dem Satz: »Aber Sie sind ja gar nicht dumm!« Worauf die Heldin lakonisch bemerkt, sie habe beobachtet, dass Männer es nicht leiden können, wenn ein Mädchen klüger ist als sie. Anita Loos, die sich mit viel Engagement seit den Zwanzigerjahren in Hollywood als Drehbuchschreiberin durchsetzte (eine erste Version von *Gentlemen Prefer Blondes* wurde 1928 als Stummfilm gedreht), wusste wohl genau, wovon sie sprach.

Wenn Hochbegabte eine emotionale Beziehung eingehen, führt ihr Sicherheitsbedürfnis dazu, sich selbst und ihr Gegenüber durch intensive und differenzierte Bewertungen zu kontrollieren. Sie erfassen, was ihr Gegenüber wünscht und braucht. Sie urteilen mit manchmal gnadenloser Schärfe darüber, ob ihre Bemühungen, gute Freunde, einfühlende Gesprächspartner, aufmerksame Geliebte zu sein, nun auch wirklich symmetrisch erwidert werden.

In ihrem Selbstgefühl gestörte Hochbegabte neigen dazu, den Mechanismus der Verliebtheit zu überfordern. Niemand kann wie sie den geliebten Mann in eine glänzende Rüstung kleiden und auf ein riesiges Ross setzen. Aber niemand kann auch wie sie den Helden in den Staub werfen.

Beim ritterlichen Turnier triumphiert der Sieger. Wenn aber eine Hochbegabte den einst von ihr mit allen ihren eigenen Vorzügen ausgerüsteten Mann demontiert, ist sie selbst tief unglücklich, schuldbewusst, fühlt sich als Versagerin. Sie gerät in einen Strudel aus Angst, Schuld und Wut. Die Schuldgefühle steigern die Wut. Er hat ihr das angetan, er hat sie enttäuscht, sie war so dumm, seine Mängel nicht schon immer wahrzunehmen, er so tückisch, diese zu verbergen.

Die Tragik dieser Situation liegt darin, dass die Hochbegabte versucht hat, sich durch die Idealisierung des Geliebten zu schützen. Weil sie das tut, ohne ihre eigene Überlegenheit realistisch einzuschätzen, muss sie die neue Verletzung inszenieren. Am Ende fühlt sie sich gänzlich verlassen. Sie wurde abgelehnt, man versteht sie nicht, man trampelt auf ihr herum, der Partner gibt sich keine Mühe, er hat kein Herz, er möchte nur, dass sie funktioniert, ohne ihre Aufmerksamkeit zu erwidern, da kann sie doch genauso gut alleine weitermachen.

Auch eine Frau, die ihre geistige Überlegenheit zulassen kann, wird ihre Mitmenschen auf die ihr dadurch mögliche Weise scharf beobachten und schnell bewerten. Was sie von der narzisstisch belasteten Hochbegabten unterscheidet, ist ihr Umgang mit dem so erworbenen Wissen. Sie kann sich in die Emotionalität und Intelligenz ihres Gegenübers hineinversetzen. Sie versucht, diese einzuschätzen, sie erwartet nicht Verständnis und Aufwertung, sondern einen Austausch, der die Möglichkeiten beider Seiten realistisch einschätzen kann. Anita Loos hat das auf die ironische Formel gebracht: »Diamonds are a Girl's Best Friend«, die Titelzeile eines Songs, den Marilyn Monroe in einer Szene des Films singt.

Die verleugnete Hochbegabung hingegen führt zu Projektionen; die Frau kann sich nicht vorstellen, dass es etwas gibt, worin der idealisierte Partner ihr unterlegen ist. Dann werden ihm geistige Vorzüge zugeschrieben, welche die Betroffene sich selbst nicht als solche eingestehen kann.

Sie erkennt nicht, *dass es ihre eigenen Fähigkeiten sind, die sie ihm unterstellt.* Wenn er Einfühlungsleistungen »verweigert«, die sie selbstverständlich jedem anböte, den sie Freund nennt, dann muss er Feind sein. Mit den Hintergründen dieser Situation, die schon mehrfach beleuchtet wurde, beschäftigt sich dieses Kapitel.

Das Selbstobjekt

Narzisstisch Traumatisierte suchen nach einem Selbstobjekt: einer Person, die ihnen hilft, die Illusion aufzubauen, das Trauma sei gar nicht geschehen, sie seien unbeschädigt geblieben, sie müssten nicht durch einen Wall aus Wut und Angst gehen, um ähnlich tragfähige Beziehungen zu finden wie Personen, die nicht so belastet sind.

Dieses Selbstobjekt wird von den Hochbegabten mit allen Fähigkeiten ausgestattet, die sie selbst besitzen. Daher belastet es die Betroffenen sehr, eine Beziehung angesichts von Missverständnissen und Konflikten aufrechtzuerhalten.

Eine Traumatisierte fasste ihr Familienerleben in diesem Satz zusammen: »Bei uns gab es keine kleinen Probleme, sondern nur Katastrophen!« Die Traumatisierung verlangt nach der Sicherheit einer perfekten Spiegelung eigener Bedürfnisse, Wünsche und Werte. Wo diese nicht gelingt, zerbricht die Idealisierung, es bleibt kein Halt, keine Beziehung übrig. Ein Liebesobjekt ist entweder lebenswichtig oder wertlos. Daher gibt es auch keine kleinen Liebes-Missverständnisse, sondern nur Liebes-Katastrophen. Die Triebperspektive tritt vollständig hinter die narzisstische Perspektive zurück.

Diese Perspektive lässt sich am besten durch Vergleiche der Sexualität mit sozial weniger regulierten Trieben wie dem Hunger illustrieren. Wer hungrig ist, würde nicht vor der verschlossenen Tür einer Bäckerei stehen bleiben und dort weinend oder wütend warten. Er würde nach einem Laden suchen, der geöffnet ist und in dem er ein Stück Brot bekommt.

Sein Ziel ist *Brot*, nicht der *richtige* Bäcker; jedes Geschäft, in dem Brot zu haben ist, wird höher eingeschätzt als der schönste Laden, in dem nur Preisschilder und Backrezepte hängen.

In narzisstisch bestimmten Konstellationen werden die Triebbefriedigungen, die den meisten Menschen gemeinsam sind und bei ihnen ähnlich funktionieren, dem Stolz geopfert. Die Bezugsperson ist so sehr Träger, Teil und Garant des eigenen Selbstgefühls, dass eine Abweichung von dem Erwarteten zur Katastrophe wird. Die Hochbegabung trägt zur Brisanz einer solchen Situation insofern bei, als ein Mensch umso mehr zu erwarten pflegt, je mehr er selbst in einer Beziehung leisten kann und will.

Die Fähigkeit des Hochbegabten, als Selbstobjekt zu funktionieren, ist ebenso kreativ wie gefährlich. Sie hilft ihm, heftige seelische Verletzungen zu kompensieren, indem er sich mit einer anderen Person so eng verbindet, dass deren seelische Bewältigungsmechanismen auch die seinen werden. So kann er ein Leben lang zum Beispiel eine äußerlich normale Ehe führen, die nur durch ihre zwanghaften Ritualisierungen verrät, wie wenig Spielraum für Entwicklungen sie bietet.

Sigmund Freud beispielsweise war ein sexuell traumatisierter Hochbegabter, der dank der festen Struktur, die er sich selbst auferlegte, tadellos als bürgerlicher Ehemann und Vater funktionierte. Er stellte sein Sexualleben nach der Zeugung des jüngsten Kindes ein und sublimierte die entsprechenden Triebe.[56]

Heute gelingen solche Lösungen seltener. Der Zeitgeist ist Sublimierungen feindlicher geworden (wozu Freuds Theorie sogar ein wenig beigetragen hat). Außerdem ist die geniale Begabung zur Umwandlung traumatischer Ängste in wissenschaftliche Kreativität nicht eben häufig. Wo ein perfektionistisches Verhältnis zur Sexualität dominiert, bereitet es dem Paar größte Mühe, Einbrüche an sexuellem Interesse, an erotischen Möglichkeiten, an wechselseiti-

---

[56] Vgl. Wolfgang Schmidbauer: *Freuds Dilemma,* Reinbek bei Hamburg 1999.

ger Anerkennung in der Sexualität und durch die Sexualität zu verarbeiten. Ehe er etwas Unvollkommenes zulässt, verzichtet der Traumatisierte aufgrund seiner perfektionistischen Abwehr lieber ganz.

In den Beziehungen der Hochbegabten kommt es manchmal zu bizarren Eifersuchtskrisen, weil Dritte als *Symbol* in die Beziehung importiert werden. Sie sollen dem Partner etwas sagen, das ihm anders nicht mitgeteilt werden kann. Die Geliebten sind sozusagen ein Satz, eine These in einer Sprache, welche die Partner zwangsläufig missverstehen. Wenn der hochbegabte Mann, dem bisher Frau und Kinder über alles gingen, deprimiert von seinen Phantasien über eine andere Frau berichtet, wenn die hochbegabte Frau ihrem Mann gesteht, dass sie von einem anderen schwanger ist, das Kind aber mit ihm aufziehen möchte, dann sind die entstehenden Konflikte tragisch und oft sehr destruktiv. Das liegt daran, dass diese Selbstobjektsprache nur von einem Außenstehenden oder von dem Sprecher selbst verstanden werden kann, während sie für den eigentlichen Dialogpartner chiffriert und in der Regel unübersetzbar bleibt. Michael Lukas Moeller hat ein anspruchsvolles Unternehmen beschrieben, in dem es gelingen kann, solche Dialogversuche zu pflegen und vielleicht in einen tatsächlichen Dialog umzuformen.[57]

In der Regel wird die Unzufriedenheit, das Ungenügen in der Selbstobjektbeziehung des traumatisierten Hochbegabten keine an-

---

[57] Michael Lukas Moeller: »Die Hebung des Schatzes der Eifersucht«, in: Annemarie Bauer u.a. (Hrsg.): *Psychoanalytische Perspektiven,* Frankfurt am Main 2002, S. 283. Eine dieser Lösungen sieht so aus: Ein 50-jähriger Architekt und Vater von drei Kindern verliebt sich in eine jüngere Frau. Er kommuniziert diese Zuneigung; es gelingt der Ehefrau, den Schmerz der Eifersucht, und ihm, seine Schuldgefühle zu ertragen. Nach anderthalb Jahren ist die Ehe offener geworden, sie wird von beiden positiver erlebt, die Ehefrau hat ihren früheren Beruf wieder aufgenommen und empfindet sich wie befreit. Sie fasst die Dynamik so zusammen: »Es ist, als ob die Gestalt von Alice (der Geliebten) wie ein großer Vogel an dem Ei, das noch im Nest lag, gepickt hätte und ich sei herausgekrochen« (ebda., S. 286).

dere Sprache haben als den Versuch, das Alte und das Neue zu einer Einheit zu verschmelzen. Während ihre Partner noch versuchen, die Beziehung durch ein neues Element zu erweitern, wie man ein neues Reis auf einen Fruchtbaum pfropft, fühlen sich die »Hintergangenen« nur betrogen und fürchten, durch neue Partner ersetzt zu werden, die heißer begehrt werden als sie.

Die sexuellen Beziehungen traumatisierter Begabungen sind vielfach an jenes illusionäre Gemisch aus Verleugnung und Überschätzung gebunden, das wir Verliebtheit nennen. Eine wesentliche Basis der Verliebtheit ist, dass sie die verschmelzenden Qualitäten der frühen Beziehung zwischen Mutter und Kind aktiviert. Verliebte fühlen sich wie *ein* Mensch, sie fühlen sich *völlig* verstanden, sie entdecken einen Seelenzwilling, der ihnen vom Schicksal ausgesucht war. *Ach du warst in abgelebten Zeiten – meine Schwester oder meine Frau!* So beschrieb das Goethe.

Männer und Frauen reagieren auf den Verlust der primären Verliebtheit unterschiedlich. Das liegt daran, dass Frauen stärker an die Utopie einer Symbiose gebunden sind als Männer, die schon früh erkennen, dass sie anders sind als die Mutter. Eine von mir einmal beschriebene Alltagsszene verdeutlicht diesen Unterschied:

Mann und Frau haben eine Bahnfahrt angetreten. Nach einer Stunde fragt die Frau: »Hast du Hunger?«

»Nein!«, sagt der Mann.

Sie wiederholt die Frage noch zweimal und erhält dieselbe Antwort. Nach dem dritten »Nein!« sagt sie empört: »Ich esse jetzt was. Dir ist anscheinend egal, wie es mir geht!«[58]

Die Frau hat sich sozusagen einen gemeinsamen Hunger gewünscht, um die mitgebrachten Brote auszupacken oder den Speisewagen

---

[58] Wolfgang Schmidbauer: *»Du verstehst mich nicht!« Die Semantik der Geschlechter,* Reinbek bei Hamburg 1991.

aufzusuchen. Der Mann hingegen erlebt ihre Frage so, wie sie gestellt wird. Wenn er Hunger hätte, würde er essen, daher kann er sich nicht vorstellen, dass seine Frau warten möchte, bis sie gemeinsam Hunger haben.

Aus dem Gesagten wird deutlich, warum sich die Strategien der narzisstisch belasteten Hochbegabten bei Frauen und Männern so unterscheiden. Hochbegabte und in ihrem Selbstgefühl belastete Männer werden durch ihre erotischen Erfahrungen in der Regel stabilisiert; Frauen aber fühlen sich bedroht. Den Männern gelingt es, Erotik von einer ihnen geistig unterlegenen Partnerin anzunehmen, sich über sie zu freuen, ihr Kinder anzuvertrauen und im Übrigen ihr eigenes Leben zu leben. Sie werden durch ihre Partnerinnen getragen und manchmal gegen Kränkungen geschützt. Manchmal leben sie auch emotional auf deren Kosten und beuten sie aus.

Frauen fällt es schwerer, einen ihnen geistig unterlegenen Partner in derselben Weise zu nutzen. Wenn wieder einmal eine geschliffen argumentierende, blitzgescheite Frau lieber mit einem kleinen Kind von der Sozialhilfe lebt als weiter die Kränkung zu ertragen, dass ein an sich gutwilliger Partner ihre Ansprüche an einen Vater für ihr Kind nicht erfüllt, dann haben sich diese Dämonen ein neues Opfer geholt.

Sehr oft kommt es aber gar nicht so weit. Die narzisstisch belasteten Hochbegabten entwickeln bereits im Vorfeld Strategien, um solche Risiken zu vermeiden. In der Therapie ergeben sich tragische Situationen, wenn die Betroffenen erst dann anfangen, sich mit ihrer Störung auseinanderzusetzen, wenn es zum Beispiel für eigene Kinder zu spät ist.[59]

---

[59] Dem (männlichen) Therapeuten werden manchmal reaktionäre Ideologien unterstellt, wenn er die wichtige Rolle von Kindern für das weibliche Selbstgefühl betont. Ich finde das unsinnig; Gleichberechtigung sollte im Berufsleben stattfinden, nicht durch den Verzicht auf kreative Potenziale. Wissenschaftlich betrachtet, sind eigene Kinder ebenso ein Risiko für unser Selbstgefühl wie der

Allerdings lässt sich auch der Gedanke oft nicht abweisen, sie hätten in einer unbewussten Absicht eben deshalb so lange gewartet, um sich vor einer derartigen Anforderung an ihr Selbstgefühl zu schützen.

Die Strategie der Phantasiebeziehung

Ich muss mich einfach damit abfinden,
dass mich keiner will, den ich will!

Die 38-jährige Beate U. ist eine sehr attraktive Frau, durchtrainiert, zurückhaltend gekleidet; sie hat eine Ausbildung als Reitlehrerin und das Kapitänspatent für Segelschiffe. Sie arbeitet als Juristin in der Stabsabteilung einer großen Bank und wird von ihren Vorgesetzten sehr geschätzt. Sie ist im Büro stets engagiert, umsichtig und genau. Man kann sich absolut auf sie verlassen.

Einmal bot ihr der Abteilungsleiter beim Personalgespräch einen Aufstieg an. Aber Beate kann sich das nicht vorstellen und zieht sich freundlich zurück: Sie will bleiben, wo sie sich auskennt, sie traut sich eine Führungsaufgabe nicht zu. »Manchmal habe ich den Verdacht, dass Sie mehr leisten als Ihr Gruppenleiter«, sagt der Vorgesetzte. »Das mag sein«, sagt Beate lächelnd. »Aber das ist etwas ganz anderes. Ich könnte das nicht. Ich will nicht so im Vordergrund stehen!«

Keiner der Kollegen weiß von ihrem Privatleben; keiner ahnt, dass sie seit fast 20 Jahren allein lebt und allen sexuellen Erfahrungen aus dem Weg geht, seit sie sich von ihrem ersten und bisher einzigen Freund getrennt hat, weil sie sich von ihm eingeengt fühlte. Damals wohnte sie noch zu Hause und bereitete sich auf das Abitur vor. Die

---

Verzicht auf sie. Die klinische Erfahrung lehrt, dass Kinderlosigkeit in der Regel schwerer zu verarbeiten ist. Das passt zu der psychologischen Erfahrung, dass sich Menschen besser mit einer äußeren, konkreten Realität auseinandersetzen können als mit Phantasien von verpassten Möglichkeiten.

folgende Trennung von den Eltern, um in einer anderen Stadt zu studieren, erlebte sie als Befreiung – allerdings um den Preis der real gelebten Sexualität.

Beates sorgsam gehütetes Geheimnis sind Phantasien von erotischen Beziehungen, in denen sie sich ein gemeinsames Leben ausmalt. Gegenstand dieser Phantasien sind meist Vorgesetzte, manchmal auch Kollegen, selbst die Partner von Bekannten. Immer gehört es zu diesen Phantasien, dass der Mann ihr seine Liebe gesteht und dass mit diesem Geständnis eine wunderbare gemeinsame Zeit beginnt. Der Mann durchdringt den Wall ihrer zur Schau getragenen höflich-scheuen Neutralität und weckt durch seine auch ihre Leidenschaft.

Beate ist die älteste Tochter einer Frau, die zeitlebens mit ihrer Enttäuschung über ihre eigene Mutter rang. Sie fühlte sich von dieser entwertet. Die Mutter zog ihr die Brüder vor. Sie war streng und kalt, nörgelte immer an dem (alkoholkranken) Vater herum. Beates Mutter will für ihre Tochter eine ganz andere, viel bessere Kindheit zaubern. Sie überschüttet sie mit Fürsorge und sucht ihre Nähe, so oft sie nur kann.

Für alles, was das harmonische Verhältnis zwischen Mutter und Tochter trüben könnte, gibt es Erklärungen, in der Regel die Charaktermängel des Vaters. Bis zu einem Auslandseinsatz, der lange Telefonate mit Beate unmöglich macht, hat Beates Mutter jeden Abend angerufen und mindestens eine halbe Stunde mit der Tochter gesprochen. Beate fürchtet bis heute diese Anrufe, kann aber ihre Schuldgefühle nicht ertragen, wenn sie den Anrufbeantworter einschaltet und dann die vorwurfsvolle Stimme ihrer Mutter hört, die um Rückruf bittet, weil sie sich Sorgen mache. Die Mutter wünscht sich dringend Enkelkinder und versucht manchmal, Beate zu verkuppeln.

Anfangs hat Beate ihre Phantasiebeziehungen wie Generalproben eingeschätzt, welche sie auf Ehe und Familie vorbereiten. Inzwischen erlebt sie die Phantasien zunehmend als Sucht. Es wird ihr deutlich, dass sie besonders intensiv sind, wenn sie sich schlecht fühlt, wenn sie der Arbeit nichts abgewinnen kann oder schon allzu lange außer Arbeit und Haushalt praktisch nichts unternommen hat. Je mehr sie phantasiert, desto schlechter und wertloser fühlt sie sich, weil sie immer irgendwann dem Gedanken begegnet, dass der ersehnte Partner nicht daran denkt, ihre Liebe wahrzunehmen und zu erwidern. Ihre Träume lassen sie beschämt in dem Kater zurück, dass sie keinen Mann wert ist.

Beate hatte schon als Kind die Brüchigkeit und Bedürftigkeit ihrer Mutter erkannt und dadurch kompensiert, dass sie sich alle Aggressionen verbot und versuchte, durch Übererfüllung der mütterlichen Anforderungen an ein braves, sauberes, gehorsames Kind die Mutter zu stabilisieren. Einmal während eines Ehekonflikts – der Vater hatte sich entschlossen, eine besser bezahlte Stelle anzutreten, die aber von ihm verlangte, auch abends und an Wochenenden zu arbeiten – rief die Achtjährige den Vater im Dienst an, weil die Mutter mit Selbstmord gedroht hatte, wenn sich das Verhalten des Vaters nicht ändere. »Ich halte es nicht mehr aus, was soll ich nur machen!« – »Du kennst sie doch, Beate«, sagte der Vater. »Nimm sie nicht ernst, kümmere dich um sie, es geht nicht anders, ich kann jetzt hier nicht weg!«

Die hochgradige Kontrolle unerwünschter Affekte hat bei Beate Mechanismen und Phantasien aktiviert, die im analytischen Jargon *analsadistisch* genannt werden. Sie hat gegenüber der überlasteten und harmoniesüchtigen Mutter ihre aggressiven Impulse in einem Maß beherrschen müssen, das nicht erreicht werden kann, wenn nicht sozusagen das Bewachte in Wächterdienst genommen wird, wenn der eigene Umgang mit Aggression nur vernünftig und nicht verfolgend, aggressiv, ja sadistisch ist.

Diese sadistische Phantasieaktivität erhöht die Wachsamkeit gegen alle Gefahren für Disziplin und Selbstkontrolle; sie wird auch in die Umwelt projiziert, um die Wachsamkeit noch zu steigern. (Daher auch Beates Entschuldigung, wenn sie in einer Therapiestunde geweint hat: Die Affektkontrolle wird in den Therapeuten verlegt.)

Als Beate mehr Vertrauen aufgebaut hatte, konnte sie gestehen, dass sie von Berichten über sadistische Szenen fasziniert war. Sie beabsichtigte, im Internet einen Mann kennenzulernen, wollte aber monatelang ihren bereits erworbenen Laptop nicht anschließen. Sie fürchtete, einen Mann wie den *Kannibalen von Rothenburg* kennenzulernen. Ähnliche masochistische Phantasien als Reaktionsbildung gegen die eigene geistige Macht sind bei hochbegabten Frauen nicht selten. Sie unterwerfen sich, um auf keinen Fall den Mann zu unterwerfen und ihn seiner Macht zu berauben. Mithilfe seiner sadistischen Gewalt bestraft sie sich für ihre eigene Überlegenheit, die sie als Angriff auf den Partner empfindet.

In ihren Phantasiebeziehungen hat Beate die Situation, den Mann und sich selbst unter Kontrolle – um den Preis der Entwicklung einer Partnerschaft in der Realität. Sie verschleiert ihre Kontrolle durch die Inhalte der Phantasien, denn dort ist es der Mann, der die Kontrolle über die Beziehung ausübt, der die gemeinsamen Reisen plant, der die erotischen Szenen gestaltet. Diese Phantasien ermöglichen, was eine andere Hochbegabte in einem Stoßseufzer so formulierte: »Wenn ich noch einmal auf die Welt komme, werde ich ein Mann und heirate mich selbst!«

Zu Beginn fühlte sich der Analytiker immer wieder hilflos, weil Beate einerseits fast nur von ihren Phantasiebeziehungen sprechen konnte, sich anderseits aber mit heftigen Selbstabwertungen für diese schalt. Alles, was der Analytiker ihr sagen konnte, wusste sie schon – es half nur nichts. Die Männer, die sich für Beate interessierten, entwertete sie derart radikal, dass der Analytiker sich mit betroffen fühlte.

Vielleicht sei eine unvollkommene reale Erfahrung besser als die Wiederholung perfekter Träume? Das wusste Beate längst, aber sie konnte das nicht, das ging nicht, das war unmöglich, vielleicht sollte sie die Therapie beenden, ihr war nicht zu helfen, sie bemerke doch, wie sehr den Analytiker diese ewigen Wiederholungen langweilten.

Der Analytiker beteuerte, dass er sich nicht langweile. Er fand die Stunden interessant, hatte allerdings ein schlechtes Gewissen, weil sich so wenig änderte. Allmählich gelang es ihm besser, Beates Ängste zu erkennen und ihr immer wieder zu erklären, dass die vermiedene Beziehungsrealität auch vermiedene Kränkung sei, dass sie aus diesem Käfig aber nur dann entrinnen könne, wenn sie sich den Ängsten stelle, dass sie jemand als Frau identifizieren könnte, die an einer erotischen Beziehung interessiert ist. Jetzt erzählte Beate auch mehr von ihrer heftigen Scham, anderen überhaupt zu verraten, dass sie einsam sei. Niemals, sagte sie, würde sie sich an einem Sommertag allein an einen Tisch vor einem Straßencafé setzen – dann sähe doch jeder, dass sie allein sei.

Die Wende in der Therapie trat ein, als Beate die Phantasie von dem idealen Geliebten durch das Projekt ersetzte, ein Kind zu adoptieren. Auch jetzt schämte sie sich, aber sie konnte die Scham überwinden und aktiv werden, erste Schritte tun, um die Adoptionsmöglichkeiten auszuloten. Diese Phantasie führte sie viel dichter an die Realität heran und erlaubte ihr, ihre planerischen und kreativen Fähigkeiten neu zu organisieren. Es machte ihr diebische Freude, sich vorzustellen, wie die Bosse in der Bank darauf reagieren würden, dass sie für ein aus Nepal oder Bolivien mitgebrachtes Baby den deutschen Mutterschutz beanspruchen würde. Und wenn ihre Mutter schockiert wäre – umso besser. Die habe um einen Enkel gebettelt – nun werde sie den Enkel bekommen! Während die Phantasie, eine erotische Beziehung vorwegzunehmen und vollständig zu kontrollieren, Beate von Männern abgehalten hatte, wuchs jetzt nicht nur ihr Interesse für Kinder, sondern sie suchte reale Begegnungen.

Sie begann im Internet nach einem Partner zu suchen und fand nach einigen Enttäuschungen einen, der »wenigstens nett« war, obwohl sie sich nicht vorstellen konnte, ihn ihren Freunden oder gar ihren Eltern zu zeigen: Er sei ein wenig zu dick und kleide sich sehr leger, habe zwar studiert, mache aber nicht viel aus sich.

Dann ging alles sehr schnell: Beate berichtete in fast jeder Stunde, wie leicht es ihr gefallen sei, eine der Hürden zu nehmen, die sie bisher als vollständig unüberwindlich beschrieben hatte. Die anfänglich schwierige Sexualität klappte, sie redete mit ihren Eltern, sie kaufte sich ein Auto, sie stellte ihren Freund den Eltern vor, die Eltern halfen beim Kauf einer gemeinsamen Wohnung, sie wollten heiraten, wenn sie schwanger wäre, sie brauche keine Therapie mehr, was solle sie mir erzählen, wie gut es ihr ginge, alles sei unvollkommen, aber höchst lebendig, ihr Freund nehme ihre Ängste in genau der richtigen Mischung ernst und doch nicht ernst, vielleicht müsse sie sagen: Er kümmere sich liebevoll um sie, wie sie es gar nicht verdient habe, aber ihm mache das nichts aus, und er habe keine Angst, dass ihm das zu viel werden könne.

Die Helfer-Strategie

Über einen wichtigen Aspekt der traumatisierten Begabung liegen bereits seit längerer Zeit Veröffentlichungen vor. Die Helferrolle ist wie keine andere geeignet, narzisstische Wunden zu heilen oder doch wenigstens zu kompensieren. Um ein Helfersyndrom zu entwickeln, müssen die Betroffenen schon früh zu beträchtlichen Intelligenzleistungen fähig sein. Sie müssen zum Beispiel das reale Verhalten ihrer Bezugspersonen mit dem vergleichen, was diese vorgeben zu tun.

Die Grundzüge des Helfersyndroms sehen so aus: Die seelische Traumatisierung des Kindes durch einen Mangel an Einfühlung, emotionaler Spiegelung, Bestätigung und Schutz wird von dem Kind dadurch ausgeglichen, dass es sich mit einem idealisierten Bild der guten Mutter (abstrakter und genauer: des guten Objekts) identifiziert. Diese Abwehr schützt das Ich vor erneuter Verletzung durch Verlassen-Werden, durch Zurückweisung seiner »egoistischen« Bedürfnisse. Die Helferin ist ganz für andere da und braucht selbst nichts.

Da es viele zuwendungsbedürftige Menschen gibt, kann sie emotionale Beziehungen gestalten, kann Bedürftigkeit und Abhängigkeit nach außen verlegen und dort mithilfe ihrer Begabungen kontrollieren. So gewinnt sie eine sichere Quelle narzisstischer Bestätigung, opfert aber Teile ihrer Selbstverwirklichung.

Das Helfersyndrom beschreibt den unbewussten, der Psychoanalyse zugänglichen, im Alltag eher verdeckten und manchmal auch verleugneten Teil der Motivation zu einem helfenden Beruf. Für das Verständnis beruflicher Krisen sind solche Gesichtspunkte nützlich. Die Helferrolle ermöglicht es, die exhibitionistischen Hemmungen zu kompensieren. Es ist geradezu typisch für Helferinnen, dass sie sehr durchsetzungsfähig sind, wenn es um die Interessen ihrer Schützlinge geht, ob nun eine Anwältin für Mandantinnen, eine Krankenschwester für Patienten oder eine Erzieherin für Kinder kämpft.

Sobald es aber darum geht, eigene Interessen durchzusetzen, machen sich unerwartete und angesichts der sonstigen Kompetenz rätselhafte Hemmungen bemerkbar. Die Anwältin kann keine Rechnungen schreiben, die Krankenschwester lässt sich durch unbezahlte Überstunden ausnutzen, die Erzieherin wird bei der Beförderung wieder übergangen und wehrt sich nicht.

Als Krisenfaktor in den Beziehungen der Hochbegabten macht sich das Helfersyndrom vor allem in Situationen bemerkbar, in denen existenzielle Einbußen drohen, weil die Helferin wartet und wartet, bis sich eine unbewusste Phantasie erfüllt, dass ihr Gleiches mit Gleichem vergolten wird, dass sie endlich die Zuwendung erhält, die sie spendet, dass auch sie endlich einmal »dran« ist. Diese Dynamik ist bei hochbegabten Frauen sehr viel häufiger als bei Männern.

Männer mit Helfersyndrom haben gute Chancen, dass sie an eine Partnerin geraten, die ihre Rücksichtnahme und Aufopferung versteht, schätzt und in gewisser Weise kompensiert. Seine Partnerin bringt den Helfer dazu, sich nicht zu sehr zu verausgaben, verführt ihn zur Elternschaft und ermöglicht ihm in der Sorge für eigene Kinder ein besseres Verständnis seines Perfektionismus und seiner frühen Traumatisierungen.

Frauen mit Helfersyndrom geraten hingegen häufig an männliche Partner, die sie nicht verstehen, sondern ausnutzen, die selbst eine kindliche Rolle einnehmen und die Wünsche ihrer Partnerin nach eigenen Kindern verwerfen, weil sie sich dann in ihren eigenen Versorgungsansprüchen gefährdet fühlen.

In schwerwiegenden Fällen ist das Kontrollbedürfnis der traumatisierten Helferinnen so groß, dass sie gar keine sexuelle Beziehung zulassen können, obwohl sie sich Kinder wünschen. So entdeckte eine Frau, die lange Jahre aufopfernd und ohne andere Interessen als Kinderkrankenschwester gearbeitet und sich zur Heilpädagogin fortgebildet hatte, nach ihrem 40. Geburtstag und dem Tod ihrer lange Zeit pflegebedürftigen Mutter plötzlich, dass ihr eigene Kinder fehlten und sie niemals zurückbekäme, was sie selbst ihrer Mutter gegeben hatte.

Sie wurde depressiv, konnte nicht mehr arbeiten und schlug sich mit Selbstmordgedanken herum, die überhaupt nicht zu ihrer bisherigen positiven Einstellung passten und über die sie mit niemandem sprechen konnte, weil es ja in den letzten Jahrzehnten immer die anderen gewesen waren, die mit ihren Problemen zu ihr kamen.

Wenn ein überfordertes Kind Krankenschwester wird und stets für andere Kinder da ist, kann die Berufsarbeit zur Droge werden. Irgendwann bemerkt die Pflegerin ihre Unzufriedenheit. Irgendetwas fehlt ihr, aber was? Es fällt ihr einfach nicht ein, dass es ein befriedigendes Privatleben ist; sie sucht die Quellen für ihre Unzufriedenheit im Beruf. Es muss daran liegen, dass sie zu wenig Zeit für die einzelnen Kinder hat, sich ihnen nicht intensiv und kompetent genug widmen kann. So macht sie eine Zusatzausbildung und erwartet, dass danach die Unzufriedenheit bewältigt ist. Sie sucht im Beruf, was sie außerhalb des Berufs verloren hat.

So hilft ihr der Beruf zwar, ein eigenes, in ihrer Kindheit erlittenes Trauma zu kompensieren, aber er beraubt sie auch der Möglichkeiten, sich außerhalb des Berufs zu entwickeln. In der Moderne tragen Lebensentwürfe, die das Privatleben dem Beruf opfern, nur noch selten eine ganze Biografie. Sie werden nicht durchschaut und bewusst gewählt, sondern folgen dem Motto: »Jetzt nicht, aber später!«

Als die beschriebene Heilpädagogin sich mit 45 Jahren einer gynäkologischen Operation unterziehen musste, sagte sie ihrem Therapeuten hinterher bitter: »Die anderen kriegen Kinder, wir kriegen Myome.« Sie war nicht die Einzige in ihrer Einrichtung, die mit dieser Diagnose operiert worden war.

Die Co-Abhängige

Traumatisierte Begabungen sind nicht nur besonders suchtgefährdet; häufig geraten sie auch in die Rolle einer Co-Abhängigen. Die Frau des Alkoholikers ist häufig eine Hochbegabte, die ihre Schuldgefühle, Versagensängste und Selbstzweifel dadurch kompensiert, dass sie etwas leistet, das anderen unmöglich scheint, und an dieser Aufgabe festhält, obwohl ihr alle Wohlmeinenden raten, doch endlich aufzugeben und auch einmal an sich zu denken. Sie kann virtuos erklären, weshalb sie sich nicht trennen darf; sie verwirrt ihre Zuhörer, indem sie einerseits ihren Partner realistisch schildert und andererseits ihre eigenen Fähigkeiten komplett ignoriert.

»Ich brauche meinen Mann, ich kann mich unmöglich trennen, er verwaltet alle unsere Konten, er hat alle Kredite aufgenommen, ich kann keinen Bankauszug lesen«, sagte mir einmal eine hochbegabte, beruflich sehr erfolgreiche Ärztin, die ihren alkoholkranken Partner durchfütterte und sich über meine Bemerkung wunderte, ich könne mir nicht vorstellen, wie jemand in der Lage sei, ein Studium abzuschließen, der zu dumm sei, einen Bankauszug zu verstehen.

Die Frau des Alkoholikers ist nicht nur symptomfrei, sondern besonders tüchtig und gesund. Sie fühlt sich überlastet, aber stabil, solange sie ihren labilen Partner festigen und insgeheim an seinen Größenvorstellungen teilhaben kann. Sie versorgt die Kinder, organisiert den Haushalt, pflegt den Partner, verdient das Familieneinkommen. Ein Element der Hysterie in dieser Situation lässt sich vielleicht darin finden, dass sie es ihm jedes Mal glaubt, wenn er verspricht, nie wieder zu trinken, sie nie mehr zu schlagen, auszunutzen oder zu betrügen.

Die seelisch verletzte Frau kompensiert auf diese Weise ihre Unfähigkeit zu der von gesundem Exhibitionismus getragenen Selbstverwirklichung. Sie geht in dem auf, was ein anderer geltungssüchtig fordert, und bemerkt erst spät, fast widerwillig, dass sie nach sachlichen Kriterien tüchtiger ist als ihr Partner, der weit mehr von sich überzeugt ist und wahre Wunderdinge vollbrächte, käme nicht immer etwas dazwischen.

Karin und Johannes arbeiten in einer Gemeinschaftspraxis als Kinderärzte. Johannes ist Alkoholiker; immer wieder hat Karin Mühe damit, Eltern der kleinen Patientinnen und Patienten zu beruhigen, die er durch seine dünkelhafte Art verletzt hat und die am Empfang nach einem Termin bei der Frau Doktor verlangen, obwohl ihr Kalender schon voll ist und seiner noch viele weiße Stellen enthält.

Sie ist viel beliebter als er. Weil sie sich einschmeichelt, sagt Johannes, viel zu lange mit Patienten redet, ihre Zeit nicht richtig einteilt. Karin ist lange Zeit überzeugt, dass er bei Weitem der bessere Mediziner sei. Seine Fehler schreibt sie der Tatsache zu, dass er nachlässig ist.

Er sei eine große Begabung, habe nur durch die Missgunst seines Chefs in der Uniklinik eine akademische Karriere verpasst, könne operieren wie ein Gott. Johannes beginnt ein Verhältnis mit einer Sprechstundenhilfe. Karin ertappt ihn eines Abends, als sie ein Buch holen will, das sie in der Praxis liegen gelassen hat, während Johannes glaubt, sie sei längst auf der Fahrt zu ihren Eltern. Er versucht erst alles abzustreiten und beschimpft sie dann als frigide Zicke, die sich nur für ihre Arbeit interessiere und neben der er als Mann verkümmere.

Karin reagiert mit einer heftigen Depression und sucht Hilfe in einer Therapiegruppe. Sie will sich trennen, aber sie kann es nicht. Johannes würde sie nie gehen lassen, sie haben Gütergemeinschaft, die Praxis ist verschuldet, Johannes verwaltet die Konten und macht mit einem Freund die Steuererklärung, sie sei zu dumm dafür. Immerhin setzt sie durch, dass sie eine abgetrennte Wohnung in dem gemeinsam gekauften Haus bekommt. Sie bestellt einen Schreiner, der den Treppenaufgang verschließt. Johannes soll sehen, wie er klarkommt, soll doch seine Geliebte für ihn sorgen.

Johannes ist erst sehr trotzig, versucht sich an die Geliebte zu klammern, die sich aber von ihm trennt, als sie bemerkt, wie schwerwiegend sein Alkoholproblem ist, und ihn anzeigt, als er sie schlägt, weil sie sich ihm verweigert hat. Johannes entfaltet große Überzeugungskraft, um Karin zurückzuerobern, er preist ihren wunderbaren Charakter und die guten Zeiten ihrer Ehe in den höchsten Tönen, das dürfe man doch nicht wegwerfen.

Die Gruppenmitglieder warnen sie, sich auf Johannes' Werben einzulassen. Sie reden ihr zu, erst dann einzuwilligen, wenn Johannes eine Entziehungskur gemacht und Verlässlichkeit bewiesen habe. Karin bricht ihre Therapie ab. Sie könne sich der Gruppe nicht zumuten. Sie glaubt Johannes mehr, der eine Entziehungskur zum verrückten Psychogeschwätz erklärt. Er habe alles im Griff, jedem vernünftigen Menschen sei doch klar, dass er nur getragen von Karins Liebe aufhören könne zu trinken.

Karins Zurückweisung, Karins Unterstützung der Verleumdung, er sei ein unbeherrschter Säufer, treibe ihn dem Suff in die Arme. Er sei eben ein leidenschaftlicher Mensch, aber er schwöre *ihr* Treue und Abstinenz, wenn sie die Trennung rückgängig mache, die Therapie abbreche und sich wieder zu ihrer Ehe bekenne. So bestellt Karin zum zweiten (aber vermutlich nicht letzten) Mal den Schreiner. Er soll die Trennwände demontieren.

Insgesamt hat es fast zwölf Jahre gedauert, bis sich Karin von Johannes scheiden ließ. Es gab sehr viele Rückschritte und Eskalationen, erbitterten Streit vor Gericht und dramatische Versöhnungen. Allmählich wurde Karin selbstbewusster und gleichzeitig selbstkritischer, sie sah genauer, wie viele eigene Selbstgefühlsprobleme sie nicht wahrnehmen musste, solange Johann neben ihr zwischen Titan und Versager schwankte.

Schrittweise glaubte sie ihm nicht mehr, wenn sie sich nur ein bisschen mehr anstrenge, sei alles wieder gut und er werde nie wieder rückfällig. Sie erkannte, dass die ständige Sorge um ihren Partner und die Mühe, für ihn mitzudenken, ihr auch half, eigene Ängste zu verleugnen, sich selbst zur Geltung zu bringen und ihr Leben in die Hand zu nehmen.

Während Johannes immer schnell eine neue Geliebte fand, wenn er sich von Karin nicht genügend versorgt fühlte, fürchtete sich Karin sehr lange vor einer neuen Beziehung: Sie war sensibel geworden für ihre Neigung, die Helferin eines gekränkten Narziss zu spielen. So begegnete sie Männern, die sich für sie interessierten, voller Misstrauen und Abwehr. Auf der anderen Seite wagte sie nicht, selbst die Initiative zu ergreifen und einem Mann, der ihr gefiel, ihre Wünsche zu offenbaren.

Zwei Ereignisse haben wahrscheinlich die Trennung ermöglicht. Johannes erkrankte an einer alkoholbedingten Polyneuropathie und hörte auf zu trinken. Jetzt stellte Karin fest, dass der nüchterne Johannes nicht der Held ihrer Träume war, sondern ein eitler und höchst langweiliger Mensch, der über nichts anderes reden könne als über Fitness und gesunde Ernährung. Außerdem hatte sie über eine Internet-Partnerbörse einen Lehrer kennengelernt und mit Staunen während des ersten gemeinsamen Urlaubs erlebt, dass er sich für sie interessierte, ihr die Reiseplanung abnahm und ehrlich bewunderte, wie gescheit sie sei, wie viel Sex Appeal sie habe und wie gut sie mit Menschen umgehen könne. Und er war ganz nüchtern, als er das sagte.

Maria arbeitet als Anwaltssekretärin; sie ist sehr tüchtig, hat auch noch einen Nebenjob, in dem sie für einen anderen Anwalt schreibt. Jakob ist seit zehn Jahren mit ihr verheiratet und studiert Jura. Er leidet unter heftigen Prüfungsängsten und bereitet sich schon seit vielen Jahren auf das erste Staatsexamen vor. Er meldet sich auch gelegentlich zu Prüfungen an, zieht sich dann aber mithilfe eines ärztlichen Attests wieder aus der Affäre.

Jakob hat eine Psychoanalyse und mehrere Verhaltenstherapien abgebrochen. Die Therapeuten konnten ihm nicht helfen. Sie waren so verständnislos, von ihm zu verlangen, *trotz* seiner Ängste in die Prüfung zu gehen. Er konnte Maria das Versagen der Psychoklempner so anschaulich schildern, dass diese lange Zeit nach dem richtigen Therapeuten für Jakob suchte. Endlich nahm sie selbst den Vorschlag ihres Internisten ernst, wegen ihrer heftigen Migräneattacken eine Psychotherapie zu versuchen.

Sie berichtete dort, dass Jakob ihr versprochen habe, wenn er erst Anwalt sei, werde er ihr ein schönes Leben verschaffen, ein gepflegtes Haus, sie könnten Kinder haben. Aber sie sei schon 38 Jahre alt und könne nicht mehr lange warten. Es sei ihr aber auch unmöglich, von Jakob zu verlangen, er solle sich Arbeit suchen und das Studium aufgeben. Sie tue sich leicht mit der Arbeit, ihm falle alles so schwer. Ganz bestimmt nicht wegen eines Mangels an Begabung, er sei einfach extrem gründlich, könnte ein hervorragender Jurist werden, habe aber den richtigen Therapeuten noch nicht gefunden, der ihm die Angst vor der Prüfung nehmen könne.

Nach einem Jahr Therapie trennte sich Maria von Jakob und ließ sich scheiden. Die Kopfschmerzen waren verschwunden. Sie fand schnell einen neuen Partner. Sie macht jetzt eine Weiterbildung und hofft, dass sie noch schwanger werden kann. Jakob gab sein Studium auf, fand Arbeit in einer Versicherung und heiratete eine Frau, die er dort kennengelernt hatte.

Die Strategie der Krankheit

In der (groß)bürgerlichen Familie des 19. und beginnenden 20 Jahrhunderts ist die Frau von den Aufgaben eines arbeitsintensiven Haushalts befreit, aber von einer Entwicklung ausgeschlossen, die ihren geistigen Fähigkeiten gerecht wird. Frauen sind zarte, schutzbedürftige Geschöpfe geworden. Sie dürfen nicht – wie ihre bäuerlichen und handwerklichen Ahnen – in eine weibliche Welt eintreten, die ihre eigenen Ausdrucksmöglichkeiten und Gesetze hat, ihre eigene Kreativität.

Kassandra ist auch ein »hysterischer« Mythos; hätte es das Wort schon gegeben, wäre die Unglücksprophetin, die so viel genauer sah als die Männer um sie herum, sicherlich als »hysterisch« in jenem abschätzigen Sinn bezeichnet worden, der heute dazu führt, dass das Wort nur noch in der schönen Literatur benutzt, in der Klinik aber durch »histrionisch« und »dissoziativ« ersetzt wird.[60]

Die Bäuerin, die Hirtin an der Seite des Bauern oder des Hirten hatte ihre eigene Macht, ihren eigenen Bereich, ihre eigenen Künste. In der bürgerlichen Kultur konnten sich nur unter günstigen Umständen jene Persönlichkeiten entwickeln, die ihre Begabung gegen den Zeitgeist verwirklichten: als Schauspielerin, in einem Salon, als

---

[60] Ich habe mit diesem Brauch gebrochen, indem ich ein Buch mit dem Titel *Der hysterische Mann* schrieb (München 1999). Dort werden die hier nur angedeuteten Zusammenhänge sehr viel ausführlicher untersucht.

geistreiche Gesprächspartnerin, als Muse des nach außen eindrucksvolleren Künstlers oder Philosophen.

Wo das Selbstgefühl bereits während der Kindheit – oft durch sexuelle Übergriffe – beschädigt worden war, gelangen solche Entwicklungen nicht.[61] Die brachliegende Begabung suchte den Ausweg in einer Übersteigerung dessen, was der Frau sozial andefiniert wurde: »weibliche Schwäche«, in der höchst eindrucksvollen Darstellung psychischen Leidens.

Hysterie symbolisiert schon als Mythos die tragische Wendung unerfüllter Begabungen gegen die eigene Person. Die Lehre von der im Körper herumirrenden Gebärmutter ist älter als Hippokrates. Sie wurde schon in ägyptischen Papyri gefunden. Bei manchen Frauen, heißt es dort, reiße sich die Gebärmutter los und poche gegen das Zwerchfell; dadurch würden die Organe des Oberkörpers, Herz und Bewusstsein mannigfach gestört. Abhilfe schaffe es, die Gebärmutter durch angenehme Reize – Duftstoffe oder sexuelle Befriedigung – wieder an ihren Platz »unten« zu binden oder aber sie durch ekelerregende Gerüche beziehungsweise die Verabreichung übelschmeckender Stoffe von »oben« zu vertreiben.

Die noch im 19. Jahrhundert beliebte Verabreichung von Asa Foetida, einer grässlich schmeckenden Pflanzendroge,[62] gegen Hysterie hat eine lange Tradition. Heute würden wir ihre Wirkung lerntheoretisch erklären: Unangenehme Reize löschen unerwünschte Verhaltensweisen. Spätere Autoren ergänzten die ägyptische Lehre durch pikante Details: Die vagierende, gefräßige Gebärmutter labe sich an der weißen Substanz des Gehirns, die sie für

---

[61] Unter der plakativen Trennung von Täter und Opfer geht in der Öffentlichkeit, aber nicht in der analytischen Praxis die Einsicht verloren, dass besonders begabte Kinder auch besonders neugierig sind und daher auch häufiger als andere in verletzende, überfordernde sexuelle Beziehungen geraten.

[62] Stinkasant oder Teufelsdreck ist eine Harzdroge, die aus Ferula Asa Foetida zubereitet wird. Noch im Neuen Herder Lexikon von 1968 wird er als »krampflösendes Mittel« erwähnt.

Samen halte; kein Wunder, dass dieses nicht mehr angemessen funktioniere.[63] Der unsichtbare Konflikt zwischen Gier und Abwehr, zwischen verzehrender Sehnsucht und strengem Verbot kleidet sich in dem ägyptisch-griechischen Märchen vom losgerissenen, hungrigen Uterus in die Metapher einer internen Bulimie.

Die christliche Tradition im Abendland hat das Bild der Hysterie radikal verändert.[64] Vom 5. bis 14. Jahrhundert wurden die naturalistischen Konzepte der Heiden von der unruhigen Gebärmutter schrittweise durch dämonologische Modelle ersetzt. Frauen mit unbegreiflichen Störungen wurden nun abwechselnd als Opfer von Verhexung beschrieben, denen Mitleid galt, oder als Hexen, die mit dem Teufel Sexualverkehr hatten und Unschuldige verführten.

Die Kirche musste Druck ausüben und sich durch Verfolgung heiligen, weil sie den kritisch geschärften Blick der freien Stadtbürger nicht mehr überzeugte. Man kann mit einigem Recht (und einiger Unschärfe) sagen, dass die Hexenverfolgungen im 16. und 17. Jahrhundert ähnliche Funktionen erfüllten wie die Hysterie-Diagnose im 18. und 19. Jahrhundert. Beide halfen, die bedrohliche Einsicht abzuwehren, dass eine Gesellschaft, die den Einzelnen aus festen Rollen entlässt und seine Lebensgeschichte dynamisiert, Ein-

---

[63] Ich entnehme dieses Detail dem Buch von Lucien Israel: *Die unerhörte Botschaft der Hysterie*, München 1987, S. 12; in den mir zugänglichen Quellen habe ich es nicht belegen können. Israel zitiert noch einen zweiten Mythos, der die orale Metaphorik der Hysterie belegt: Amerikanische Indianer, die Murias, erzählen sich, dass die Frauen früher zahnbewehrte Scheiden hatten, die nachts den Körper ihrer Herrinnen verließen und die Feldfrüchte auffraßen, wie die Bulimikerin nachts den Kühlschrank der Eltern leert. Schließlich gelang es den Männern, die Scheiden gefangen zu nehmen und mit Hilfe der Klitoris an ihrem jetzigen Ort festzunageln. Beide Szenen spiegeln männliche Phantasien von weiblicher Unersättlichkeit und Kastrationslust. Israel glaubt, dass der Zugang zur Hysterie immer durch solche Phantasmen verstellt ist und Männer ihre Angst vor den Frauen schlechthin durch ihr Urteil über Hysterikerinnen auszudrücken pflegen.

[64] Die folgenden Seiten orientieren sich an Wolfgang Schmidbauer: *Vom Umgang mit der Seele. Psychotherapie zwischen Magie und Wissenschaft*, München 1998.

schränkungen nicht mehr begründen kann, die für Frauen gelten und für Männer nicht.

Die Hexe ist eine Erbin Kassandras und eine typische Rolle der hochbegabten Frau, die – in ihrer Kreativität traumatisiert – nicht mehr mit Anerkennung rechnet und ihren bösen Blick auf die exhibitionistischen Blähungen der Männer richtet. Der an den Küsten des Mittelmeers genährte Glaube an die *jettatura* (Verwünschung, »böser Blick«) ist ein zentrales Element dieser Hexerei, gegen die in Sizilien phallische Amulette (die Koralle, die Pfefferschote) getragen werden. In der ihm unterstellten Dynamik verrät er eine destruktiv gewordene Kreativität. Wie Kassandra wurden auch die Hexen gefürchtet oder gehasst, aber nicht verstanden.

Während für die gebildeten Menschen das Studium der klassischen Schriftsteller und die keimende Naturwissenschaft Möglichkeiten der Opposition gegen die erdrückende Kirche und das unwürdige Verhalten ihrer Würdenträger boten, konnten die ungebildeten Schichten nur in einer religiösen Sprache ihre Gegnerschaft ausdrücken.

Das Ringen des 17. Jahrhunderts in der Frage, ob für die hysterischen Leiden Hexenverfolger oder Ärzte zuständig seien, wiederholte sich im beginnenden 19. Jahrhundert als Streit zwischen den Spezialisten für Neurologie und Gynäkologie. Uterine und zerebrale Theoretiker kämpften um den anatomischen Sitz und damit die wissenschaftliche Zuständigkeit für diese Krankheit.[65] Den Ausschlag zur »Neurogenie« gab schließlich Jean-Martin Charcot.

Charcot war Neurologe und Chefarzt der Salpêtrière, des Armenkrankenhauses von Paris, das damals 5000 Patienten beherbergte. Sein Ansehen beruhte auf soliden neurologischen Diagnosen, wurde von ihm aber mit großem Sinn für Prestige und Machtausübung durchgesetzt und in Bereiche erweitert, in denen

---

[65] Mark S. Micale: *Approaching Hysteria,* New Jersey 1995, S. 23.

sich das medizinische »Wissen« nicht von dem der Astrologie unterschied.

Dass ein Gelehrter die Hypothese, die sich an einem Ort bewährt hat, auf ein noch ungeklärtes Phänomen anwendet, liegt nahe. Dass er jedoch, wenn sich die Erscheinungen gegen die Hypothese wehren, nicht lockerlässt, bis sie sich ihr fügen, setzt ein Forschungsgebiet voraus, in dem das Zusammenspiel zwischen Arzt und Patientin Inszenierungspotenziale erschließt.

Die »große Hysterie«, die Charcot entwarf und bis zu seinem Tod im Bewusstsein der europäischen Medizin verankerte, ist ein Ausdruck der brachliegenden Begabungen von Frauen, welche mangels besserer Aufgaben darangingen, Ärzten »Beweise« zu liefern.

Dass die Hysterie durch epileptoide Anfälle charakterisiert ist, denen ein »Stadium des Clownismus« und ein »Stadium der pathetischen Haltungen« folgen, galt so lange, wie Charcot die Klinik beherrschte. Er hielt die Hysterie für eine organische Krankheit, eine Schwäche des Nervensystems, die mit erhöhter Erregbarkeit der Muskulatur verbunden sei. Wie andere mit dem Thema beschäftigte Nicht-Gynäkologen beschrieb er hysterische Symptome von Männern und wies nach, dass man neurotische Lähmungen in Hypnose willkürlich hervorrufen und manchmal auch bestehende, seelisch bedingte Lähmungen auf diesem Weg heilen kann.

Viele von Charcots Beschreibungen der Hysterie wurden stark angezweifelt, sobald er als Leiter der großen Pariser Klinik, der Salpêtrière, abgetreten war. Der kanadische Sozialforscher Edward Shorter[66] hat aufgezeigt, wie der »wissenschaftlich« vorgehende Arzt und die (hochsensible und darstellungsmächtige) »nervöse« Patientin in der Gestaltung von Krankheiten und Krankheitssymptomen in einer Weise zusammenwirkten, die wir heute vielleicht mit der

---

[66] Edward Shorter: *Moderne Leiden. Zur Geschichte der psychosomatischen Krankheiten,* Reinbek bei Hamburg 1994.

Interaktion von Regisseur und Schauspielerin vergleichen würden, die beide ein Stück inszenieren, von dem jeder nur Teile versteht.

Jules-Joseph Dejerine, der zwei Jahre nach Charcots Tod dessen Lehrstuhl übernahm, sah die Sache anders. Wo unter Charcot gezuckt und geschrien wurde, ging es jetzt ruhig zu, weil der Chef keine Anfälle mochte. »In den acht Jahren, die ich nun an der Salpêtrière bin«, fasst Dejerine zusammen, »haben die Symptome der sogenannten großen Hysterie, wo sie sich in meiner Abteilung zeigten, in keinem einzigen Fall länger als eine Woche angehalten.«

Die versäumte Gegengabe

Wenn das dreijährige Mädchen Gänseblümchen rupft, um der Mutter eine Freude zu machen, wird sich diese in der Regel beglückt fühlen: Das Geschenk entspricht den Möglichkeiten der Schenkenden und drückt Aufmerksamkeit aus. Wenn hingegen ein junger Mann seiner Angebeteten einen solchen Strauß bringt, wird sich diese befremdet fühlen; es sei denn, das Paar hat bereits so subtile und wirkungsvolle Techniken der Kränkungsverarbeitung entwickelt wie Humor oder Ironie.

In einer Familie wird sich die hochbegabte Tochter immer wieder von Eltern beziehungsweise Geschwistern beschämt und entwertet fühlen, wenn sie nicht in der Lage ist zu erkennen und anzunehmen, dass in ihrem Garten sehr viel mehr wächst als in den Gärten der anderen und sie deshalb auch mehr mitbringen kann als diese. So lange sie das nicht durchschaut, wird sie Enttäuschung verarbeiten müssen, wenn sie eine Orchidee mitbringt und beim Gegenbesuch die gerupften Gänseblümchen erhält.

Wie schwierig das ist, lässt sich in Analysen beobachten. So wirft die promovierte Akademikerin ihrer Arbeitermutter vor, dass sie ihr bei ihrem letzten Besuch wieder nur einen Kuchen gebacken, einen Pullover gestrickt, Geld zugesteckt und nach Enkelkindern gefragt habe. Die Mutter müsse doch *wissen*, wie unerträglich all das für die Tochter sei. Sie wünsche sich endlich *Verständnis und Anerkennung*, habe sie doch auch immer Verständnis für die Klagen der Mutter aufgebracht.

Die Enttäuschung der Hochbegabten über die Dürftigkeit der Gegengeschenke führt in einen Zustand chronischer Schuldgefühle und depressiver Leere. Sie ist es den anderen nicht wert, sich »normal« um sie zu bemühen. Was Armut und Unfähigkeit ist, hält sie für Gleichgültigkeit, bösen Willen oder Geiz. Wenn die Gegengaben so dürftig sind, muss sie an der Qualität der eigenen Gaben zweifeln. Sie hat sich zu wenig bemüht, hat den richtigen Ton nicht getroffen, hat sich nicht verständlich machen können, den richtigen Rat, die richtige Hilfe nicht gewusst, die aus dem Gänseblümchenbringer endlich den Rosenbringer und Orchideenexperten machen würden, mit dem zusammen sie Leere und Einsamkeit überwinden kann.

Auf den ersten Blick scheint es nur die Liebe zum poetischen Kontrast und zur moralisierenden Belehrung zu sein, welche in der Mythologie gerade das *begabteste* Geschöpf zum Rebellen gegen seinen Schöpfer werden lässt. Aber es steckt ein tieferes Wissen darin, wenn gerade der am hellsten leuchtende Engel zum Teufel wird und der Augapfel des Königs die Verschwörung anführt.

Begabung wird uns vom Schicksal geschenkt; die Weisheit, mit ihr umzugehen, entwickelt sich nur unter günstigen Umständen. Freuds Unterscheidung zwischen dem allgemeinen Leid und dem hysterischen Elend geht in diese Richtung: Das allgemeine Leid – die Begrenzungen des Alters, des Körpers, der Familie, die mich aufgezogen hat – lässt sich nicht anfechten. Nur die im Anrennen gegen die Realität vergeudete Kraft lässt sich sinnvoller einsetzen.

Es ist nicht leicht, dem stoischen Ideal zu folgen und das Unausweichliche ohne vergeblichen Kraftaufwand anzunehmen. Seit Menschen denken können, haben sie die Sehnsucht nach der Erfüllung solcher Wünsche projiziert, in Tiere, in Götter. Sie wussten, dass sie um diesen inneren Frieden ringen, ihn aber selten erreichen können.

Lessing hat es in seiner unnachahmlichen Weise positiv umgemünzt und schon im 18. Jahrhundert den Zusammenhang zwischen Hochbegabung und Hysterie erläutert: »Wer über gewissen Dingen den Verstand nicht verliert, der hat keinen zu verlieren.«

Die in der Moderne entstandene Notwendigkeit, sich für oder gegen enge Beziehungen zu entscheiden, hat sicher zu dem enormen Anwachsen der einst »Hysterie« genannten narzisstischen Störungen bei beiden Geschlechtern geführt. Solange das nicht möglich und daher auch nicht nötig war, scheiterten Männer und Frauen oft genug an der praktischen Bewältigung ihres Lebens, konnten sich nicht vor Hunger und Kälte schützen, fielen einem Stärkeren zum Opfer. Aber jenes exemplarische *Scheitern an einer Entscheidung*, wie es die Hysterie charakterisiert, war doch selten und – wie Hamlets Zögern – ein Privileg der oberen Schichten. Das Gleiche galt für den Rückzug aus der Realität in körperliche Symptome.

Als Leiden der Geschlechter aneinander betrachtet, lässt sich die Hysterie narrativ fassen: als Geschichte von Interaktionen. Dieses Vorgehen spielt in der psychotherapeutischen Praxis eine Hauptrolle; auf der wissenschaftlichen Bühne wird es eher ausgepfiffen. Aus dieser Lage der Dinge heraus wird auch die Feststellung verständlicher, dass die Hysterieforschung der jüngeren Zeit vor allem von Literaturwissenschaftlern vorangetrieben wurde.[67]

In dem Spektrum der »hysterischen« Reaktionen drücken Männer und Frauen ein Bedürfnis aus, für das der Uterus eine Metapher von unübertroffener Dichte ist. Die Realität erscheint, so wie sie durch Sinne und Intellekt wahrgenommen werden kann, dem eigenen Ich als unzumutbar. Während dieses Ich in der Psychose die eigene Wahrnehmung trübt, sucht es angesichts einer narzisstischen

---

[67] Micale, *Approaching Hysteria*, S. 10 f.

Störung nach Halt durch Anlehnung an idealisierte Werte oder Personen. Diese fungieren dann wie ein erweitertes Ich, sie umgeben die gefährdete, verletzliche Struktur mit Schutz und Schonung, engen sie aber auch ein und müssen sehr oft durch falsche Versprechungen (etwa das Versprechen künftigen Glücks als Entschädigung für gegenwärtiges Elend) die ärgsten Zweifel am Sinn dieses Unternehmens beschwichtigen.

Drogen helfen traumatisierten Begabungen, die ihre Fähigkeiten nicht erkennen und einsetzen können, wenigstens den Stress zu ertragen, dass sie sich ständig in einer unsichtbaren Warteschlange fühlen. Sie wollen endlich aus ihrem Leben herauskommen, wissen aber nicht, wie sie das anstellen müssen.

Ebenso schaffen Essstörungen ein Feld, um Ängste in Rituale umzuformen. Die traumatisierte Begabung schützt ihr verletzliches Selbst durch eine Ersatzbeschäftigung, die sie mit einem magischen Kreis umgibt. Jugendpsychiater haben schon lange beobachtet, dass die typische Patientin mit einer Anorexie oder Bulimie überdurchschnittlich begabt ist. Ein Zufall ist das nicht; Sucht und Begabung sind dynamisch verbunden.

Essstörungen sind kulturabhängig. In einem deutschen Gymnasium finden sich wahrscheinlich mehr Magersüchtige als in tausend afrikanischen Schulen. Manchmal gelingt es in der Familientherapie, Eltern so weit zu bringen, dass sie ihrer essgestörten, kränkelnden und auf ihre hypochondrischen Rituale angewiesenen Tochter erlauben, ein Praktikum in einem Armenviertel in Südamerika anzutreten.

Auf sich gestellt, von Elend umgeben, der Sprache zunächst fast unkundig, entwickelt sich die Praktikantin prächtig. Sie ist aus dem Luxus ihrer Heimat abgemagert und blass nach Venezuela gereist und kommt aus »ihrem« Slum braungebrannt und kräftig zurück.

Solche Fälle lassen sich nicht verallgemeinern, sie stehen für kein Patentrezept, aber sie illustrieren vielleicht, wie wichtig es sein kann, dem kranken »Kind« Gelegenheit zu geben, etwas mit seinen Begabungen anzufangen. In ähnlicher Weise lässt sich die heute oft bedenkenlos gestellte und von der Pharmaindustrie vereinnahmte Diagnose der Aufmerksamkeitsstörung (ADS, ADHS) hinterfragen. Wer hier Medikamente empfiehlt, vernachlässigt wieder einmal, dass es in den nicht industrialisierten Ländern kaum solche Störungen gibt. Die pharmazeutische Industrie macht inzwischen mit diesen Gestalten des Unbehagens in der Kultur die besten Geschäfte.

Die narzisstisch belastete Kommunikation

Die 33-jährige Tochter ruft den seit einem Monat verwitweten Vater an, um ihn zu ihrem Geburtstag einzuladen. Es ist Biergartenwetter, der Vater soll einfach zu den anderen Freunden und Bekannten dazukommen, keine Formalität, kein Stress. Der Vater lehnt ab. Er habe keine Zeit. Die Tochter ist empört, nicht einmal an ihrem Geburtstag hat er Zeit für sie, sie hat doch *auch* darunter gelitten, dass die Mutter gestorben ist.

Darauf gesteht der Vater, dass er sich nicht in der Stimmung fühle für eine Feier. Sie setzt dagegen, es sei keine Feier, nur ein Treffen, sie hätte ihn gerne dabei. Er lehnt ab, er habe wirklich keine Zeit, er müsse so viel klären, den ganzen Nachlass, das Haus … Die Tochter ist enttäuscht, verärgert. Sie bräuchte ihn eben auch einmal, aber sie wisse längst, dass er das nicht verstünde. Er habe auch früher nie Zeit für sie gehabt. Die Väter der anderen Mädchen hätten mal ein Fahrrad geflickt oder seien mit den Kindern ins Schwimmbad gegangen. Er habe das nie getan.

Der Vater hält dagegen, dass er viel arbeiten musste, um die Familie zu unterhalten und das Haus zu finanzieren. Als er die bessere Stelle in einer anderen Stadt antrat, habe er auch die Familie gefragt, ob sie umziehen wolle; sie habe sich vehement dagegen ausgesprochen. Darauf die Tochter: Er könne doch nicht von einer Zehnjährigen eine solche Entscheidung erwarten, er hätte einfach die Verantwortung übernehmen müssen. Darauf er, ihr könne man es nie recht machen, er sei jetzt wirklich nicht mehr in der Stimmung, mit ihr zu feiern. Darauf sie: Wenn er immer so reagiere, dann werde sie ihn einfach nie mehr einladen.

Die während des Telefonats noch mühsam gewahrte Fassung der Tochter bricht danach zusammen. Sie weint untröstlich, die Mutter hat sie verlassen, und der Vater kümmert sich nicht um sie.

»Er versteht mich einfach nicht!« Der Vater erlebt die Situation anders als die Tochter. Würde sich die Tochter »verstanden« fühlen, wenn er käme, obwohl er keinen Wunsch dazu verspürt? Heißt das, es geht gar nicht um »Verstehen«, sondern um Bedürfnisbefriedigung?

Ja und nein. Für die Bindung des Kindes an die Eltern ist die Phantasie von großer Bedeutung, dass diese, wenn sie ein Bedürfnis des Kindes erst einmal *verstanden* haben, auch bereit sind, es zu erfüllen. Diese Phantasie ist ein wichtiger Schritt in der Entwicklung. Sie löst die ältere, noch stärker von einer Symbiose geprägte Phantasie ab, dass es Aufgabe der Mutter ist, aus einer unspezifischen Unlustäußerung – dem Schreien des Säuglings – zu *erraten*, was diesem fehlt. Im Grunde wäre ihre Aufgabe ja die, das Bedürfnis im Entstehen zu erfüllen, um keine Spannung aufkommen zu lassen; das Schreien ist ein Signal, dass sie darin »versagt« und jetzt Mühe aufwenden muss, das Kind zu »stillen«.

Der Vorwurf »Du hast mich nicht verstanden!« steht für eine Beziehungsphantasie, in der zwar die Entfernung zum Liebesobjekt semantisch überbrückt werden kann, dieses jedoch nicht gibt, was es geben müsste. Dieses Versagen wird als verletzend empfunden und weckt Kränkungswut, die zur Entwertung des Liebesobjekts (»Du hattest nie Zeit für mich!«) führt, häufig aber auch depressiv verarbeitet wird (*ich bin es meinem Vater nicht wert, ich habe ihm nicht richtig vermitteln können, was ich brauche, ich will zu viel von ihm*).

Diese Situation wird erheblich komplizierter, wenn die Tochter dem Vater intellektuell überlegen ist, sich zugleich aber verpflichtet fühlt, die kindliche Idealisierung dieser Bezugsperson aufrechtzuerhalten. Sie kann sich dann nicht vorstellen, dass ihr Vater von Situationen tatsächlich überfordert ist, die sie bewältigen würde, sie versteht nicht, warum er so viel Zeit auf der Arbeit verbringt und so erschöpft nach Hause kommt, während sie selbst neben einem anstrengenden Job noch Zeit für ein Studium findet.

Da in ihrer Phantasie der Vater, wenn er nur wollte, alles genauso *könnte*, wie sie es kann, weckt er in ihr eine Wut, die nur noch durch Wendung gegen die eigene Person abgefangen werden kann. Die Tochter ist in ihre Schuldgefühle verstrickt und greift zu »Lösungen«, welche die Spannungen eher noch steigern. So besucht sie ihn nach einem anstrengenden Arbeitstag und kocht ihm ein aufwendiges Essen, weil er zu faul ist, sich am Abend etwas Besseres, Gesünderes zu machen als eine Fertigpizza. Der Vater wehrt ab, findet das unnötig, hat aus Trotz schon ein Käsebrot gegessen, während sie das Gemüse putzt – der nächste Streit kündigt sich an.

Man könnte es als grundlegendes Dilemma der narzisstisch belasteten Kommunikation ansehen, dass sie *Erfolg* haben muss. Es ist ihr nicht möglich, sich tastend einer gemeinsamen Wahrheit zu nähern. Die Wahrheit soll injiziert werden, sie soll direkt in das geistige System des Partners fließen. Es ist unerträglich mitzuerleben, wie sich etwas, das ich klar formuliert habe, im Erleben des Partners verformt.

Mit »narzisstisch belastet« meine ich, dass der Anspruch auf das Übereinstimmen von Kommunikationserwartung und Kommunikationserfolg perfektionistische Züge hat. Die Betroffenen bauen nicht auf dem auf, was schon angekommen ist, und versuchen herauszufinden, was noch unklar ist, um sodann die Lücken geduldig aufzufüllen, so gut es eben geht und soweit die Grenzen der Verständnisfähigkeit ihres Gegenübers es zulassen. Stattdessen unterstellen sie, dass der Partner sie nicht verstehen will, obwohl er es könnte, dass er dies in böser Absicht verweigert, obwohl es seine Pflicht wäre (»Mit allen Menschen komme ich klar, nur mit dir nicht, wo es mir bei dir doch am wichtigsten wäre!«).

Es ist klar, dass es sich bei solchen Verständigungsproblemen nicht um Formen der Kommunikation handelt, in denen die transportierte Information einfach zu überprüfen ist. Die Analyse zeigt, dass das Gefühl, nicht verstanden zu werden, mit unbewussten Versuchen zusammenhängt, den Gesprächspartner zu verändern.

Die Rache der Unverstandenen

Wer Freud genauer liest, bemerkt bald, dass ihn die sexuelle Komponente im Ödipuskomplex nicht so sehr interessiert hat wie die aggressive. Wir begegnen einer in der Kindheit wurzelnden Störung der Aggressionsverarbeitung heute sehr häufig. Verletzend sind nicht so sehr der ödipale Wunsch, sondern das Unverständnis, auf das er trifft, und die maßlose Wut des Kindes, wenn es sich nicht verstanden fühlt.[68] Die Aufmerksamkeit des Psychoanalytikers

---

[68] Die Frage, ob auch Anna Freud, die so eng an ihren Vater gebunden war, als ödipale Siegerin zu bewerten ist, beantwortet der inzwischen erschienene Briefwechsel: Anna litt eher darunter, dass sie gegenüber ihren Schwestern zurückstehen musste und sich von diesen wenig geliebt fühlte; die Mutter konnte diese Kränkung nicht ausgleichen, obwohl sie sich nach Kräften bemühte. Der Vater stellte sich hingegen zögernd dem Dialog mit der Tochter zur Verfügung. Die Beziehung der beiden belegt, dass in der Analyse der ödipalen Situation vor allem die Arbeit an der Aggression und an den depressiven Verarbeitungsformen der Enttäuschungswut bewältigt werden muss. Das ist dem Vater anscheinend gut gelungen; Anna wurde sehr leistungsfähig und konnte sich aus den Depressionen befreien, die sie während ihrer Jugend belastet hatten und mehrere Kuren notwendig machten. Angesichts der realen Größe des Vaters und der kompensatorischen Größensehnsucht der jüngsten Tochter entsteht eine einzigartige analytische Dynamik, in der vermutlich die Kränkung, Anna zu einem anderen Analytiker zu geben, von Freud nicht aus egoistischen Gründen (wie er sich selbst verdächtigte) vermieden wurde, sondern aus einer tiefen Einsicht in

sollte nicht auf das real Erlittene verkürzt sein. Sie darf es freilich auch nicht verkleinern oder gar verleugnen.

Die 49-jährige Patientin, früher selbst erfolgreiche Managerin, heute depressive, kinderlose Ehefrau eines Managers, klagt viel über ihre Eltern, die sie unterdrückt und eingeschränkt hätten.

Es war der Patientin nicht gelungen, den immensen Unterschied zwischen ihrer hohen Begabung und der bornierten Ängstlichkeit ihrer Mutter zu verarbeiten. In eine Stunde kam die bereits deutlich gebesserte Patientin mit der Aussage, sie wolle jetzt endlich wieder auf die Bühne und nicht immer im Zuschauerraum sitzen. Daraus ergab sich ein Stück Arbeit an ihren Ängsten vor ihrem Exhibitionismus und an ihrer Wut auf Menschen, die in ihrem Leben viel weniger geleistet hätten als sie, das aber breit auswalzen könnten, während sie in zwei Sätzen fertig sei, wenn es darum gehe, sich in einer Gesprächsrunde vorzustellen.

Jetzt erinnerte sie sich, wie sie sich als Neunjährige in einen 14-jährigen Schauspieler verliebt hatte, der in einer Serie (»Der Junge von nebenan«) auftrat. Einmal sagte sie ihrer Mutter, sie würde diesen Jungen gerne kennenlernen. Die Mutter sagte, der Schauspieler habe sicher kein Interesse an ihr; sie sei für niemanden interessant.

Ich konnte mir nicht vorstellen, dass eine Mutter in dieser Weise ihr Kind und damit letztlich sich selbst entwertet. Die genauere Untersuchung der Szene ergab, dass die Mutter gesagt hatte, kein reicher Schauspieler habe Interesse an armen Arbeitern.

Die Tochter hatte sich an die Selbstentwertung und die Mutlosigkeit der Mutter, die sich nicht vorstellen konnte, dass jemand »Wichtiges« Interesse für sie haben könnte, später als Erniedrigung durch eine unbeteiligte Mutter erinnert. Damit waren die Angst und Schwäche der Mutter, welche die geistige und emotionale Überlegenheit der

---

die Bedürfnisse Annas und in die beschränkten realen Möglichkeiten, ihnen entgegenzukommen.

Tochter demonstriert hätten, annulliert: Die Mutter war böse, aber stark geworden statt bemüht, aber ängstlich und hilflos gegenüber ihrem begabten Kind.

In die nächste Sitzung kam die Patientin strahlend. Sie fühle sich so gut wie schon lange nicht mehr, habe endlich begonnen, mit einem Mann auszugehen, der sie schon lange verehre, es mache ihr Spaß, die Liebschaft so zu organisieren, dass ihr Mann zufrieden sei und sie auch. Es sei ihr noch eine Szene eingefallen, vielleicht die früheste Erinnerung überhaupt: Sie spielte, vielleicht dreijährig, mit einer Kameradin bei ihrer Mutter. Die Spielkameradin habe ein Spielzeug gewollt und sie gefragt, ob sie es ihr schenke; da es ihr nicht viel bedeutete, habe sie es hergeschenkt. Danach habe ihr die Mutter vorgeworfen, sie dürfe doch nicht einfach ihre Sachen wegschenken, und sie habe sich geschämt.

Wir diskutierten an dieser Stelle wieder die Ängste der Mutter vor der Spontaneität und Expressivität ihrer Tochter. Dann fiel der Patientin eine weitere Szene ein, welche die exhibitionistische Dynamik auf den Punkt brachte: Es gebe zwei Fotos von ihr aus diesem Alter, eines, auf dem sie im Strandbad zu sehen sei, strahlend und ganz nackt, und ein zweites, wo sie vergrämt schaue, weil sie eine von der Mutter gestrickte, kratzige Badehose tragen müsse.

Ein Kind, welches die eigene Überlegenheit über die Eltern verleugnen musste, um diese nicht zu beschämen oder zu verachten, gerät als Erwachsener in Gefahr, mit den Unterschieden zwischen dem eigenen Selbst und den übrigen Menschen destruktiv umzugehen. Es erlebt die Andersartigkeit von Freunden oder Liebespartnern nicht als interessant, sondern als verwerflich. Es versucht die anderen nach dem eigenen Bild zu formen und reagiert mit heftiger Kränkungswut, wenn deutlich wird, dass diese Absicht scheitert.

Wer sich »verkannt« fühlt, unterstellt dem Gegenüber, dass es ihn erkennen *könnte*, wenn es nur *wollte*. Aber ebendas ist angesichts der hohen Begabung oft nicht möglich. Viele narzisstisch verletzte Hochbegabte, die ihren Eltern oder Freunden vorwerfen, sie hätten sie nicht verstanden, gleichen jemandem, der einen Blinden schlägt, weil dieser ihn nicht gesehen hat.

Ist es nicht ein Widerspruch, dass Personen mit überlegenen Fähigkeiten derart töricht mit einem angeblich »verständnislosen« Gegenüber umgehen? Wer so argumentiert, übersieht die Macht der Emotionen – vor allem der Wut – über das Urteil.

Kaum einem narzisstisch gestörten Täter mangelt es an der Einsicht, dass er sich durch seine Tat selbst schädigt. Was ihm fehlt, ist die Kraft, seiner Einsicht auch gegen die eigene Kränkung und die aus ihr entstandenen Rachebedürfnisse zu folgen.

Die Entwicklung von Einsicht in eigene Grenzen und Rücksicht auf weniger Begabte bei einer Hochbegabung setzt voraus, dass diese sich lange genug in einem entspannten Feld entfalten konnte. Wenn das nicht gelingt, kann die Hochbegabung zu einer krassen Unfähigkeit führen, andere Menschen zu verstehen und mit ihnen umzugehen. Das liegt vor allem an der Geschwindigkeit, mit der Hochbegabte auf Problemlösungen kommen und die sie auch den »Feinden« unterstellen. So entdecken sie böse Absichten, wo schiere Hilflosigkeit oder Unverständnis regiert, und kämpfen energisch gegen die vermeintlichen Bösewichte. Es fällt ihnen sehr schwer, solche Zuschreibungen zurückzunehmen und sich einem Menschen dadurch verständlicher zu machen, dass sie ihm *nicht* ihr eigenes Tempo unterstellen.

Wenn die Hochbegabte traumatisiert wurde und daher Grund hat, ihre Umwelt zu kontrollieren, um ihre Ängste vor erneuten Verletzungen in Schach zu halten, ersetzt sie Einfühlung durch Manipulation. Sie sucht immer nach einer schnellen Lösung, in der sie bestimmt, was geschieht. Sie erklärt unwillkürlich die Langsamkeit anderer, da sie diese nicht als Schwäche erkennt, zur Bosheit und kämpft gegen Windmühlen.

Wer eine Illustration für diese Dynamik sucht, muss sich das im populären Sprachgebrauch »hysterisch« genannte Verhalten vergegenwärtigen: Es ist schrill, laut, stülpt der Umwelt die eigene Bewertung über und rechnet mehr damit zu beeindrucken, als zu verstehen oder verstanden zu werden. Durch die Konsequenzen dieses Verhaltens verstärkt es sich.

Traumatisierte Begabungen bleiben nicht passiv. Sie drücken ihre Verletzungen nicht als Verletzungen aus. Diese lassen sich nur indirekt erkennen: am Glanz der Rüstung, an der Stärke der Waffen, an der Höhe der Mauern, welche sie unzugänglich und unnahbar machen. Weniger metaphorisch gesprochen: Traumatisierte Begabungen entwickeln eine Virtuosität, andere zu kränken, ehe sie selbst beleidigt werden, andere von oben herab zu behandeln und zu entwerten, ehe sie selbst zum Gegenstand des pharisäischen Narzissmus eines Gegenübers werden.

So werden Teufelskreise geschaffen. Rache erzeugt Rache, Entwertung gebiert Entwertung. Wer dem Partner unterstellt, er lege es darauf an, einem wehzutun, muss sich nicht wundern, wenn er selbst schlecht behandelt wird.

Angesichts solcher Rückkopplungen ist die Distanz des analytischen Therapeuten hilfreich, der auf Kränkung und Entwertung nicht mit Gegenkränkung und Gegenentwertung reagiert, sondern erforscht, weshalb sein Gegenüber trotz seiner viel reicheren und konstruktiveren Möglichkeiten auf solchen primitiven narzisstischen Mechanismen beharrt. Hier ist auch die Analyse der ödipalen Machtkämpfe am Platz, in denen vielleicht die Wurzel einer von Rachephantasien geprägten Identität aufgefunden werden kann.

Die Ranke und das Gerüst

Stellen wir uns einen hochbegabten Mann vor, der mit einer ihm geistig unterlegenen Frau zusammenlebt. Beide besuchen zusammen eine Abendeinladung. Wir können davon ausgehen, dass der

Mann seine Frau entspannt begleitet. Er wird sich durch ihre schlichten Bemerkungen oder ihre naive Themenwahl nicht irritieren lassen. Er sucht sich seine Gesprächspartner selbst und hört nicht mit einem halben Ohr hin, ob sie etwas Dummes sagt oder ein Fremdwort falsch gebraucht.

Stellen wir uns vor, er fährt mit seiner Frau in den Urlaub. Er weiß, was er an ihr hat, sie ist aktiv, liebevoll, erotisch an ihm interessiert. Wird er sich grämen, dass sie über viele Dinge nicht diskutieren können, weil sie keine anspruchsvollen Bücher liest? Unter schlechtem Gewissen leiden, weil er selbst solche Bücher einpackt und sich mit ihnen auf den Balkon setzt, während sie schwimmen oder shoppen geht?

Diese Fragen sollen die Not der Frauen illustrieren, die einen ihnen geistig unterlegenen Mann lieben. Statt die Beziehung zu genießen und das im Alltag nur ausnahmsweise bemerkbare Defizit je nach der vorliegenden Situation zu verarbeiten, plagen sie sich mit grundsätzlichen Projekten, wie sie ihren Partner fördern, erziehen, sein Niveau verbessern können. Sie nehmen ihn mit in Theater, Oper und Konzert (und kneifen ihn frustriert, wenn er das Pianissimo durch sein Schnarchen stört). Sie streiten sich mit ihm, weil er die falsche (oder gar keine) Zeitung liest, weil er die »Sportschau« sehen will, nicht die anspruchsvolle Dokumentation oder den französischen Film im Originalton.

Eine tragikomische Szene wurde in einer Paaranalyse berichtet. Die ihrem Partner geistig überlegene Frau versuchte ihn zum Lesen zu bewegen. Sie schenkte ihm Bücher, die er entweder gar nicht oder mit erbarmungswürdiger Mühe und ebensolchen Resultaten las. Sie mochte sich nicht mit seiner Lesefaulheit abfinden und entwickelte die Technik des verfolgenden Buches. Er setzte sich an den Couchtisch – das Buch war da. Er ging zu Bett – das Buch lang auf dem Nachttisch. Er fuhr in Urlaub – das Buch war mitgekommen.

Wer die Hartnäckigkeit mancher Fälle von weiblicher Selbstunterschätzung und Selbstdemütigung verstehen will, muss sich mit der seelischen Verarbeitung der körperlichen Unterschiede beschäftigen, welche der männlichen ebenso wie der weiblichen Phantasie ihre spezifische Richtung geben.

Männer wissen früh, dass sie das körperlich-muskulär überlegene Geschlecht sind. Das männliche Selbstgefühl ist daher immer mehr oder weniger auf ein Symbol bezogen, das sich als Muskelpanzer charakterisieren lässt.[69] »Unerschütterlich« und »hart« zu sein sind narzisstische Ideale von Männern, welche die frühe Abhängigkeit von der Mutter und die ausgeprägte Bedrohung durch Kastrationsängste kompensieren. Diese Ideale unterstützen die männliche Verarbeitung von Begabungsunterschieden, die eine der Varianten der Differenzverarbeitung schlechthin ist.

Frauen gehen ängstlicher mit Differenzen um. Sie müssen ihre Differenzängste nicht so früh und so energisch abwehren wie die Männer. Diese sind bedrohlicheren Abhängigkeitserfahrungen ausgesetzt als Frauen.

Auch die erste Bezugsperson eines Mannes ist fast immer eine Frau, eine körperlich andersartige und dennoch radikal überlegene Macht, aus der alles gekommen ist, was der Mann ist, ohne dass er das jemals wieder zurückgeben kann.

Frauen erleben mehr Geborgenheit und können Ängste in Beziehungen ohne übermäßigen Verdrängungsaufwand bewältigen. Das trägt viel dazu bei, dass sie im Durchschnitt auch weniger krankheitsanfällig sind und in Europa zurzeit rund fünf Jahre länger leben als Männer.

Der Knabe muss früher energischere Abwehrleistungen erbringen, um sein männliches Selbstgefühl *gegen* die Mutter zu festigen,

---

[69] Der Ausdruck stammt von Wilhelm Reich, einem Freud-Schüler, der davon ausging, dass Verdrängungen durch die Anspannung von Muskeln »unterstützt« werden.

während das Mädchen sich Zeit lassen und ihr Selbstgefühl zunächst einmal *mit* der Mutter aufbauen kann.

Daher lernen in einer individualisierten Gesellschaft Knaben auch langsamer als Mädchen und sind in ihren Schulleistungen schwächer. Gleichzeitig üben die jungen Männer exhibitionistische Durchsetzung ebenso wie das Ausüben und Ertragen von Rivalität. Auch hier wirken sich symbolische Dispositionen aus. Die Beschaffenheit der Genitalien weckt Phantasien, in denen der Mann erobert, eindringt, sich nach außen darstellt.

Der Mann ist Held, Ritter, Kämpfer der eigenen Selbstdarstellung. Hänschen klein bricht mit den Attributen des Vaters auf, um das magische Band zu zerreißen, das ihn an die Mutter fesselt. Vergleichbare Freiheitsmythen für Frauen sind viel seltener. Ihr Märchenthema ist es zu warten, bis der »richtige« Mann kommt, der – wie in der Turandot-Sage – auf alle Fragen eine Antwort hat und so die Bewunderung der Frau auf sich zieht.

So kommt es, dass in der Regel ein Mann seine Überlegenheit über eine Frau *genießt*. Eine Frau hingegen erlebt ihre Überlegenheit über einen Mann in milden Fällen als eigentlich unerwünschte Differenz. Sie neigt dazu, sich deshalb schuldig zu fühlen. Vor allem in ihrem Selbstgefühl belastete Frauen neigen zu einer kompensatorischen Idealisierung des Mannes. Sie erleben ihre geistige Überlegenheit als Zeichen, dass etwas mit ihnen nicht in Ordnung ist.

Den vieldeutigen Untersuchungen über anatomische Unterschiede im Zentralnervensystem von Männern und Frauen lassen sich bisher nur in populären Magazinen verhaltensnahe Aussagen abgewinnen. Das gesunde Gehirn funktioniert ganzheitlich. Stammesgeschichtlich ältere Komponenten wurden durch die Entwicklung der Großhirnrinde überformt; diese Situation ist bei Männern und Frauen identisch.

Die bislang anerkannteste Konzeption der Geschlechtsunterschiede basiert auf der seelischen Verarbeitung der körperlichen

Unterschiede.[70] Intellekt und Gefühl reagieren auf sie je nach Maßgabe der kulturellen Traditionen und der in diesen gespeicherten Aussagen über das Wesen von Mann und Frau.

Das männliche Kind beobachtet an der Schwelle zu seiner geistigen Verselbstständigung, dass es anders ist als die Mutter und nie so werden wird wie sie. Der Junge muss erfahren, dass er die Mutter nicht kontrollieren und nicht befriedigen kann; wenn die Mutter unglücklich ist, braucht sie einen Mann, keinen Knaben. Wenn sie die Illusion aufbaut, dass sie von dem Knaben alles haben kann, was sie braucht, verführt sie den Sohn zur Größenphantasie, die er später nur schwer wird ablegen können.

Der Knabe erkennt den Unterschied zur Mutter vor allem in seinem Penis; die Angst narzisstisch belasteter Männer, ihr Penis könnte zu klein sein, verknüpft diesen Unterschied mit einem weiteren: zu gering zu sein, um auszugleichen, was der Mutter fehlt. Allerdings prägt der Wunsch, die vom Vater nicht nach den Wünschen der Mutter ausgefüllte Stelle zu besetzen, in den Ehen mit einer unzufriedenen Hausfrau Töchter so gut wie Söhne.

Hier hat die »vaterlose Gesellschaft«[71] sehr viel verändert. Weil der Vater mangelt und die Mutter in emotionaler Abhängigkeit auf ihn wartet, entsteht ein Sog, seine Stelle auszufüllen. Die Mutter mag wissen, dass sie ebenso wenig perfekt ist wie ihr Mann. Da sie jedoch in ihren Klagen ihre Depressionen auf seine Mängel zurückführt, konfrontiert dieser Sog die Kinder mit einem Mangelzustand der Familie. Sie strengen sich an, diesen zu kompensieren, was zu den Erscheinungen führt, die Freud der »phallischen Phase« zuordnet: Ehrgeiz, Versagensgefühle, Kastrationsangst.

---

[70] Besonders bizarr sind »biologische« und »genetische« Hypothesen, welche die Vielfalt der Kulturen ignorieren und das Verhalten von Männern und Frauen in der individualisierten Gesellschaft auf Erbanlagen zurückführen.

[71] Alexander Mitscherlich: *Auf dem Weg in die vaterlose Gesellschaft*, München 1964.

Es ist oft vermutet worden,[72] dass Frauen ihre Söhne den Töchtern vorziehen, manchmal auch, dass sie sich für das rächen, was ihre Partner ihnen angetan haben. Nach den analytischen Erfahrungen ist beides möglich: Die Mutter kann den Sohn als narzisstische Plombe eigener Defizite idealisieren und/oder ihn für sein Versagen, sie wirklich zu trösten, bestrafen.

Knaben können sich besser vor den Ansprüchen und dem Drängen der Mutter schützen. Das Mädchen weiß, dass die Mutter »gleich« ist, der kleine Junge, dass sie »anders« ist. Daher fühlt er sich unabhängiger von ihr, die körperliche Differenz erleichtert die seelische Differenzierung, es gelingt eher, Partialbefriedigungen aus dem Mutterganzen herauszunehmen und mit ihnen die eigene Autonomie zu stärken. Plakativ gesagt: Das Mädchen möchte eine gute Beziehung zur Mutter, der Junge möchte mehr Taschengeld.

Daher gelingt es dem Mädchen schlecht, Abhängigkeit und Erniedrigung der Mutter abzuschütteln, sobald es deren Zeuge wird. Vielleicht wurzeln hier die weiblichen Phantasien, welche Freud als »Penisneid« gedeutet hat. Dieses Konzept erscheint als fragwürdig. Während es Freud sonst oft gelingt, die Dynamik seelischer Merkmale aus einem Konflikt abzuleiten, ist in seinen Theorien zur Weiblichkeit davon nichts spürbar.

Der gütige Arzt kompensiert seinen kindlichen Sadismus, der Pedant seine Lust am Chaos, die jüdisch-christlichen Religionen kompensieren den Vatermord durch die Idealisierung eines gerechten Gottes, das Christentum zudem durch das freiwillige Opfer seines Sohnes am Kreuz. Aber: Die Frau hat keinen Penis, und deshalb beneidet sie den Mann um diesen Penis; der Mann hat einen Penis und fürchtet sich deshalb, ihn zu verlieren. Das abhängige Weibchen, das männlichen Schutz braucht, ist Freuds Gegengift gegen

---

[72] Christiane Olivier: *Jokastes Kinder. Die Psyche der Frau im Schatten der Mutter,* München 1980. Die Lacan-Schülerin untersucht hier unter anderem, weshalb Mädchen im Durchschnitt nur 25, Jungen hingegen 45 Minuten gestillt werden.

das reale Bild der männlichen Kindheit – den Knaben, der die mütterliche Schutzmacht benötigt und zugleich bekämpft, der abhängig ist von der Mutter, obwohl sie ihm fremd ist, und sie fürchtet, weil er seine Dankesschuld ihr gegenüber nie einlösen kann.

Männliche Versuche, die frühe weibliche (Über-)Macht durch theoretische Konstruktionen zu schwächen, sind an vielen Stellen der frühen psychoanalytischen Reflexionen über das Verhältnis der Geschlechter nachweisbar. Freud glaubt an einen Primat des Phallischen und unterstellt auch dem kleinen Mädchen diese Tendenz. Vermutlich ist jedoch das Phallische bereits eine Kompensation. Freud schreibt dem kleinen Mädchen eine hilflose Kopie der phallischen Phase des Knaben gerade deshalb zu, weil er nichts davon wissen will, dass ebendiese phallische Phase des kleinen Jungen gegen seine Schamgefühle angesichts der weiblichen Übermacht in seiner frühesten Lebensperiode protestiert.

Aber gerade weil das männliche Selbstbewusstsein so sehr der phallisch-exhibitionistischen Selbstvergewisserung bedarf, fällt Frauen der Exhibitionismus so schwer, empfinden sie es als beschämenden Vorwurf, wenn sie hören, sie seien unbescheiden (»zickig«) und würden sich in den Vordergrund drängen.

Während Männer die Selbstdarstellung und die narzisstische Bedürftigkeit anderer Männer gut nachempfinden können, empören sich Frauen oft darüber, dass jemand, der so wenig Substanz zu bieten hat, so viel Wind macht. Umgekehrt unterschätzen Männer in ihrem Bedürfnis der Selbstdarstellung die Durchsetzungsfähigkeit einer Frau.[73] Oft nehmen sie Schweigen als Anerkennung und sind sehr überrascht, wenn sie erfahren, wie viel Groll über ihre Eitelkeit sich in Frauen angesammelt hat, von denen sie sich be-

---

[73] Ein gutes Beispiel ist die Szene nach der für ihn verlorenen Bundestagswahl, als Noch-Kanzler Gerhard Schröder seine Nachfolgerin Angela Merkel entwertete. Sie könne nicht, was er könne! Später hat sich Schröder mit dem Hinweis entschuldigt, seine Frau habe ihn darauf aufmerksam gemacht, dass er da wohl etwas übertrieben habe.

wundert glaubten. Frauen irren sich hier nicht nur seltener, sondern sie nehmen oft schon dort Zweifel und Kritik wahr, wo die Beobachter abwarten oder unentschieden sind.

Die 40-jährige Marianne, die sich nach einer Banklehre durch Zusatzausbildungen zur Projektleiterin in einer Unternehmensberatung hochgearbeitet hat, klagt über Depressionen. Sie verbindet ihre Symptome mit einer Störung, die sie nach der Lektüre einschlägiger psychologischer Literatur als Angst vor Nähe deklariert. Sie hat den Eindruck, dass sie ihrem Freund Unrecht tut, weil sie sich scheut, mit ihm zusammenzuziehen.

Er sei ein sehr lieber Mensch, sie verstehe sich gut mit ihm, wenn sie in ihrer Freizeit wandern gingen oder Mountainbike-Touren unternähmen, sie hätte eine ausgesprochen schöne sexuelle Beziehung, besser als alles, was sie bisher gehabt habe, aber sie könne sich doch nicht vorstellen, ihre eigene Wohnung aufzugeben. Dort sei alles nach ihren Schönheitsansprüchen eingerichtet, es liege nichts herum, die Küche sei immer sauber. Ihr Freund sei ein Chaot und Bastler, könne nichts wegwerfen, wohne in einem alten Haus, an dem er ständig herumwerkele und das noch nicht abbezahlt sei. Sie mache ihm auch die Buchführung, und es sei klar, dass es sinnvoll sei, ihre Wohnung zu vermieten und das gewonnene Geld in die Rückzahlung seiner Hypotheken zu stecken. Aber sie sei so egoistisch und ängstlich geworden, dass sie sich nicht vorstellen könne, mit ihm in einem Haushalt zu leben, während er sogar bereit sei, sein Haus zu verkaufen und bei ihr einzuziehen oder ihr in seinem Haus alle Zimmer frei zu räumen, die sie dort wolle.

Nach einigen Sitzungen hat Marianne so viel Vertrauen gewonnen, dass sie über eine weitere, von ihr mit Scham- und Schuldgefühlen erlebte »Störung« in ihrem Verhalten dem Freund gegenüber berichtet. Sie habe Probleme, länger mit ihm zusammen zu sein oder einen Urlaub ohne Sportprogramm zu planen. Auch falle es ihr manchmal schwer, mit ihm auf eine Party zu gehen, weil er zwar kontaktfreudig sei, aber doch immer dasselbe erzähle und manchmal gar nichts mehr rede, wenn das Gespräch auf ein anspruchsvolleres Thema komme. Sie merke dann oft gar nicht, dass er verstummt sei, weil sie solche Diskussionen genieße. Er sei auch gar nicht beleidigt; wenn es eine Tanzfläche gebe, ziehe er dorthin. Manchmal versuche er auch mitzudiskutieren. Sie finde es dünkelhaft und gemein, dass sie dann oft denke, er sollte besser den Mund halten, oder zusammenzucke, wenn er ein Fremdwort falsch gebrauche.

Marianne gehört zu den Hochbegabten. Es ist ihr nicht anzumerken, dass sie nur die Hauptschule besucht hat; sie liest anspruchsvolle Literatur und entfaltet als Trainerin große pädagogische Fähigkeiten. Sie ist die älteste Tochter einer Familie, die in einem kleinen Dorf auf der schwäbischen Alb lebte. Ihr Großvater war Schmied, sein Sohn erlernte denselben Beruf, obwohl er gerne studiert hätte. Da die Dorfschmiede nicht mehr wirtschaftlich war, nahm er eine Stelle als Monteur an und lernte in Stuttgart eine junge Frau kennen, die aus dem Nachbardorf stammte und in einem großen Krankenhaus soeben die Schwesternausbildung abgeschlossen hatte.

Sie wurde mit Marianne schwanger. Die Eltern heirateten überstürzt. Mariannes Mutter, die nie wieder in einem Dorf leben wollte, musste zurück in das Haus des alten Schmieds, der mit seiner Frau und einer geistig behinderten Schwester zusammenlebte und die Schwiegertochter nicht willkommen hieß. »Meine Mutter hat das einfach nicht leisten können«, sagte Marianne einmal. »Sie war da in einen Mann verliebt, der Akkordeon spielte und gut aussah. Er hielt zu ihr, heiratete sie, als sie schwanger war. Sie hat sich nicht vorstellen können, dass sie aus der Stadt und von ihrer Arbeit, von ihren Freundinnen wegmuss, nicht einmal in ein Dorf, sondern auf einen Einödhof, der Mann, der in der Stadt jeden Abend da gewesen und sie geliebt hatte, die ganze Woche über weg. Und am Wochenende sollte sie ihn dann, kaum war er da, mit seiner Mutter und seiner behinderten Schwester teilen, die nicht weniger auf ihn warteten als sie.

Sie hat es nicht gepackt, sie schrie herum oder wurde depressiv und jammerte über ihr verpfuschtes Leben ... Ich habe immer mit ihr zusammen auf den Vater gewartet. Anfangs hat sie sich noch gefreut, aber später hat sie sich oft ganz schnell mit ihm gestritten. Er ist dann in die Werkstatt gegangen, er hatte ja immer was am Haus zu richten, er konnte eigentlich alles selbst bauen und reparieren, nicht nur die Schlosserarbeiten. Er hat auch nie etwas weggeworfen, sondern baute lieber noch einen Schuppen; schließlich hatte er eine kleine Schmiede, eine Holzwerkstatt und einen Keller für das Elektrische. Ich glaube, das hat ihn abgelenkt, er dachte dann nicht mehr an das Gezeter seiner Frau. Zu uns drei Mädchen war er liebevoll, zu meinem Bruder komischerweise streng, der konnte ihm nichts rechtmachen. Mir hat er das Lesen beigebracht, lange bevor ich in die Schule ging.«

Wahrscheinlich hat Marianne die Hochbegabung vom Vater geerbt und gelernt, sie im Zusammenleben mit der Mutter zu bremsen beziehungsweise mit Schuldgefühlen zu besetzen. »Ich konnte meine Mutter nie ernst nehmen. Ist das nicht schlimm?« Mit der Schwester des Vaters, die an einer Art Autismus litt, kam sie hingegen gut zurecht, ebenso mit der Großmutter. Diese Ausweichmöglichkeiten führten dazu, dass sich Marianne trotz ihrer Schuldgefühle gut entwickelte, ihre Banklehre mühelos meisterte und nach dem Umzug in eine Großstadt schnell Karriere machte. Nur in ihren Männerbeziehungen hatte sie »Pech«. Sie war zuerst von einem Künstler fasziniert, der sie ausnutzte; sie löste sich von ihm, weil sie einen Mann kennenlernte, der sie noch mehr brauchte und bei dem später eine Schizophrenie diagnostiziert wurde; von ihm trennte sie sich während ihrer ersten Psychotherapie.

Während ihrer Trainerausbildung suchte eine der Dozentinnen den Kontakt zu ihr und entwickelte mit Marianne das Projekt, ein eigenes Institut zu gründen. Marianne baute nebenberuflich das Büro auf und hatte gerade den Laden in Schwung gebracht, als ihre Geschäftspartnerin an Brustkrebs erkrankte. Marianne gab ihre Stelle auf und arbeitete ein halbes Jahr für zwei. Als ihre Freundin nach Operation und Rehabilitation ankündigte, sie werde jetzt wieder arbeiten, fuhr Marianne das erste Mal seit der Gründung des Instituts wieder in Urlaub.

Als sie zurückkam, erschrak sie: Das gemeinsame Konto war nach einer großen Entnahme durch die Freundin gefährlich geschrumpft. Zur Rede gestellt, sagte diese, sie werde künftig wieder alleine arbeiten, in dem Institut sei Marianne zu dominant geworden, sie habe nur zurückgeholt, was sie eingebracht habe. Und sie machte eine haarsträubende Rechnung auf, in der weder Mariannes Verwaltungsarbeit noch die Unkosten für das Büro des gemeinsamen Instituts auftauchten. Marianne begann einen Rechtsstreit. Der Prozess zog sich in die Länge und endete damit, dass sie zwar recht bekam, aber kein Geld, denn die Partnerin hatte Insolvenz angemeldet.

Nach diesen Erfahrungen wird verständlicher, weshalb Marianne über ihren Freund so glücklich war und gleichzeitig so unglücklich darüber, dass sie ihn nicht so akzeptieren konnte, wie sie es sich wünschte. Er war beruflich erfolgreich, er nutzte sie nicht aus, er versuchte, für sie zu tun, was er konnte, und sagte immer wieder, wie sehr er den Kontakt mit ihr genieße, und fragte, ob es ihr nicht zu viel sei, seine Steuererklärung zu machen und die gemeinsamen Urlaube zu organisieren. Liebte sie ihn genug für Kinder, konnte sie, durfte sie so viel mit ihm genießen, wenn sie ihn manchmal zu schlicht fand und sich langweilte, sobald sie längere Zeit mit ihm allein verbrachte?

Die Analyse solcher Phantasien ergibt eine komplexe Ätiologie:
1. Marianne ist unbewusst auf ihren Vater fixiert, da sie sich angesichts der mangelnden Idealisierung der Mutter nicht mit dieser identifizieren konnte und ihr ein festes weibliches Selbstgefühl fehlt.
2. Die Verunsicherung, welche Marianne durch die Wutausbrüche der Mutter erlebt hatte, führte zu einer Art ängstlicher Besorg-

nis um ihre Liebesobjekte und fesselte sie an symbiotische Bedürfnisse: »Richtig« wäre nur eine Liebe, in der die Liebenden alles teilen können. Angesichts des neurotischen Künstlers und des psychotischen Kranken, aber auch angesichts der labilen Freundin konnte Marianne diese symbiotischen Bedürfnisse durch auf die Zukunft gerichtete Hoffnungen befriedigen.

3. Die »Langeweile«, welche Marianne zusammen mit ihrem stabilen, nicht von neurotischen Ansprüchen oder psychotischen Schwankungen beeinträchtigten Partner erlebt, stammt zum Teil aus unbewussten Schuldgefühlen, die in den von ständiger Anstrengung und Quälerei bestimmten früheren Beziehungen nicht erlebt werden mussten.

4. Eine weitere Komponente ist die Trennungsangst: Marianne meint, den Geliebten festhalten zu müssen, sie darf nicht einfach sicher sein, dass er an ihr hängt und es ihr nicht übel nimmt, wenn sie ihre eigenen Wege einschlägt.

5. Aus dieser Dynamik entsteht ein Teufelskreis: Marianne wird unbewusst auf den Geliebten zornig, weil sie glaubt, von ihm festgehalten und zur Langeweile gezwungen zu werden. Sie reagiert mit Aggressionen und Trennungsimpulsen, die wiederum Verlustängste wecken. Daher kann sie die angebotene Freiheit nicht annehmen und erschrickt vor inneren Vorwürfen, die ihr Selbstgefühl und ihre Geborgenheit weiter schwächen: Sie ist eine bösartige Xanthippe, die keiner mögen kann.

6. An letzter Stelle sei die Differenz bezüglich geistigen Fähigkeiten und Bedürfnissen genannt. Sie wirkt sich nur deshalb so negativ aus, weil Marianne von ihrem Partner Führung erwartet und diese nicht selbst übernimmt. Wenn ihr Freund ebenso intelligent oder intelligenter wäre als sie, könnte er Mariannes Schwierigkeiten durchschauen und ihr helfen, diese zu überwinden.

Aus diesen Gesichtspunkten wird verständlich, weshalb Männer Begabungsunterschiede so viel problemloser handhaben als Frauen.

Sie müssen es nicht erst lernen, sie haben es schon gelernt. Ihre Entwicklung war weit weniger von der Sehnsucht nach einer symbiotischen Beziehung geprägt, daher fühlen sie sich nicht so bedingungslos für Gleichklang und Harmonie in ihren Liebesbeziehungen verantwortlich[74] und erleben Differenzen nicht als Schuld oder als Versagen, sondern als Naturphänomen, auf das sie so reagieren, wie es ihren Interessen entspricht.

In Mariannes Fall lässt sich die tragische Gestalt Kassandras als eigene Inszenierung auffinden: Marianne muss gegen ihre innere Überzeugung ankämpfen, dass sie »verrückt« ist, weil sie mit ihrem Partner so unzufrieden ist. Sie stellt sich selbst infrage, indem sie ihn infrage stellt, sie hat sich selbst prophezeit, dass ihr Mann mindestens so klug sein muss wie sie selbst, und verflucht sich nun, weil die Prophezeiung[75] nicht eingetroffen ist.

Viele Partnerkonflikte entstehen, weil Männern diese Art von weiblicher Zuwendung lästig ist, während Frauen es »egoistisch« fänden, sie einzufordern, ohne sie vorher den Männern gespendet zu haben. Der Mann will nicht verstanden, sondern befriedigt werden und erlebt eine Frau als versagend, die von ihm verlangt, sich verständlich zu machen und sie zu verstehen, ehe eine Befriedigung möglich ist. Die Oberfläche dieses Konflikts heißt dann: »Ich würde ja mit dir schlafen, wenn du mit mir reden würdest!« – »Ich würde ja mit dir reden, wenn du mit mir schlafen würdest!«

Die Wurzeln dieses Missverstehens hängen mit dem Verlust traditioneller Formen zusammen, welche beiden Geschlechtern Ent-

---

[74] Hier liegt der Einwand nahe, dass Frauen sich so oft mit ihren Männern zanken. Wer aber die Streitigkeiten analysiert, bemerkt oft, dass das Ziel letztlich Harmonie ist, Übereinstimmung, Einfühlung. Der Mann möchte »so genommen werden, wie ich bin«, die Frau fürchtet, dass er ihr dann nicht näher ist als ein Fremder.

[75] Die »Seherin« ist eine der archaischen Vorstufen von Wissenschaft, Expertentum und Beratung: eine Frau, deren Intuition Entwicklungen durchdringt, welche die in selbstbezogenem Denken gefangenen Männer nicht wahrnehmen.

wicklungsmöglichkeiten geben, aber Halt rauben. Entwurzelt, erwartete Mariannes Mutter unbewusst, dass ihr Mann nicht nur materiell für sie sorgte, sondern sich in sie einfühlte und ihr die Großfamilie ersetzte, die sich in einer traditionell gebliebenen Welt um eine junge Mutter versammelte und sie entlastete. Ihr Vater aber suchte nur nach wirtschaftlich tragbaren Lösungen für sie und die von ihnen beiden gewünschten Kinder. Weil ihre Verständigung scheiterte, wussten beide Eltern im Grunde nicht, warum sie miteinander so unglücklich waren.

Marianne konnte nicht verstehen, weshalb ihre Mutter in der Bewältigung von Alltagsproblemen versagte und schreiend »durchdrehte«.

Das Kind ahnt nur wenig von der Macht versagter Bedürfnisse nach Liebe und Anerkennung bei den Erwachsenen. Diese müssten doch, so glaubt es in seiner urtümlichen Idealisierung, weit über solchen Kränkungen stehen. Umso tiefer empfindet es aber den Hass einer Mutter, die in ihren Gefühlsausbrüchen um sich schlägt und dem Kind die Schuld dafür gibt, dass sie nicht mehr das Leben führen kann, das sie einmal geplant hatte. Wenn die Mutter in dieser Weise spaltet, Ehe und Kinder haben will und gleichzeitig behaupten möchte, als freie Frau sei sie viel glücklicher gewesen, entsteht in den Kindern eine verzehrende Sehnsucht nach Ganzheit, nach Harmonie, nach Übereinstimmung mit dem Liebespartner, den sie in ihrer Not erträumen und später zu finden hoffen.

Schluss

Nicht kenn' ich sie und will sie nimmer kennen,
Die sich die Stifter meiner Tage nennen,
Wenn sie von dir mich, mein Geliebter, trennen.
Ein ewig Rätsel bleiben will ich mir ...[76]

Es spricht Beatrice, die »Braut«, welche verborgen in einem Kloster aufgezogen wurde, da ihr Vater, der König, ihren Tod befohlen hatte. Der Vers wird oft im Zusammenhang mit König Ludwig II. von Bayern zitiert, der in einem Brief schrieb: »Ein ewiges Rätsel will ich bleiben mir und anderen!«[77] Dieser »Entschluss« zur eigenen Verrätselung zeigt so etwas wie eine kreatürliche Angst, die sich gegen die eigene (Selbst-Er-)Forschung richtet. Beatrice rechtfertigt sie mit einem Geliebten; Ludwig II. stellt die Selbstverrätselung in den Dienst des Narzissmus. Freud hat sie mit der »Sexualforschung« erklärt, was sicher zu einseitig ist, weil entsprechende Tabuisierungen auch in Kulturen auftreten, die der Sexualforschung der Kinder tolerant begegnen.

Intelligenz ist anbetungswürdig und verrucht zugleich. Sie wird begehrt und dem eigenen Ich ebenso oft ohne Grund zugeschrie-

---

[76] Friedrich von Schiller: *Die Braut von Messina*, 1. Auftritt, 2. Aufzug.

[77] Johannes Kemper und der Autor haben das Zitat als Titel für ein Buch über die Frage nach der »Geisteskrankheit« Ludwigs II. benutzt. Dort findet sich auch eine Analyse der Traumatisierungen des Königs und seiner »Lösung«, sich mit seinen Schlössern schützende Gehäuse für sein verwundetes Selbstgefühl zu bauen. Siehe Johannes Kemper/Wolfgang Schmidbauer: *»Ein ewiges Rätsel will ich bleiben mir und anderen!« Wie krank war Ludwig II. wirklich?*, München 1986.

ben, wie sie in anderen Fällen unter einem Schleier von Vermeidungen verschwindet wie der Oktopus in einer Tintenwolke. Sie hilft uns, die Probleme zu erkennen, die durch unsere narzisstische Bedürftigkeit entstehen, aber sie hat keine Macht über traumatische Ängste und in diesen wurzelnde Störungen des Selbstgefühls. Die Hoffnung, dass die hohe Intelligenz (oder die akademische Bildung) vor Rückfällen in primitive Aggression und blinde Panik schützen kann, erweist sich im Alltag als Illusion. Die Folgen sind umso verhängnisvoller, je blinder das Vertrauen in eine solche Macht des Geistes um sich greift.

In vielen Anträgen auf eine analytische oder tiefenpsychologisch fundierte Psychotherapie steht, dass eine Patientin oder ein Patient von den Eltern beziehungsweise der Mutter »zu wenig gespiegelt« wurde, etwa weil diese zu jung, zu alt, zu überlastet, zu sehr von eigenen Problemen beeinträchtigt oder auch selbst traumatisiert gewesen seien. Diese Hypothese ist so lange unschädlich, wie sie dazu führt, sensibel mit Kindern umzugehen und es Eltern zu ermöglichen, möglichst viel Einfühlung für kindliche Bedürfnisse zu entwickeln.

Sobald die These von der »Frühstörung« jedoch dazu führt, solches Versagen der Eltern für die Symptome einer erwachsenen Person verantwortlich zu machen, fallen wir hinter das wissenschaftlich Vertretbare zurück und blockieren womöglich die Entwicklung der Patienten. Wir verlieren die tragische Qualität des Lebens aus dem Blick und geraten in gefährliche Nähe zu Erlösungsphantasien.

Die Auseinandersetzung mit einer tragischen Dimension ist vor allem für die Hochbegabten wichtig. Sie stellt das Ringen mit exhibitionistischen Ängsten auf eine neue Basis. Wer in einer Therapie nur lernt, die Verletzungen seines Selbstgefühls zur Schau zu stellen und passive Wünsche auf diesem Weg zu rechtfertigen, wird kindliche Ansprüche nicht loslassen. Die traumatisierte Begabung geht dann im Kreis auf einer engen Bühne, die ihre Eltern gebaut haben.

Sie versäumt es, sich eine neue Bühne zu schaffen. Sie kann Ängste nur durch Vermeidungen bannen.

Daher ist die Auseinandersetzung mit Begabungsunterschieden so wichtig. Sie fordert, sich damit auseinanderzusetzen, dass die tragischen Dichter nicht übertreiben. Der unlösbare Konflikt, die gute Absicht als Köder der Katastrophe gehören zum Leben und lassen sich nicht durch Tricks oder technische Fortschritte aus der Welt schaffen. Missverständnisse sind manchmal banal und können durch geschickte Kommunikation überwunden werden. Aber sie schürzen auch Lebensknoten, die einfach nicht aufgehen wollen.

Wenn das wichtigste »Publikum« im Leben eines Kindes dessen Ausdrucksmöglichkeiten weder wahrnehmen noch beurteilen kann, dann führt jede Entwicklung in eine Sackgasse, in der die Reaktionen *dieses* Publikums eine zentrale Rolle spielen sollen.

Die hochbegabte Patientin, die in ihrer Therapie immer wieder ihre beschränkte, nörgelnde Mutter zitiert, braucht neben dem taktvollen Mitgefühl auch eine genaue Analyse der Gründe, warum sie ihren Intellekt nicht *aktuell* zur Geltung bringt, sich keine *neuen* sozialen Szenen für ihre Fähigkeiten sucht, sondern an dieser Urszene festhält.

Manchmal beruht das auf einer nicht erkannten Übertragung: Die Patientin findet den Analytiker oder die Analytikerin ähnlich borniert wie seinerzeit ihre Mutter, fühlt sich ähnlich schuldig wie damals, dass sie der Person, von der sie sich abhängig fühlt, eigentlich überlegen ist und bessere Ideen hat. Um nicht isoliert zu sein, setzt sie alles daran, ihre Begabung zu annullieren.

Verständnis für das Trauma und Konfrontation mit den Vermeidungen, die sich als Schutz vor erneuter Traumatisierung eingeschlichen haben, sind in der Therapie niemals Alternativen. In der Praxis steht beides in demselben Verhältnis zueinander wie Einatmen und Ausatmen: Die Patientin braucht so viel Sicherheit wie möglich und so viel Konfrontation wie nötig – oder umgekehrt, in jedem Fall aber genug von beidem in einer Mischung, die eine Entwicklung einleiten und fördern kann.

Die Behandlung Hochbegabter erfordert vom Therapeuten Mut, Kreativität und Humor, vor allem aber auch die Bereitschaft, sich auf ein Gelände zu wagen, das er nicht kontrollieren kann. Der Therapeut braucht nicht nur den Scharfblick, die Fähigkeiten seiner Patientinnen zu erkennen, er muss auch ihren Verführungskünsten trotzen und die Neigung im Schach halten, durch sexuelles Handeln eigene Wünsche zu agieren.

Das Kippen einer Psychotherapie in eine sexuelle Beziehung kann einer gemeinsamen Verleugnung der Tatsache dienen, dass sich eine traumatisierte Begabung in einer Routinebehandlung langweilt. Der eingeschlagene Weg macht die Sache spannender, aber nicht besser. Die komplexe Auseinandersetzung mit exhibitionistischen Blockaden reduziert sich auf Sex mit einem überschätzten Therapeuten. Sobald erotisches Agieren das anspruchsvolle Unternehmen der Therapie ersetzt, werden die traumatischen Einschränkungen der geistigen Freiheit neu inszeniert.

Der Begabungsunterschied ist ein Naturereignis, das wir in seinen Ursachen verstehen, in seinen Dimensionen erkennen, in seinen Folgen mildern können; aus der Welt schaffen werden wir diesen Unterschied nie. Ihn zu verleugnen dient einer Bewältigung der mit ihm verknüpften Konflikte am wenigsten.

In der Moderne werden solche Unterschiede mit dem persönlichen Narzissmus verknüpft und die Individuen einer weitgehend entfesselten Leistungskonkurrenz ausgeliefert. Die Versuchung, das eigene Licht zu verbergen, ist ebenso gewachsen wie das Bestreben, seinen Glanz zu übertreiben und allen, die diesen Glanz nicht so sehen wollen, nur die Wahl zu lassen zwischen Blindheit oder Neid.

Es ist schwieriger geworden, einen mittleren Kurs zwischen Selbstüberschätzung und Selbstverkleinerung zu halten. In der traditionellen Welt war die Begabung eine Gnade, quasi die Leihgabe einer höheren Macht. Damals war Demut noch eine Tugend, kein Karrierehindernis. Sind wir ehrlicher geworden oder haben wir an Weisheit verloren? Vielleicht beides; die Techniken der Intelligenzmessung und der Notengebung sind nun einmal in der Welt und können nicht mehr einfach aus ihr genommen werden. Dennoch können wir uns Mühe geben, respektvoll und forschend mit Begabungen umzugehen, wo auch immer wir sie antreffen.